Ullstein

Heiner Sauer
Hans-Otto Plumeyer

DER SALZGITTER-REPORT

Die Zentrale Erfassungsstelle berichtet
über Verbrechen im SED-Staat

Ullstein

Sachbuch
Ullstein Buch Nr. 34980
im Verlag Ullstein GmbH,
Frankfurt / M – Berlin

Erweiterte, aktualisierte Ausgabe
Mit 22 Abbildungen

Umschlagentwurf:
Hansbernd Lindemann
Bildnachweis:
Zentrale Erfassungsstelle Salzgitter: 1–4, 5
(Foto: Viola Boden), 12–14, 22
Arbeitsgemeinschaft 13. August, Berlin: 6–11, 15–21
© 1991 by Bechtle Verlag,
Esslingen München
Printed in Germany 1993
Druck und Verarbeitung:
Clausen & Bosse, Leck
ISBN 3 548 34980 3

Februar 1993

Gedruckt auf Papier
mit chlorfrei
gebleichtem Zellstoff

Die Deutsche Bibliothek –
CIP-Einheitsaufnahme

Der **Salzgitter-Report**:
die Zentrale Erfassungsstelle berichtet
über Verbrechen im SED-Staat / Heiner Sauer;
Hans-Otto Plumeyer. – Ungekürzte Ausg. –
Frankfurt / M; Berlin: Ullstein, 1993
(Ullstein-Buch; Nr. 34980: Ullstein-Sachbuch)
ISBN 3-548-34980-3
NE: Sauer, Heiner; Plumeyer, Hans-Otto;
Zentrale Erfassungsstelle der
Landesjustizverwaltungen <Salzgitter>; GT

*»Wir werden nichts vergessen,
und es wird auch nichts verjähren.«*

Inhalt

Vorwort von
Lothar de Maizière,
dem ehemaligen Ministerpräsidenten
der DDR

Am 9. November 1989 haben die Menschen in der DDR nicht nur die Freizügigkeit und damit ein Stück Freiheit errungen, sondern auch das Ende des Unrechtsstaates DDR eingeleitet.

Gewalt gegen Andersdenkende prägte seine Entstehungsgeschichte und war eine seiner Existenzgrundlagen. Dieser Staat hat am 17. Juni 1953 den Aufstand gegen sein allgegenwärtiges totalitäres System mit Waffengewalt unterdrückt. Und er hat am 13. August 1961 mit dem Bau der Berliner Mauer und dem Schießbefehl die Schraube der Gewalt weiter angezogen.

Der Westen konnte damals nicht Mauer und Stacheldraht gewaltsam beiseite räumen, wenn er eine kriegerische Auseinandersetzung vermeiden wollte. Wie groß die Gefahr bisweilen war, bewiesen die Panzer, die sich am Checkpoint Charlie unmittelbar gegenüberstanden. Der Westen konnte nur das Unrecht beim Namen nennen. Er konnte gegen die Verbrechen protestieren – und sie registrieren. Dies wurde mit der Einrichtung der Zentralen Erfassungsstelle Salzgitter in die Wege geleitet.

Viele Menschen in der DDR, die hiergeblieben sind oder hierbleiben mußten, haben sich notgedrungen mit dem System auf die eine oder andere Weise abgefunden, ohne sich immer persönlich mit ihm zu identifizieren. Aber das sichtbare Unrecht, das Schießen auf Menschen, die nichts anderes wollten als – wie es immer hieß – »von Deutschland nach Deutschland« zu gehen, haben sie niemals verstanden, der verlogenen Propaganda zum Trotz. Der Widerspruch, daß man im Namen des real existierenden Sozialismus im Namen des Friedens und des Fortschritts auf wehrlose Menschen schoß, war all zu offensichtlich.

Die Zentrale Erfassungsstelle in Salzgitter wurde von den Bürgern der DDR nicht als Registratur zur Grundlage für Rache und Vergeltung verstanden, sondern als eine Einrichtung, um eines fernen Tages Gerechtigkeit üben zu können. Niemand sollte den Vorwurf erheben können, man würde die Verbrechen dieses Regimes durchgehen lassen oder der Rechtsstaat hätte versäumt, das Belastende wie das Entlastende festzuhalten.

Um so weniger ist zu verstehen, daß es immer wieder Bestrebungen gab, die Erfassungsstelle als das Relikt eines überholten Denkens zu mißdeuten und ihre Existenz in Frage zu stellen. Die großen politischen Veränderungen in der Mitte Europas zum Ende der achtziger Jahre und die Wiederherstellung der deutschen Einheit haben bewiesen, wie richtig es war, Freiheit, Rechtsstaatlichkeit und damit die Menschenrechte überall unbeirrt anzufordern. Diejenigen, die vorschnell und anpassungsbeflissen um der politischen Opportunität willen Grundsätze preisgeben wollten, sind von der Geschichte korrigiert worden.

Die Verbrechen gegen die Menschlichkeit, die das DDR-System begangen hat, müssen umfassend aufgeklärt und ehrlich aufgearbeitet werden. Dazu kann die Erfassungsstelle die von ihr ermittelten Fakten einbringen. Es war eine Vorarbeit um der Gerechtigkeit willen. Das Ziel aller Anstrengungen, Schuld und Unschuld zu klären, muß die Aussöhnung und Befriedung sein.

Lothar de Maizière
Berlin, im September 1990

Vorwort von
Dr. Dorothee Wilms, MdB
Bundesminister für
innerdeutsche Beziehungen

Mit dem 3. Oktober 1990 haben wir Deutschen die mehr als 40jährige staatliche Teilung unseres Vaterlandes überwunden. Demokratie und Freiheit im Westen, Diktatur und Unterdrückung im Osten – das war 40 Jahre lang bedrückende Wirklichkeit. Die Folgen sind vielfach noch spürbar.

Nach dem Bau der Berliner Mauer am 13. August 1961 litten die Deutschen länger als eine Generation unter der lückenlosen Einmauerung und Einsperrung von 17 Millionen Angehörigen ihres Volkes. Mit dieser wohl unmenschlichsten Konsequenz des kalten Krieges haben sich die Deutschen niemals abgefunden. Unsere Landsleute jenseits von Mauer und Stacheldraht ließen sich in dem Willen und in dem Wunsch nach Einheit und Freiheit nicht beirren.

Das vorliegende Buch belegt an zahllosen Beispielen den mutigen Einsatz der Menschen für die persönliche und die politische Freiheit. Die Existenzrisiken, die sie auf sich nahmen, waren selten kalkulierbar, aber in jedem Falle groß.

Jedem Sperrbrecher, der die grausame Grenze unter Gefahr für Leib und Leben überwinden wollte, drohte der Schießbefehl. In 28 Jahren verloren nahezu 200 Menschen an der Berliner Mauer und an der mit

Zäunen, Gräben und Selbstschußanlagen hochgerüsteten innerdeutschen Grenze ihr Leben – bei dem Versuch, in den Westen unseres Vaterlandes und damit in die Freiheit zu gelangen. Diese Menschen mußten sterben, weil sie von einem selbstverständlichen Recht, der Freizügigkeit, Gebrauch machen wollten.

Freiheit und Einheit gehören zusammen. Das wissen wir nicht erst seit der friedlichen Revolution, die von den Deutschen in der DDR im vergangenen Herbst durchgeführt wurde. 40 Jahre lang haben wir die Menschenrechte, das Selbstbestimmungsrecht und die Freiheit für alle Deutschen eingefordert und damit die Überwindung der Teilung Deutschlands und Europas in Frieden und Freiheit angemahnt, die sich nun vollzieht.

Wenn wir heute mit Freude und auch mit berechtigtem Stolz auf den Triumph der Freiheit seit dem Herbst 1989 zurückblicken, dürfen wir darüber nicht vergessen, daß die Menschen im anderen Teil Deutschlands fast 45 Jahre lang der kommunistischen Diktatur der SED ausgesetzt waren. Angesichts des Leides und des Unrechts, das vielen widerfahren ist, zählt zu den großen politischen und gesellschaftlichen Aufgaben im zusammenwachsenden Deutschland die gründliche Aufarbeitung dieser unseligen Vergangenheit.

Die Aktenbestände der Zentralen Erfassungsstelle in Salzgitter sind unverzichtbar, wenn es heute gilt, die Folgen der Teilung zu überwinden und den Verfolgten des stalinistischen Systems zu ihrem Recht zu verhelfen.

Die Rehabilitierung der Opfer kommunistischer Unterdrückung gehört zu den vordringlichen Anliegen der Rechtspflege des geeinten Deutschlands. Jahrzehntelang hat die Zentrale Erfassungsstelle in Salzgitter die mannigfachen Menschenrechtsverletzungen in der vormaligen DDR dokumentiert – auch als manche glaubten, dieser angeblich unzeitgemäßen Tätigkeit die nötige Förderung entziehen zu sollen. Heute jedoch besteht wieder Einvernehmen über den Wert der in Salzgitter gesammelten Beweismittel.

Das vorliegende Buch gibt besonders eingehenden und eindringlichen Aufschluß über das Leben und Leiden der Menschen unter dem kommunistischen System der vormaligen DDR. Es stellt einen ersten, wichtigen Schritt dar zur umfassenden und unvoreingenommenen Auseinandersetzung mit diesem bedrückenden Kapitel deutscher Zeitgeschichte.

»Als Deutscher bin ich gegangen,
von Deutschen ward ich gefangen,
weil ich von Deutschland
nach Deutschland gegangen.«

Einleitung

Die Geschichte der Erfassungsstelle in Salzgitter beginnt mit dem Bau der Berliner Mauer, dem »antifaschistischen Schutzwall« im Sprachgebrauch der DDR. Am 13. August 1961 wurden die Berliner davon überrascht, daß sämtliche bis dahin freien Übergänge zwischen Ost- und West-Berlin über Nacht geschlossen wurden und Bautrupps der Nationalen Volksarmee der DDR (NVA) damit begannen, eine Mauer aus Beton und Eisen um den westlichen Teil der Stadt zu errichten. Zugleich fing man an, die Grenze zwischen Ost und West zu einem unüberwindlichen Hindernis auszubauen. Die DDR-Führung hatte in ihrem Zentralorgan »Neues Deutschland« noch am 31.7.1961 den baldigen Sieg des Kommunismus über die kapitalistische Welt verkünden lassen und ihren Bürgern Wohlstand und Fortschritt auf allen Gebieten schon für die nächsten beiden Jahrzehnte prophezeit (Dokument 1).
Doch die Realität zeigte Hoffnungslosigkeit. Die DDR lief Gefahr, durch fortdauernde Massenflucht entvölkert zu werden. Seit 1949 hatten etwa 2,7 Millionen Bürger den »ersten Arbeiter- und Bauernstaat auf deutschem Boden« verlassen. Nun wurde die Notbremse gezogen.
Zur Absperrung nach außen kamen für die DDR-Bür-

ger Einschränkungen im Inneren durch eine nahezu völlige Aufhebung der Reisefreiheit in den Westen und entsprechend strenge Auflagen für den Reiseverkehr in jene sogenannten sozialistischen Bruderländer, aus denen eine Flucht in den Westen möglich schien.

Über Nacht war aus einem ohnehin unfreien Land ein Gefängnis geworden. Ein Gefängnis, in dem die Herrschenden nicht nur die absolute Macht hatten, sondern auch für sich in Anspruch nahmen, die einzigen unfehlbaren Interpreten der reinen Lehre zu sein, die die Menschen in eine glückliche Zukunft führen sollte. Man mußte nicht bis zur Grenzöffnung am 9.11.1989 warten, um erkennen zu können, daß hier despotische Ideologen am Werk waren, die retten wollten, was nicht zu retten war.

Die Menschen in der DDR haben dies in ihrer großen Mehrheit schnell erkannt, und doch blieb vielen nur die Möglichkeit, sich ohnmächtig zu fügen. Der Entschluß, der wohlvertrauten Heimat den Rücken zu kehren, fällt nur wenigen leicht. Doch viele brachte der verzweifelte Wille nach Freiheit dazu, den Vorhang aus Beton, Stacheldraht und Minen unter Einsatz des Lebens zu durchbrechen. Das Regime reagierte mit unnachsichtiger Härte.

In der Zeit vom 13.8.1961 bis zum November 1989 kamen allein 186 Menschen bei dem Versuch ums Leben, die Grenzbefestigungen der DDR zu überwinden. Viele von ihnen wurden von Soldaten erschossen oder von Selbstschußanlagen und Minen zerrissen.

Es war für jedermann ersichtlich, daß hier mit allen Mitteln der Gewalt versucht wurde, den Konkurs eines Staates und den Exodus seiner Bürger abzuwenden.

Die Erfassungsstelle hat diese Geschehnisse, soweit sie offenkundig zu Menschenrechtsverletzungen und strafbaren Handlungen führten, nach Normen des Rechtsstaats registriert. Ihre sachlichen und personellen Möglichkeiten waren von Anfang an bescheiden. Dennoch war ihre Wirkung beachtlich. Sie wurde von den politischen Führern der DDR sehr bald als schmerzhafter Stachel empfunden und als einer ihrer unbequemsten Gegner. Und so ließen sie keine Gelegenheit aus, das Wirken dieser kleinen Behörde als »Einmischung in die Souveränität« des Regimes anzuprangern und ihre Abschaffung zu fordern.

Schon am 22. Oktober 1962 beschloß das Präsidium des Ministerrats der DDR in Berlin darum als Gegenmaßnahme:

1. *Beim Generalstaatsanwalt der Deutschen Demokratischen Republik wird eine Arbeitsgruppe gebildet. Ihre Aufgabe ist es, gestützt auf die Charta der Vereinten Nationen und die völkerrechtlich anerkannten Grundsätze des Statuts und Urteils des Nürnberger Militärgerichtshofes gegen die deutschen Hauptkriegsverbrecher alle friedensgefährdenden direkten und indirekten Aggressionshandlungen gegen die Deutsche Demokratische Republik zu erfassen und die Voraussetzungen für deren systematische Ahndung zu schaffen.*
2. *Die Arbeitsgruppe wird die Öffentlichkeit über die Ergebnisse ihrer Tätigkeit informieren.*

Zunächst ist der Erfassungsstelle über die »Erfassungstätigkeit« dieser Arbeitsgruppe nur eine Veröffentlichung im »Neuen Deutschland« vom 1.4.1963 bekannt geworden (Dokumente 2 und 3).

Erst im Jahre 1986 erfuhr Georg Bensch nähere Einzelheiten und berichtete darüber in der »Deutschen Tagespost«, Würzburg, am 14.8.1986. Nach seinen Angaben befand sich die »Erfassungsstelle« der DDR im Ministerium für Staatssicherheit. Sie war ausschließlich damit beschäftigt, politische Gegner des Regimes in Karteien zu erfassen. Etwa 40 Mitarbeiter sollen rund um die Uhr jede oppositionelle Regung in der DDR und in der Bundesrepublik registriert haben. Es wurde jeder Name festgehalten, der in irgendeinem Zusammenhang mit kritischen Verhaltensweisen gegen Staat und Partei bekannt wurde. Jede neue Namenseintragung soll automatisch ein geheimes Ermittlungsverfahren ausgelöst haben. Die Einstufung der registrierten Personen erfolgte in drei sog. Gefährlichkeitsgraden. Unterschieden wurde zwischen weniger gefährlichen Personen und jenen, die für die sozialistische Regierung eine größere Gefahr darstellten. Schließlich wurden die Personen und Einrichtungen besonders registriert, die eine direkte und unmittelbare Gefahr für Ost-Berlin bedeuteten. Sämtliche Namen und Daten wurden als »Geheime Verschlußsache« eingestuft und waren nur wenigen Offizieren des Staatssicherheitsdienstes zugänglich. Registriert wurden auch bundesdeutsche Journalisten, die eine kritische Einstellung zum System in der DDR hatten. Darüber hinaus Politiker, Richter, Staatsanwälte, Justiz- und Polizeiangehörige sowie aktive Mitarbeiter von Flüchtlings- und Vertriebenenverbänden und alle Personen und Einrichtungen, die in irgendeiner Form beruflich gegen die politischen Interessen der DDR tätig waren. Wie dem auch war, man fand wohl keine ausreichenden Möglichkeiten, mit denen man der Öffentlichkeit überzeugend von Aggressionstaten der Bundesrepublik hätte berichten können. So hatte sich die DDR-Führung schon frühzeitig entschlossen, den Mitarbeitern der Erfassungsstelle in Salzgitter eine besondere Strafbestimmung zu widmen.

Am 13. Oktober 1966 unterzeichnete Walter Ulbricht das »Gesetz zum Schutze der Staatsbürger- und Menschenrechte der Bürger der Deutschen Demokratischen Republik«. Dessen § 1 lautete:

(1) Wer im Widerspruch zum Völkerrecht maßgeblich oder mit besonderer Aktivität daran mitwirkt, unter Zugrundelegung der Alleinvertretungsanmaßung der Bundesrepublik und der Ausdehnung der westdeutschen Gerichtshoheit Bürger der Deutschen Demokratischen Republik wegen Ausübung ihrer verfassungsmäßigen Staatsbürgerrechte zu verfolgen, zu ihrer Verfolgung aufzufordern oder die Verfolgung anzuordnen oder zu veranlassen, wird mit Gefängnis bis zu fünf Jahren bestraft, soweit nicht nach anderen Gesetzen eine höhere Strafe verwirkt ist.

(2) Personen, die die Hauptverantwortung für die im Abs. 1 gekennzeichneten völkerrechtswidrigen Handlungen tragen oder die derartige Handlungen begehen, die besonders verwerflich oder in ihren Auswirkungen besonders schwer sind, werden mit Zuchthaus bis zu zehn Jahren bestraft.

Im Strafgesetzbuch der DDR vom 12.1.1968 fand diese Bestimmung in § 90 ihren leicht modifizierten Niederschlag. Dies hatte für die Angehörigen der Erfassungsstelle bis zum Fall der Mauer einschneidende persönliche Folgen: Sie waren fortan von allen Reisemöglichkeiten in die DDR und in alle Länder des kommunistischen Einflußbereichs, mit denen Auslieferungsverträge zur DDR bestanden, abgeschnitten. Selbst den Transitweg nach West-Berlin konnten sie nicht benutzen, denn ihre Namen standen im Fahndungsbuch der DDR ganz oben.

Auch in der Bundesrepublik blieb die Tätigkeit der Erfassungsstelle nicht ohne Widerspruch. Nachdem sich das erste Entsetzen über die Geschehnisse an Mauer und Demarkationslinie gelegt hatte, glaubten einige führende SPD-Politiker der realen Existenz der Deutschen Demokratischen Republik im Zuge eines notwendigen Annäherungsprozesses die politische Aufwertung nicht länger verweigern zu können. Die Zentrale Erfassungsstelle in Salzgitter wurde hier als ein Hindernis gesehen, man empfand ihr Wirken eher als politisches Ärgernis.

Einen Einblick in das Gegeneinander der politischen Meinungen bietet das Kapitel über die Presseberichterstattung zum Thema Erfassungsstelle.

Bis zur Wende in der DDR stand die Erfassungsstelle daher immer unter dem Damoklesschwert ihrer Auflösung. Für die Mitarbeiter der Stelle war es eine außerordentliche persönliche Belastung und Erschwernis für ihre Arbeit, im Mittelpunkt eines Streits zu stehen.

Die Erfassungsstelle setzte ihre Tätigkeit jedoch unbeirrt fort. Sie war für die Deutschen in der DDR oft die einzige Hoffnung, sie war sichtbares Zeichen der Fürsorge der Bundesrepublik für alle Deutschen, ja

Symbol des Einheitsgedankens. Die Erfassungsstelle hat das in der DDR begangene Unrecht nicht vollständig dokumentieren können. Die Aufgabenstellung und die eingeschränkten Möglichkeiten der Tatsachenermittlung setzten Grenzen. Dennoch bieten ihre Akten einen mehr als exemplarischen Einblick in den Gewaltstaat DDR, speziell in das Geschehen an der Mauer und der Demarkationslinie, in den Apparat der Strafjustiz und in die Strafvollzugsanstalten.

Dieses Buch verwendet nur Material, das mit rechtsstaatlichen Mitteln erarbeitet wurde und ein hohes Maß an Glaubwürdigkeit für sich in Anspruch nehmen kann, weil die Authentizität verbürgt ist. Es ist ein Report, der erst dann wissenschaftlich vertieft werden kann, wenn die im vereinten Deutschland zugänglichen Erkenntnisquellen ausgewertet sein werden.

Die Autoren haben sich um Sachlichkeit bemüht. Ihr jahrelanges Wirken gegen das Unrecht in der DDR konnten und wollten sie nicht immer verleugnen. So mag hier und da Befangenheit erkennbar sein, mag die Identifikation oder das Mitfühlen mit den Opfern des Gewaltsystems noch immer nachwirken. Schließlich mußte aus Gründen des allgemeinen Persönlichkeitsrechts weitgehend eine Anonymisierung der Namen von Opfern und Tätern erfolgen.

Nur dort, wo die Öffentlichkeit bereits durch Gerichtsverhandlungen oder durch die Medien von einem Geschehen unterrichtet wurde, haben wir die sogenannten Klarnamen wiedergegeben. Die Namen von Richtern und Staatsanwälten wollten wir – soweit sie uns bekannt geworden sind – zunächst offen nennen. Wir meinten, daß jene, die vorgaben »Im Namen des Volkes« Recht zu sprechen, heute dazu stehen müßten. Davon abgehalten hat uns schließlich allein die Überlegung, nicht einzelne an den Pranger zu stellen, wo alle gemeint sein müssen.

Sicher erscheint, daß es bei Erich Honecker keiner verfremdenden Schreibweise bedarf. Er muß sich als Person der Zeitgeschichte den öffentlichen Umgang mit seinem Namen gefallen lassen. Er wird auch die Veröffentlichung des nachfolgenden – unechten – Fahndungsplakats dulden müssen. Dieses ging der Stadt Flensburg im August 1987 von unbekannter Seite zu und wurde der Erfassungsstelle zur Kenntnis gebracht (Dokument 4). Sein Inhalt bietet so viele Wahrheiten, daß wir dem unbekannten Verfasser mit der Wiedergabe des Plakats gleichsam Respekt für seine Ein- und Voraussichten zollen möchten. Der Leser mag uns dies nachsehen, aber auch als Ausdruck unserer Meinung verstehen, daß wir geschichtliche und strafrechtliche Schuld in erster Linie den Machtträgern der ehemaligen DDR mit ihren Stäben zuweisen.

Diese Veröffentlichung ist in relativ kurzer Zeit erarbeitet worden. Sie entstand unter dem Druck der Aktualität und dem Bedürfnis, das Gewaltsystem der DDR aus dem Blickwinkel der Erfassungsstelle frühzeitig transparenter zu machen. Mancher Schuldige wird sich damit zu rechtfertigen suchen, er habe sich nur an die geltenden Gesetze gehalten. Es scheint angebracht, unser menschliches Verständnis nicht zu verweigern, aber dennoch deutlich zu machen, daß die notwendige Durchsetzung des Rechts zu keiner Zeit und an keinem Ort wieder unter Berufung auf die Normen eines Unrechtsstaates verhindert werden darf.

Die Zentrale Erfassungsstelle der Landesjustizverwaltungen in Salzgitter

Vorgeschichte und Einrichtung der Erfassungsstelle

Die Ereignisse vom 13. August 1961 und die damit zusammenhängenden Gewaltakte der Machthaber im östlichen Deutschland haben sehr bald das Bedürfnis aufkommen lassen, diese Gewaltakte zu verfolgen. Die Gründung der Erfassungsstelle wurde am 1.9.1961 vom Hamburger CDU-Vorsitzenden Erik Blumenfeld angeregt. Der damalige Regierende Bürgermeister von West-Berlin, Willy Brandt (SPD), dessen Stadt durch den Mauerbau am stärksten betroffen war, griff diesen Gedanken auf und richtete am 5.9.1961 ein entsprechendes Fernschreiben an die Ministerpräsidenten der Länder (Dokument 5).

In der Konferenz der Justizminister und -senatoren der Bundesrepublik und West-Berlins vom 25. bis zum 27.10.1961 wurde dann die Entscheidung zur Errichtung der Zentralen Erfassungsstelle getroffen. Das Land Niedersachsen, das die längste Grenze zur DDR hatte, wurde damit beauftragt, diese Stelle einzurichten. Dies geschah mit der Allgemeinen Verfügung des niedersächsischen Justizministers vom 15.11.1961 (Dokument 6).

Bereits am 1.11.1961 hatte der niedersächsische Justizminister Dr. Arvied von Nottbeck den Generalstaatsanwalt Gerhard Mützelburg aus Braunschweig beauftragt, die Zentralstelle für die Erfassung von Gewaltakten in der DDR in seinem Bezirk aufzubauen. Auf Vorschlag des Generalstaatsanwalts entschied der Justizminister am 13.11.1961, daß die Stelle in den Räumen des Amtsgerichts Salzgitter-Bad eingerichtet wurde und die Bezeichnung »Zentrale Erfassungsstelle der Landesjustizverwaltungen in Salzgitter« tragen sollte.

Am 24.11.1961, einem Freitag, nahm die Erfassungsstelle ihren Dienst auf. Mit der Leitung wurde Staatsanwalt Friedrich Höse beauftragt. Ihm wurden der Justizassistent Heinz Oppermann und die Justizangestellte Karin Edelmann zur Seite gestellt.

Grundstock der Arbeit der Erfassungsstelle waren Ermittlungsakten der Westberliner Polizei von etwa 50 Fällen, in denen Flüchtlinge an den Sektorengrenzen beschossen, ermordet oder brutal zusammengeschlagen worden waren. Einer der eklatantesten Fälle war die Ermordung des Chefreporters der »Westfälischen Rundschau« aus Dortmund, Kurt Lichtenstein, durch Volkspolizisten bei Zicherie im Landkreis Gifhorn.

Gerade im Hinblick auf die Grenzzwischenfälle hat der damalige niedersächsische Justizminister Arvied von Nottbeck geäußert, die sowjetzonalen Grenzposten, Volkspolizisten und Soldaten der DDR müßten wissen, »daß sie eines Tages vor ein unabhängiges deutsches Gericht gestellt werden, wenn sie den Finger krumm machen, wo sie ihn nicht krumm zu machen haben«. Der Minister meinte, daß jeder Schuß auf einen Deutschen, der in den freien Teil seines Vaterlandes fliehen will, registriert und daß dem Schützen als Mörder oder als Totschläger eines Tages der Prozeß gemacht werde. Es sollte nicht in Abwesenheit der Täter verhandelt werden, aber für den »Tag X« sei die Anklage vorzubereiten. Jeder, der in Mitteldeutschland Gewalttaten begehe, müsse einmal vor einem unabhängigen Gericht Rechenschaft darüber ablegen. »Wir werden nichts vergessen, und es wird auch nichts verjähren.«

Die Justizminister und -senatoren der Länder waren sich darüber einig, daß die Tätigkeit der Erfassungsstelle von allen in Frage kommenden Behörden der Länder und des Bundes unterstützt werden sollte. Entsprechende Versicherungen gingen dem niedersächsischen Ministerium der Justiz zu. Z. B.

Das Bayrische Staatsministerium der Justiz hat mit Ministerialentschließung vom 8.12.1961 die bayrischen Gerichte, Staatsanwaltschaften und Vollzugsanstalten von der Errichtung und von den Aufgaben der Zentralen Erfassungsstelle der Landesjustizverwaltungen in Salzgitter unterrichtet und gebeten, die Zentrale Erfassungsstelle zu unterstützen und ihren Ersuchen zu entsprechen.

Nachdem die Erfassungsstelle ihre Tätigkeit als Zwei-Mann-Behörde begonnen hatte, wurde Ende 1962 eine personelle Aufstockung der Dienststelle wegen des ungewöhnlichen Arbeitsanfalls erforderlich. Seit dieser Zeit sind dort sieben Mitarbeiter tätig.

Herz der Erfassungsstelle war von Anfang an die Namenskartei, in der auf Karteikarten unterschiedlicher Farbe Beschuldigte und Zeugen notiert wurden. Die damals dem Standard entsprechende Schlitzlochkartei, die heute bereits musealen Wert besitzt, wurde im Jahre 1977 durch eine elektrisch betriebene Karteitrommel ersetzt. Sie ist bis heute der stille Medienstar der Erfassungsstelle geblieben.

Anfang 1990 begann das Computerzeitalter bei der Erfassungsstelle. Seither werden sämtliche Daten in eine EDV-Anlage eingegeben. Auch der gesamte Altbestand wird darauf übertragen. Die moderne Bürotechnik machte die schnelle Abrufbarkeit von Namen und Daten möglich und die Arbeit der Erfassungsstelle effektiver.

Die Tätigkeit der Erfassungsstelle war zu Anfang nur auf die Gewaltakte am Ring um Berlin und an der innerdeutschen Demarkationslinie beschränkt. Auf Anregung des Bundesjustizministeriums wurde am 25.10.1963 beschlossen, den Aufgabenbereich zu erweitern. Danach sollten folgende in der DDR begangene Gewaltakte registriert werden, für deren Verfolgung in der Bundesrepublik keine örtliche Zuständigkeit einer Staatsanwaltschaft gegeben war:

1. Tötungen, Körperverletzungen und Freiheitsberaubungen, die unter Mißachtung der Menschenwürde ohne gerichtliche Verfahren zur Durchsetzung der Ziele des SED-Regimes aus politischen Gründen angeordnet oder geduldet werden.

2. Terrorurteile, die aus politischen Gründen zu exzessiven Strafen gelangen, die mit den Grundsätzen der Menschlichkeit und Rechtsstaatlichkeit nicht vereinbar sind.

3. Mißhandlungen, die im Ermittlungsverfahren oder unter dem Deckmantel strafgerichtlicher Ermittlungen begangen werden oder denen Verurteilte im Strafvollzug ausgesetzt sind, wenn sie als Ausdruck des politischen Gewaltsystems der SBZ erkennbar sind.

Sowohl bei der Errichtung der Erfassungsstelle im Jahre 1961 als auch bei der Erweiterung ihrer Zuständigkeit im Jahre 1963 wurde vorausgesetzt, daß nur solche Gewaltakte zu erfassen sind, die den Verdacht einer strafbaren Handlung begründen. Man war sich in den Ländern mehrheitlich darüber einig, daß bei der Beurteilung der Strafbarkeit die Grundsätze des interlokalen Strafrechts anzuwenden waren.*

In bezug auf den Schießbefehl ging man davon aus, daß die Tötungshandlungen zur Durchsetzung des Ausreiseverbots gegen den fundamentalen Grundsatz der Verhältnismäßigkeit verstoßen. Das Recht auf Leben stehe höher als Vorschriften zur Sicherung einer Grenze. Rechtsbeugung durch Richter und Staatsanwälte sollte nur angenommen werden, wenn entweder auf einen zutreffend festgestellten Sachverhalt ungültiges Recht angewendet oder unmenschlich harte Strafen verhängt wurden.

Im August 1968 kamen die Referenten der Länderjustizverwaltungen und des Bundesjustizministers mehrheitlich zu der Auffassung, unter dem Begriff »Gewaltakte« nunmehr folgende Handlungen zu erfassen:

1. Tötungshandlungen jeder Art einschließlich der Versuchshandlungen, die im Zusammenhang mit der Beschränkung der Freizügigkeit oder unter Mißach-

---

* Bei abweichenden Normen innerhalb eines einheitlichen Strafrechtsgebietes (z. B. der Länder der Bundesrepublik) gilt grundsätzlich das Recht des Tatorts. Diese Regel des »interlokalen Strafrechts« hatte auch Gültigkeit im Verhältnis zur DDR. Keine Anwendung des Tatortrechts erfolgte, wenn das einschlägige DDR-Gesetz den Rechtsgrundsätzen der Bundesrepublik widersprach. In diesem Fall konnte Bundesrecht angewendet werden.

tung der Menschenwürde zur Durchsetzung der Ziele des Regimes begangen, angeordnet oder geduldet werden.

2. Terrorurteile, die aus politischen Gründen zu exzessiven, mit den Grundsätzen der Menschlichkeit nicht vereinbaren Strafen gelangen.

3. Mißhandlungen, die während des Laufs von Ermittlungsverfahren oder unter dem Deckmantel strafgerichtlicher Ermittlungen begangen werden oder denen Verurteilte im Strafvollzug ausgesetzt sind, wenn sie als Ausdruck des politischen Gewaltsystems der SBZ erkennbar sind.

4. Handlungen, die den Verdacht einer Straftat nach § 220 a StGB (Völkermord), § 234 a StGB (Verschleppung) und § 241 a StGB (politische Verdächtigung) begründen.

Dieser Zuständigkeitskatalog ist nicht mehr verändert worden. Die Erfassung von Handlungen des Völkermords und der Verschleppung hat keine praktische Rolle gespielt.

Als im Jahre 1975 die sogenannten Zwangsadoptionen im Zusammenhang mit politischen Verurteilungen der Eltern bekannt wurden, regte der damalige Leiter der Erfassungsstelle, Carl-Hermann Retemeyer, an, den Aufgabenkatalog darauf zu erweitern. Dies wurde jedoch am 12.3.1976 von der Justizministerkonferenz der Länder abgelehnt.*

Auch der Abschluß des Grundlagenvertrages zwischen

---

* Ein Beispiel für eine solche Adoptionsklage befindet sich in Dokument 7.

der DDR und der Bundesrepublik Deutschland im Jahre 1972 hat die Rechtsgrundlage der Erfassungstätigkeit nicht in Frage gestellt.

Oberstaatsanwalt Carl-Hermann Retemeyer hat dazu in einer Informationsschrift ausführlich Stellung genommen und ausgeführt:

Nach der Rechtsprechung des Bundesgerichtshofes sind die Gerichte der Bundesrepublik Deutschland indessen durchaus befugt, in der DDR von Deutschen aus der DDR begangene Handlungen unter strafrechtlichen Gesichtspunkten zu würdigen. Gemäß § 7 Abs. 2 Nr. 1 des Strafgesetzbuches der Bundesrepublik Deutschland gilt bei Auslandstaten das deutsche Strafrecht, wenn die Tat am Tatort mit Strafe bedroht ist und wenn der Täter zur Zeit der Tat Deutscher war oder es nach der Tat geworden ist. Nach der Auffassung der Bundesregierung, die durch das Urteil des Bundesverfassungsgerichts vom 31. Juli 1973 über die Verfassungsmäßigkeit des Grundvertrages bestätigt worden ist, ist die DDR im Verhältnis zur Bundesrepublik Deutschland zwar nicht Ausland.

Im Sinne von § 7 Abs. 2 Nr. 1 des Strafgesetzbuches der Bundesrepublik Deutschland ist sie indessen nach der Rechtsprechung des Bundesgerichtshofes so zu behandeln, als ob sie Ausland wäre. Da die Bewohner der DDR nach dem oben genannten Urteil des Bundesverfassungsgerichts auch Deutsche im Sinne des Grundgesetzes sind, können die Gerichte in der Bundesrepublik Deutschland in der DDR begangene Straftaten unter Anwendung der Bestimmungen des Strafgesetzbuches der Bundesrepublik Deutschland aburteilen, wenn die Tat auch in der DDR mit Strafe bedroht ist.

Auf den Fall der Erschießung eines Flüchtlings durch einen Angehörigen der DDR-Grenztruppe übertragen heißt das: Das westdeutsche Gericht müßte die Bestimmung des Strafgesetzbuches der Bundesrepublik Deutschland über die vorsätzliche Tötung eines Menschen anwenden. Jedoch kann der ›Schießbefehl‹ nicht zur Rechtfertigung des Täters herangezogen werden, weil er überpositivem Recht widerspricht und daher schlechthin rechtswidrig ist. Nach einem Urteil eines Schwurgerichtes in der Bundesrepublik Deutschland gegen einen Angehörigen der DDR-Grenztruppen, der auf einen Flüchtling geschossen hatte, dient er nicht dem Rechtsgüterschutz aufgrund einer rechtsstaatlich vertretbaren Ordnungsaufgabe, sondern soll nur dem Zwangsregime in der DDR förderlich sein. Es ist offenkundig, daß die Deutschen in der DDR durch das allgemeine Ausreiseverbot und alle sonstigen Vorschriften und Maßnahmen, die auf die Verhinderung der ›Republikflucht‹ hinzielen, gegen ihren Willen und unter Mißachtung ihrer Entscheidungsfreiheit gezwungen werden sollen, zur Aufrechterhaltung des Zwangsregimes beizutragen. Derartige, allein von politischem Machtstreben getragene gesetzliche Knebelungen des Einzelmenschen finden sich in den Gesetzgebungen freiheitlicher demokratischer Staaten nicht, und zwar nicht nur, weil dort keine Notwendigkeit besteht, sich um den Verlust eines großen Bevölkerungsteiles zu sorgen, sondern auch, weil sie schlechthin gegen die Würde des Menschen verstoßen, da sie ihn zum Gefangenen im eigenen Lande machen.

Von der Erfassungsstelle sollte also strafbares Unrecht registriert werden. Sie sollte als Vorermittlungsbehörde die Voraussetzungen für eine spätere Strafverfolgung der Täter schaffen. Zugleich sollte sie die potentiellen Täter von der Begehung von Straftaten abschrecken, sie auf das Unrecht ihres Handelns aufmerksam machen und ihnen damit die Möglichkeit nehmen zu der Behauptung, sie hätten das Unrechtmäßige ihres Tuns nicht erkannt oder erkennen können.

VORLÄUFER UND PARALLELE EINRICHTUNGEN

Die Erkenntnis, daß schlimmer und niederdrückender als alle materielle Not das Bewußtsein auf der Bevölkerung Mitteldeutschlands lastete, einer Willkürherrschaft nahezu wehrlos ausgeliefert zu sein, führte bereits 1949 in der Sowjetzone Deutschlands zur Gründung des »Untersuchungsausschusses Freiheitlicher Juristen«. Nicht mit Terror sollte dem Unrechtsregime entgegengetreten werden, sondern mit den Mitteln des Rechts und mit der Forderung, auch der mitteldeutschen Bevölkerung die allgemein auch von der Sowjetunion anerkannten Menschenrechte nicht länger vorzuenthalten und die in der Verfassung garantierten Grundrechte der Bürger zu achten.

So entstand diese Organisation, die es sich zur Aufgabe gemacht hatte, Unrecht mit Recht zu bekämpfen. Weil der »Untersuchungsausschuß Freiheitlicher Juristen« (UFJ) aber für jeden rat- und hilfesuchenden DDR-Bewohner ansprechbar sein sollte, konnte er im Interesse der Sicherheit seiner Besucher nur in West-Berlin aufgebaut werden.

Der »Untersuchungsausschuß Freiheitlicher Juristen«
ist im Gegensatz zur Erfassungsstelle keine Behörde
oder sonstige staatliche Institution der Bundesrepublik
Deutschland oder West-Berlins gewesen. Er war ein
Zusammenschluß namhafter Juristen West-Berlins und
der Bundesrepublik, der sich auch privat finanzierte.
Für den Untersuchungsausschuß ergaben sich im Laufe
der Zeit vier Aufgabengebiete:

1. Rechtshilfe für die mitteldeutsche Bevölkerung, um
   deren Freiraum zu erweitern;
2. Rechtserziehung, um in der DDR das Gefühl für all-
   gemeingültige Rechtsprinzipien wachzuhalten;
3. Aufklärung der freien Welt über das Unrechtssystem
   in der DDR;
4. Gutachtertätigkeit für Dienststellen der Bundesrepublik und West-Berlins.

Die Bevölkerung der Sowjetzone und späteren DDR
hatte bald erkannt, daß ihr im Untersuchungsausschuß
ein Anwaltsbüro zur Verfügung stand, wie es besser und
geeigneter kaum denkbar war. Es bot die Möglichkeit,
sich in allen zivil-, straf- und arbeitsrechtlichen Fragen
informieren zu lassen. So haben allein in den fünfziger
Jahren rund eine halbe Million Besucher die Zentrale
des Untersuchungsausschusses in der Westberliner Li-
mastr. 29 aufgesucht. Auch über den Rundfunksender
RIAS verbreitete der UFJ zahlreiche Rechtsrat-
schläge.

Die Namenskartei des Untersuchungsausschusses ist
gleichsam als Vorläuferin der Unrechtskartei von Salzgitter anzusehen. In dieser Kartei, die im April 1961
rund 123 000 Namen enthielt, wurde jede Unrechtshandlung registriert, jeder Funktionär notiert, der eine

Unrechtshandlung vornahm oder anordnete. Eine Auswertung erfolgte vornehmlich unter dem Gesichtspunkt der Rechtserziehung.

Die Kartei sollte überwiegend dazu dienen, manchen übereifrigen oder fanatischen Funktionär zur Einsicht zu bringen und ihn vor besonders krassen Unrechtshandlungen zurückschrecken zu lassen. Auch viele Verfahren gegen geflohene Richter und Staatsanwälte, Stasi-Spitzel und Haftaufseher wurden auf Veranlassung des Untersuchungsausschusses eingeleitet. So basierte auch die Verurteilung des in den Westen geflohenen Staatsanwaltes Ostelmann zu drei Jahren Zuchthaus wegen Nötigung und Aussageerpressung auf Material des Untersuchungsausschusses.

Die Angriffe der damaligen SED-Presse auf den Untersuchungsausschuß weisen große Parallelen zur späteren Auseinandersetzung mit der Arbeit der Erfassungsstelle auf. Begriffe wie »Agenten- und Spionagezentrale« wurden auch im Kampf gegen die Erfassungsstelle immer wieder gebraucht.

Der »Untersuchungsausschuß Freiheitlicher Juristen« löste sich im Jahre 1969 auf. Seine umfangreichen Unterlagen, einschließlich der Kartei, übernahm das Gesamtdeutsche Institut in Berlin, eine dem Bundesministerium für innerdeutsche Beziehungen nachgeordnete Bundesbehörde. Mit dem Gesamtdeutschen Institut hat die Erfassungsstelle seit ihrer Gründung ständig zusammengearbeitet und diesem jeweils Kopien ihrer Vernehmungsdurchschriften übersandt.

Umgekehrt verfügte das Gesamtdeutsche Institut bis 1984 durch die Westberliner Rechtsanwälte Näumann und Stange, welche ihrerseits Kontakte zu dem Büro des

Rechtsanwalts Dr. Wolfgang Vogel in Ost-Berlin unterhielten, über die Möglichkeit, strafgerichtliche Urteile aus der DDR bestätigen zu können. Damit war die Erfassungsstelle in die Lage versetzt, die Angaben von Geschädigten überprüfen zu können. Der Beweiswert ihrer Feststellungen wurde auf diese Weise gestärkt.

VERFAHRENSWEISE

Die Erfassungsstelle nutzt grundsätzlich alle die zur Verfügung stehenden Beweismittel, um Menschenrechtsverletzungen aufzudecken und diese mit Mitteln der Justiz zu dokumentieren. Ihrer Aufgabe gemäß soll sie zum Zweck einer etwaigen späteren Strafverfolgung gerichtsverwertbare Beweismittel sichern. Da der Zeitablauf die Verläßlichkeit der meisten Beweismittel ungünstig beeinflußt, muß die Erfassungsstelle sofort tätig werden, sobald sie von einem Gewaltakt erfährt.

Den überwiegenden Teil ihrer Erkenntnisse gewinnt die Erfassungsstelle aus den Vernehmungen ehemaliger politischer Häftlinge. Die Vernehmungen werden in ihrem Auftrag von den Kriminalpolizeibehörden der Länder durchgeführt.

Praktisch wurden so alle seit 1963 von der Bundesregierung freigekauften etwa 33000 politischen Häftlinge befragt. Im einzelnen:

1. Auswertung der Lageberichte des BGS

Die Lageberichte des Bundesgrenzschutzes waren bis zur Grenzöffnung eine gleichsam selbstverständliche

Informationsquelle der Erfassungsstelle. Sie wurden täglich von den vier Grenzschutzkommandos (Küste, Nord, Mitte, Süd) herausgegeben und in Salzgitter sorgfältig auf Mitteilungen hin durchgesehen, die auf Zwischenfälle hindeuteten. Wegen der Länge der Demarkationslinie (etwa 1260 km) waren die Beobachtungen der Grenzbeamten häufig von Zufälligkeiten abhängig. Die Vorfälle, die sich aus der Verminung des Todesstreifens und der Anbringung von Selbstschußanlagen an den Grenzzäunen ergaben, haben in der Regel den eindrucksvollsten Ermittlungsaufwand des BGS ausgelöst.

In West-Berlin sind die Grenzzwischenfälle unmittelbar von der Schutz- oder Kriminalpolizei aufgenommen worden. Hier entstand situationsbedingt das reichhaltigste, zugleich aber auch erschütterndste Bild- und Dokumentationsmaterial, über das die Erfassungsstelle verfügt.

2. Auswertung der Presse

Vielfach wurden Menschenrechtsverletzungen der Erfassungsstelle durch Presseberichte bekannt. Das konnte in der zufälligen Nähe des Berichterstatters zu einem Geschehensort ebenso seinen Grund haben wie in der sorgfältigen Recherche. Die Erfassungsstelle verdankt der Presse daneben eine Fülle von Bildmaterial außerordentlicher Aktualität und Qualität. Zeitungs- und Zeitschriftenberichte über Zeugenaussagen, Opfer und Tatbeteiligte waren oft wertvolle Erkenntnisquellen.

3. Auswertung von persönlichen Mitteilungen durch Geschädigte und Zeugen

Die Möglichkeiten der DDR-Bürger, der Erfassungsstelle direkte Mitteilungen in mündlicher oder schriftlicher Form zu machen, waren bis zur Grenzöffnung natürlich sehr beschränkt. Den Ereignissen danach ist ein besonderes Kapitel gewidmet. Bis zum 9.11.1989 wurde jeder Kontakt von seiten der DDR zur Erfassungsstelle oder anderen Behörden und Organisationen in der Bundesrepublik zumindest als »ungesetzliche Verbindungsaufnahme« gemäß § 219 StGB-DDR unter Strafe gestellt. Dennoch sind der Erfassungsstelle, vielfach auf Umwegen über Bekannte und Verwandte, zahlreiche Nachrichten zugegangen, die Gewaltakte aufzeigten.

4. Auswertung von Anfragen oder Mitteilungen von Landes- und Bundesbehörden

Vielen aus der DDR übergesiedelten Deutschen war es – wohl im Hinblick auf die vermeintliche Unabänderlichkeit der Zweiteilung Deutschlands – nicht wesentlich, ihr Schicksal zum Gegenstand eines quasistrafrechtlichen Ermittlungsverfahrens zu machen. Wenn es sich bei ihnen um in der DDR aus politischen Gründen Verurteilte handelte, waren sie aber bestrebt, sich einerseits des Makels einer Verurteilung, die sie zum Vorbestraften machte, zu entledigen und andererseits eine Entschädigung zu erlangen. Für beide Begehren gibt es Rechtsgrundlagen in der Bundesrepublik.

Nach § 15 des Gesetzes über die innerdeutsche Rechts- und Amtshilfe in Strafsachen (RHG) konnte ein Verurteilter, gegen den »außerhalb des Geltungsbereiches dieses Gesetzes durch ein deutsches Gericht auf eine Strafe erkannt wurde, deren Vollstreckung nach § 2 ganz oder teilweise unzulässig wäre«, beantragen, die Unzulässigkeit der Vollstreckung festzustellen. Zuständig für diese Entscheidung war in aller Regel der Generalstaatsanwalt bei dem Oberlandesgericht, in dessen Bezirk der Verurteilte seinen (neuen) Wohnsitz hatte.

Diese Anträge wurden bei den Generalstaatsanwaltschaften unter dem Aktenzeichen »RAs« bearbeitet und führten zu Entscheidungen, für die hier eine als Beispiel genannt sei:

In der Rechtshilfesache der Arbeiterin Irene Goba, geb. am 3.12.1947, wohnhaft in Zwickau, wird auf ihren Antrag vom 1. Februar 1981 auf Grund der §§ 2, 15 des Gesetzes über die innerdeutsche Rechts- und Amtshilfe i. d. F. vom 18. August 1980 festgestellt: die Strafvollstreckung aus dem Urteil des Bezirksgerichts Erfurt vom 6. Januar 1977, durch das die Antragstellerin zu einer Freiheitsstrafe von 2 Jahren wegen staatsfeindlicher Verbindungen, ungesetzlichen Grenzübertritts, Verstoßes gegen die Grenzschutzverordnung und Devisenvergehens verurteilt worden ist,

ist u n z u l ä s s i g

gez. Dr. Kintzi
Generalstaatsanwalt in Braunschweig

Mit der Feststellung der Unzulässigkeit der Vollstreckung war jedenfalls für das Gebiet der Bundesrepublik der Strafmakel beseitigt. Sie war gleichzeitig regelmäßige Grundlage für einen Antrag auf Häftlingsentschädigung. Diese Entschädigung konnte nach dem Gesetz über Hilfsmaßnahmen für Personen gewährt werden, die aus politischen Gründen außerhalb der Bundesrepublik Deutschland in Gewahrsam genommen wurden (Häftlingshilfegesetz/HHG). Über die Anträge nach dem HHG hatten die Verwaltungsbehörden der Länder zu entscheiden.

Aufgrund dieser gesetzlichen Ansprüche und der sich daraus ergebenden Verfahren wurde regelmäßig bei der Erfassungsstelle nachgefragt, ob dort entsprechende Kenntnisse vorliegen. Weil das meist der Fall war, konnte die Erfassungsstelle Amtshilfe leisten. Teilweise erhielt die Erfassungsstelle aber auch erst durch die Anfrage einer Generalstaatsanwaltschaft oder Verwaltungsbehörde Kenntnis von einem Verurteilungsfall, dem sie dann sofort nachging, um die erforderlichen Vorermittlungen durchzuführen.

5. Auswertung der Gießener Listen

Die aus der DDR entlassenen politischen Häftlinge kamen zunächst in das Zentrale Notaufnahmelager für DDR-Flüchtlinge und Übersiedler nach Gießen.

Im Notaufnahmelager Gießen wurden die Personalien der Haftentlassenen aufgenommen. Wenn es Anhaltspunkte für Gewaltakte gab, wurden umgehend ausführliche kriminalpolizeiliche Vernehmungen der Geschädigten veranlaßt.

Die Vernehmungen orientierten sich an einem bestimmten Fragenkatalog (z. B. Dokument 8).

Die Antworten wurden gründlich ausgewertet, die Namen der Geschädigten, Prozeßbeteiligten, Denunzianten und etwa beschuldigter Vollzugsbeamter in den Haftanstalten kamen in die Kartei von Salzgitter.

Vor allem durch die Hinweise auf Mithäftlinge war die Erfassungsstelle stets in der Lage, die Zeugenaussagen vergleichen und ihren Beweiswert sichern zu können. Zeugen, die in der DDR in Haft waren und von der Bundesregierung freigekauft wurden, verfügten in aller Regel nicht über Verfahrensunterlagen. Sie konnten lediglich den Entlassungsschein aus der Haft und ihre Entlassungsurkunde aus der Staatsbürgerschaft der DDR vorweisen (Beispiele: Dokumente 9 und 10).

Die Justiz der DDR war sich also bewußt, daß ihre »Im Namen des Volkes« verkündeten Urteile der Öffentlichkeit nicht preisgegeben werden durften. Sie hätten das Unrechtssystem entlarvt. Man hatte etwas zu verbergen und tat es mit preußischer Sorgfalt.

6. Überläufer

Bei den Tötungsverfahren waren die Aussagen der geflüchteten ehemaligen Soldaten der NVA-Grenztruppe (Überläufer) wesentliche Beweismittel. Sie ergaben ebenso Hinweise zum Schießbefehl und zu gescheiterten Fluchtversuchen wie zu Todesschützen.

Für jeden Überläufer wurde daher sofort nach seiner Flucht ein von der Erfassungsstelle entworfener Fragebogen ausgefüllt, in Bayern von der Bayerischen Grenzpolizei, in Hessen von bestimmten Kommissariaten der Staatlichen Kriminalpolizei, in Niedersachsen von den Zentralen Befragungsstellen des Landesamts für Verfassungsschutz, für Berlin und Schleswig-Holstein von Dienststellen des Bundesnachrichtendienstes. Diese Fragebogen wurden gesammelt und in etwa 14tägigen Abständen an die Erfassungsstelle abgegeben.

Die Grenze des Schreckens

DIE GRENZSICHERUNGSANLAGEN DER DDR

Die exakt 1393 Kilometer lange Land- und Seegrenze zwischen beiden Teilen Deutschlands und die Sektorengrenze in Berlin entsprechen im wesentlichen der im Londoner Protokoll vom 12. September 1944 festgelegten Zonengrenze der Sowjetischen Besatzungszone Deutschlands nachWesten. Die Demarkationslinie von der Lübecker Bucht bis Hof wurde erstmals am 30. Juni 1946 auf Ersuchen der sowjetischen Besatzungsmacht vom »Kontrollrat für Deutschland« für den freien Verkehr in beiden Richtungen gesperrt. Mit der Kontrollratsdirektive Nr. 63 vom 29. Oktober 1946 wurde der Verkehr zwischen der sowjetischen und den westlichen Besatzungszonen durch Einführung des Interzonenpasses wieder möglich.

Zunächst wurde die Demarkationslinie auf östlicher Seite von der Sowjetarmee bewacht. Ab Juli 1948 traten auch Einheiten der »Kasernierten Volkspolizei« hinzu. Illegale Grenzüberschreitungen wurden in der Regel nur mit einigen Tagen oder Wochen Haft bestraft. Etwa zweieinhalb Jahre nach Gründung der Deutschen Demokratischen Republik änderten sich die Verhältnisse an der Demarkationslinie jedoch entscheidend. Am 26. Mai 1952 beschloß der Ministerrat der DDR eine »Verordnung über Maßnahmen an der Demarkationslinie«.

Damit wurde das Ministerium für Staatssicherheit beauftragt, Vorkehrungen zur völligen Abriegelung der Zonengrenze zu treffen. In der Folge ist die innerdeutsche Grenze zu einem in der Welt wohl einmalig perfekten Absperrsystem ausgebaut worden. Dabei wurde das Gelände (von Ost nach West)* von folgenden Grenzanlagen durchzogen (s. auch Dokument 11).

Sperrzone und Schutzstreifen
Entlang der gesamten Grenze bestand eine »Sperrzone«, die teilweise bis zu fünf Kilometer tief war. Die Bewohner dieses Gebietes waren durch eine besondere Eintragung im Personalausweis als dort wohnberechtigt ausgewiesen. Für die »Sperrzone« galten besondere polizeiliche Regelungen. So mußten zum Beispiel Versammlungen, Veranstaltungen und auch private Feierlichkeiten bis jeweils 22.00 Uhr beendet sein. Der an die Grenze reichende Teil der »Sperrzone« bildete den sogenannten »Schutzstreifen«. Er war teilweise bis zu 500 Meter breit und durfte auch von den Bewohnern der »Sperrzone« nur mit besonderer Genehmigung betreten werden.

Kontrollstreifen
Von Ost nach West schloß sich an den »Schutzstreifen« der zwei Meter breite und geeggte »Kontrollstreifen« an. Dieser sollte zur Feststellung von Spuren dienen

* Vgl. Peter-Joachim Lapp, »Frontdienst im Frieden – die Grenztruppen der DDR«, Koblenz 1987, und das »Weißbuch über die menschenrechtliche Lage in Deutschland und der Deutschen in Ost-Europa«, herausgegeben von der CDU/CSU-Fraktion des Deutschen Bundestages, Bonn, Oktober 1977

DDR-Grenzsperranlagen

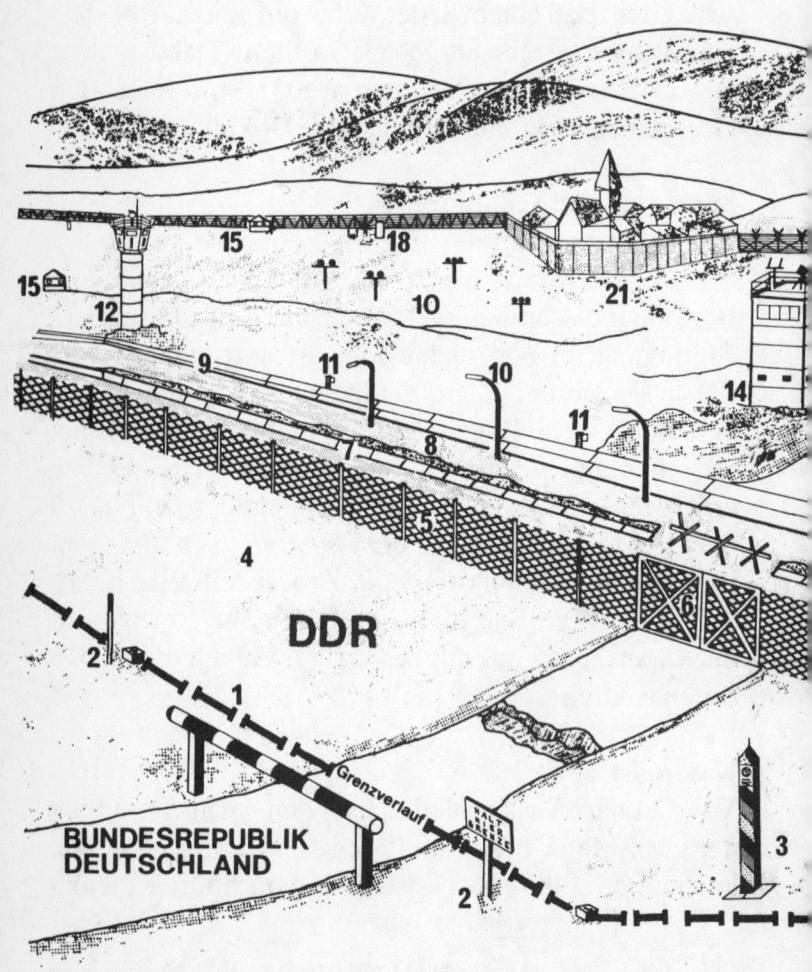

15 18 21 15 12 10 9 11 10 14 8 7 5 4 **DDR** 2 1 **Grenzverlauf** 6 **BUNDESREPUBLIK DEUTSCHLAND** 2 HALT HIER GRENZE 3

Bereich zwischen Grenzverlauf (1) und Kontrollpassierpunkt (22) = Sperrzone (∅ ca. 5 km)

Bereich zwischen Grenzverlauf (1) und Schutzstreifenzaun/Betonsperrmauer (17/21) = Schutzstreifen (∅ ca. 100–2000 m)

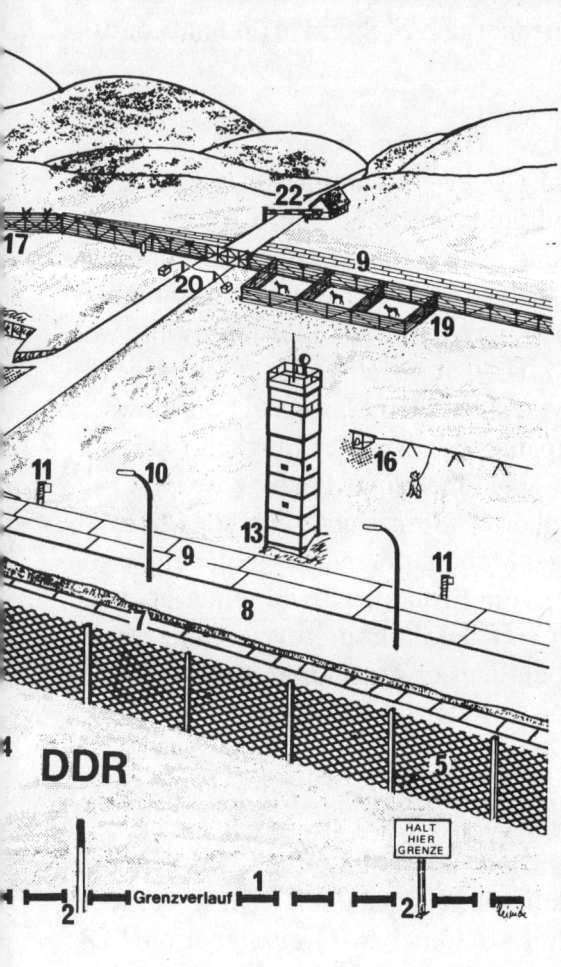

Erläuterungen:

1 Grenzverlauf mit Grenzsteinen

2 Grenzhinweisschild bzw. -pfahl unmittelbar vor dem Grenzverlauf

3 DDR-Grenzsäule (ca. 1,8 m hoch, schwarz-rot-gold mit DDR-Emblem)

4 Abgeholzter und geräumter Geländestreifen

5 Einreihiger Metallgitterzaun (ca. 3,2 m hoch)

6 Durchlaß im Metallgitterzaun

7 Kfz-Sperrgraben (mit Betonplatten befestigt)

8 ca. 6 m bzw. 2 m breiter Kontrollstreifen (Spurensicherungsstreifen)

9 Kolonnenweg mit Fahrspurplatten (Lochbeton)

10 Lichtsperren bzw. Halogenstrahler

11 Anschlußsäule für das erdverkabelte Grenzmeldenetz

12 Beton-Beobachtungsturm (BT 11)

13 Bewton-Beobachtungsturm (2 × 2 m)

14 Beton-Beobachtungsturm (4 × 4 m zum Teil noch mit Führungsstelle)

15 Beobachtungsbunker

16 Hundelaufanlage

17 Grenzsperr- und Signalzaun (bis zu 3,2 m hoch) zum Teil mit Abweisern

18 Stromverteilungs- und Schalteinrichtungen des Grenzsperr- und Signalzaunes

19 Hundefreilaufanlage

20 Durchlaßtor im Grenzsperr- und Signalzaun, z.T. mit zusätzlichen Hindernissen

21 Betonsperrmauer/Sichtblende/Metallplattenzaun

22 Kontrollpassierpunkt zur Sperrzone

43

und bei Auslösung von Alarm am Schutzstreifen- bzw. Grenzsignalzaun Aufschluß darüber geben, ob es sich um einen Flüchtling, um mehrere Flüchtlinge oder um Wild handelte, das die Signale auslöste. Die »Kontrollstreifen« wurden innerhalb 24 Stunden dreimal kontrolliert.

Schutzstreifen- bzw. Grenzsignalzaun

Dieser Zaun war an der gesamten Grenze vorhanden und reagierte auf Unterbrechung oder Kurzschluß der Kontaktdrähte und löste damit Alarm in der Führungsstelle der Grenztruppe aus. Die Alarmauslösung markierte einen 300 Meter breiten Abschnitt. Teilweise wurden auch optische (Leuchtkugeln) oder akkustische (Sirenen) Signale ausgelöst. Den Alarmgruppen der wachhabenden Kompanie war es daher möglich, von zwei Seiten gegen etwaige Flüchtlinge vorzugehen.

Der später installierte »Grenzsignalzaun 80« (GSZ 80) war ein einreihiger Metallgitterzaun mit einer Höhe von 2,50 Metern, der vom Erdboden bis zu seiner obersten Begrenzung mit 16 Kontaktdrähten versehen war. Im oberen Bereich enthielt er sogenannte Abweiser nach Ost und West mit jeweils vier Kontaktdrähten. Dieser Zaun wurde 50 Zentimeter ins Erdreich versenkt.

Hundelaufanlagen

An unübersichtlichen Stellen der Grenze wurden sogenannte Hundelaufanlagen installiert. Diese verliefen parallel zum Schutzstreifen- bzw. Grenzsignalzaun. Die Tiere liefen an einem etwa 200 Meter langen, in drei Meter Höhe gespannten Drahtseil. Zeitweise waren über 1100 Hunde eingesetzt.

Lichtsperren

Abschnitte mit besonders geringem Abstand zwischen Signalzaun und Staatsgrenze, mit Ortschaften oder unübersichtlichem Gelände wurden nachts durch Scheinwerfer und Lichttrassen beleuchtet. Ortschaften wurden in der Regel durch 3,3 Meter hohe Betonmauern gegen die Beobachtung vom Westen abgeriegelt.

Beobachtungstürme und Erdbunker

Entlang der gesamten Grenze hatte man in unregelmäßigen Abständen »Beobachtungstürme« aus vorgefertigten Betonteilen, Stahl oder Holz errichtet. In der Regel bestand Sichtverbindung von Turm zu Turm. Einige Türme waren durch Bunkeranlagen zu Stützpunkten für die Alarmgruppen ausgebaut. In anderen waren die sogenannten Führungspunkte untergebracht.

Kolonnenweg

Ebenfalls entlang der gesamten Grenze bestand ein aus Lochbetonplatten hergestellter »Kolonnenweg«. Über diesen konnten die motorisierten Einheiten der Grenztruppe innerhalb des Schutzstreifens schnell zu einem etwaigen Fluchtort gelangen.

KFZ-Sperrgraben

Geländeabschnitte, die sich für Fluchtversuche mit Kraftfahrzeugen eigneten, wurden durch einen etwa einen Meter tiefen und zwei Meter breiten »KFZ-Sperrgraben« zusätzlich gesichert. Der Graben war so angelegt, daß die dem Westen zugewandte Seite mit Betonplatten befestigt war und steil abfiel.

Zweiter Kontrollstreifen

An den KFZ-Sperrgraben schloß sich westwärts ein sechs Meter breiter Kontrollstreifen an, der – ebenso wie der zwei Meter breite Streifen vor dem Schutzstreifen- bzw. Signalzaun – zur Spurenfeststellung diente und täglich mindestens einmal kontrolliert wurde.

Metallgitterzaun

Den Abschluß der Grenzsperranlagen bildeten in Richtung Westen die bis zu 3,2 Meter hohen Metallgitterzäune. Mit Beginn der siebziger Jahre hatte man die bis dahin entlang der gesamten Grenze bestehenden Stacheldrahthindernisse allmählich durch Zäune aus vorgefertigten Metallgitterplatten, befestigt an Betonpfählen, ersetzt. Es gab den sogenannten »doppelten Metallgitterzaun«, der jeweils 2,4 Meter hoch war und dessen Zwischenräume mit Tretminen bestückt waren. Die neuere Form bestand aus einem Zaun von 3,2 Meter Höhe, der mit den Tötungsautomaten »SM 70« bestückt war. Diese Zäune verliefen je nach der Geländebeschaffenheit 30 bis 70 Meter hinter der tatsächlichen Grenze.

Die Verminung der Zaunzwischenräume wurde Anfang der achtziger Jahre reduziert und im Herbst 1985 ganz aufgehoben. Bei den Tötungsautomaten handelte es sich um die sogenannte »Selbstschuß- und Meldeanlage SM 70«. Diese Automaten waren an jedem vierten Betonpfahl des Metallgitterzaunes in jeweils unterschiedlicher Höhe und an der der DDR zugewandten Seite angebracht. Sie bestanden aus dem Schußapparat mit dem kegelförmigen Schußtrichter, dem Zünd- und Meldemechanismus und der Halterung. Die Schußrichtung verlief parallel zum Metallgitterzaun. Die Detonation wurde durch Zerschneiden oder Bewegen des Auslösedrahtes um ca. zwei Zentimeter ausgelöst. Der Auslösedraht führte für jeweils ein Gerät zur Halterung des nächsten Gerätes in gleicher Höhe. Der Schußtrichter war mit ca. 100 Gramm Trinitrotoluol (TNT) gefüllt. Vor dieser Sprengladung war die Splittereinlage angebracht, die aus ca. 110 scharfkantigen Stahlwürfeln von vier Millimetern Kantenlänge und 0,5 Gramm Gewicht bestand. Bis auf eine Entfernung von 25 Metern rissen diese Geschosse Wunden, wie sie von sogenannten Dumdum-Geschossen hervorgerufen werden. Da der Trichtermantel aus Aluminium bei der Explosion ebenfalls zerrissen wurde, ergab sich eine zusätzliche Splitterwirkung. Die SM 70 wurde daher auch »Splittermine« genannt. Bis Ende August 1983 sollen entlang der deutsch-deutschen Grenze etwa 60 000 Selbstschußapparate angebracht gewesen sein.

Auf Druck der internationalen Öffentlichkeit und in der Folge eines Besuches des bayrischen Ministerpräsidenten Franz-Josef Strauß, der einen Milliardenkredit westdeutscher Banken an die DDR eingefädelt hatte, entschloß sich die DDR-Führung im Oktober 1983, die SM-70-Geräte abzubauen. Der Abbau ist nach unserer Erkenntnis bis November 1984 tatsächlich erfolgt.

Folge dieser teilweisen Entschärfung der Grenzsicherungsanlagen war eine Verbesserung des »Schutzstreifenzauns« und der Bau zusätzlicher Sicherungsmaßnahmen im Schutzstreifenbereich.

Küsten- und Gewässersicherung

Die Überwachung der Ostseeküste oblag der Grenzbrigade »Küste«. Diese verfügte über drei Bootsgruppen mit insgesamt 18 Wachbooten des Typs »Kondor«. Der Elbabschnitt zwischen Schnackenburg und Lauenburg wurde am Ufer der DDR mit Grenzkompanien und auf dem Strom mit 24 Streifen- und Streckenbooten gesichert.

Die Grenze um West-Berlin

Die Gesamtlänge der Grenze um West-Berlin betrug 165,7 Kilometer. Ihr wesentlichster Teil war seit dem 13.8.1961 die »Mauer«, die auf einer Länge von 46 Kilometern Ost- und West-Berlin trennte.

Die weiteren Grenzsicherungsanlagen in Berlin umfaßten:

– 55,2 km Metallgitterzaun,
– 104 km Mauerplatten mit Rohrauflage,
– 150 km Betonmauer,
– 123 km elektrische Signalzäune
  (Spannung: 6 bis 10 Volt),
– 124 km asphaltierte Kolonnenwege.

An der Mauer:

– 251 Beobachtungstürme,
– 144 Bunker,
– 260 Hundelaufanlagen.

Die Bewaffnung der Grenztruppe

In erster Linie war die Grenztruppe der DDR mit leichten Infanteriewaffen ausgerüstet. Außerdem erfolgte in den Ausbildungsregimentern die Schulung an mittelschweren Begleitwaffen der Mot-Schützeneinheiten

(Bak/Granatwerfer/SPW). Die Grenztruppe verfügte auch über Panzer, um deren Bekämpfung zu üben.

Die Grenzregimenter waren mit folgenden Schützenwaffen ausgerüstet:

– Maschinenpistole »Kalaschnikow«/MPi
  AKM/AK-47,
– Pistole PM,
– leichtes MG »Kalaschnikow«/1 MG RPK,
– Panzerbüchse (Pz Faust) RPG 7
– schwere Panzerbüchse SPG-9,
– Handgranaten

»Schneller Anschlag ist halb getroffen.«
(»Volksarmee« Nr. 1/1962)
»Mir war klar, daß der Befehl rechtlich nicht zu vertreten war.«
(Überläufer Klaus Lisker am 6.3.1963)

DER SCHIESSBEFEHL

Bei dem sogenannten Schießbefehl handelt es sich wohl um das dunkelste Kapitel der DDR, die für sich in Anspruch nahm, ein Rechtsstaat zu sein. Mit ihm ist die Anweisung an die Angehörigen der Grenztruppe gemeint, Grenzverletzungen nötigenfalls mit der Waffe zu verhindern und den Grenzverletzer zu vernichten. Es ist davon auszugehen, daß der Befehl am 1. Oktober 1961 von dem damaligen Minister für Nationale Verteidigung, Armeegeneral Heinz Hoffmann, unterzeichnet wurde. Das Einverständnis der obersten politischen

Führung kann vorausgesetzt werden. Dokumentarisch konnte es bisher nicht belegt werden.

Der Schießbefehl basiert auf einer bereits vor dem Mauerbau eingeleiteten psychologischen Kampagne, die seine Entstehung gleichsam als zwingende Entwicklung nachvollziehbar macht.

Schon am 10.4.1955 hatte der SED-Bezirkssekretär Fröhlich in der »Leipziger Volkszeitung« u. a. erklärt:

Es gilt nun endlich Schluß zu machen mit diesem von den Kriegstreibern organisierten Geschwätz, wir werden nicht auf unsere Brüder schießen.

Walter Ulbricht, der damalige Staatsratsvorsitzende, sagte auf einer Tagung von Kommandeuren und Politfunktionären der NVA am 29.6.1957:

Alle Angehörigen der NVA müssen so erzogen werden, daß sie einen Krieg zwischen der DDR und der Bundesrepublik nicht etwa als einen Bruderkrieg auffassen.
Die Soldaten der NVA müssen wissen, daß jeder, der die Errungenschaften der DDR antastet, als Klassenfeind zu behandeln ist, auch wenn es der eigene Vater, Bruder, Schwager oder sonstwer ist.

Aus solchen Ansichten resultierte das unter dem Begriff »Haß-Erziehung« zusammengefaßte Bemühen der Militärführung der DDR, in den Soldaten ein Feindbild aufzubauen.

So heißt es zum Beispiel in der Zeitschrift »Pädagogik« von 1957, Heft 4, Seite 264:

*Die Erziehung zum Haß ist notwendig, sie muß Bestand-
teil unserer Erziehung zu einem kämpferischen Huma-
nismus und zum sozialistischen Patriotismus sein …*

In der gleichen Zeitschrift ist weiter auf Seite 269 zu
lesen:

*Haß ist in unserer Zeit als politisch-moralisches Gefühl
ein ebenso hoher sittlich positiver Wert wie die Liebe.*

In der Zeitschrift »Freiheit« aus Halle wurde in der Ausgabe vom 6.11.1959 auf Seite 2 folgendes Gedicht veröffentlicht, das sich unmittelbar an die Soldaten der NVA
wendete:

> *Haß!*
> *Schreit doch den Haß in jede Wohnung,*
> *lernt doch zu hassen ohne Schonung.*
> *Haß!*
> *Tragt ihn hinein in die stillen Gassen,*
> *lehrt auch die Blumen, heiß zu hassen.*
> *Haß!*
> *Allerorts und in jeder Stunde,*
> *Haß auch in trauter Kaffeerunde.*
> *Haß!*
> *Sei jetzt mein Freund, sei mein Gefährte,*
> *führe die Hand an meinem Schwerte.*
> *Haß!*
> *Kehre in meine Feder wieder,*
> *werde das Lied jetzt aller Lieder.*
> *Haß!*
> *Und keine Liebe? Keine Liebe!*
> *Haß nur übt die Vergeltung! »Übe!«*

Am 10.6.1960 erklärte der NVA-Vizeadmiral Waldemar Verner auf der 3. Delegiertenkonferenz der SED in der NVA folgendes:

Im Kampf um die ständige Erhöhung der Gefechtsbereitschaft, um die Verbesserung der sozialistischen Erziehung der Armeeangehörigen und der offensiven Darlegung der Politik von Partei und Regierung spielt die politische Massenarbeit eine außerordentlich große Rolle. Die politische Massenarbeit hat zum Ziel, sowohl die Liebe unserer Genossen zu den Errungenschaften unserer Arbeiter- und Bauernmacht und glühenden sozialistischen Patriotismus zu entwickeln als auch den Haß und Abscheu gegenüber dem volksfeindlichen, auf Terror und Betrug der Volksmassen aufgebauten Regime der Bonner Klerikalfaschisten unablässig zu vertiefen.

In ihrer Ausgabe Nr. 72/1960 forderte die »Volksarmee«:

... auch den letzten Armeeangehörigen mit einem tiefen Haß und offenen Kampfeswillen gegen den deutschen Imperialismus und Militarismus zu erfüllen.

Hermann Matern, Erster stellvertretender Präsident der Volkskammer der DDR, erklärte in der »Volksarmee« Nr. 38 vom 3.9.1961:

In den Tagen seit dem 13. August ist klar geworden, daß man im Leben einen Standpunkt haben und Stellung zu den Grundproblemen der Zeit nehmen muß. Für den Soldaten heißt das, er muß wissen, für wen er die Waffe

*trägt und gegen wen er sie, wenn das notwendig wird,
richten muß. Manche Leute reden jetzt viel von »deutschen Brüdern«. Wir sagen offen: die westdeutschen
Konzernherren und Militaristen sind nicht unsere Brüder, sondern unsere Feinde, die Feinde der Nation. Wir
Kommunisten, solche Menschen wie Walter Ulbricht,
haben immer gegen den Militarismus gekämpft. Wir
waren nie knieweiche Pazifisten.*

Als Professor Albert Norden, Mitglied des Politbüros
des ZK der SED, 1963 Soldaten der Berliner Grenztruppen der NVA besucht hatte, druckte die »Volksarmee« Nr. 41/1963 seine Rede ab, die folgenden Passus
enthält:

*Ich sage, jeder Schuß aus der Maschinenpistole eines un-
serer Grenzsicherungsposten zur Abwehr solcher Verbrechen rettet in der Konsequenz Hunderten von Kameraden, rettet Tausenden Bürgern der DDR das Leben und
sichert Millionenwerte an Volksvermögen.* *
*Ihr schießt nicht auf Bruder und Schwester, wenn ihr mit
der Waffe den Grenzverletzer zum Halten bringt. Wie
kann der euer Bruder sein, der die Republik verrät, der
die Macht des Volkes verrät, der die Macht des Volkes antastet! Auch der ist nicht unser Bruder, der zum Feinde
desertieren will. Mit Verrätern muß man sehr ernst sprechen. Verrätern gegenüber menschliche Gnade zu üben,
heißt unmenschlich am ganzen Volk handeln. Und man*

---

* Vgl. Adolf Hitler »Mein Kampf« 16. Auflage, 1933, Verlag Franz Eher
Nachfolger GmbH, München 2, S. 772: »Zwölftausend Schurken zur
rechten Zeit beseitigt, hätte vielleicht einer Million ordentlicher, für die
Zukunft wertvoller Deutschen das Leben gerettet.«

muß in dieser unserer Zeit an jener Stelle, an der wir ste-
hen, nämlich an der Nahtstelle zwischen den beiden Wel-
ten, der Welt des Friedens hier und der Welt des Krieges,
um des Friedens willen entschieden handeln.«

Bis zur Gründung der DDR im Jahre 1949 hatte die
1946 auf sowjetischen Befehl errichtete »Deutsche
Grenzpolizei« die Aufgabe, die Grenzen in Zusammen-
arbeit mit der sowjetischen Besatzungsmacht zu bewa-
chen. Danach erließ das Ministerium des Inneren, dem
die »Deutsche Grenzpolizei« unterstellt war, eine
Dienstvorschrift über die »Organisation der Sicherung
der Grenzen der DDR«.

Diese Dienstvorschrift wurde am 1.10.1954 in Kraft gesetzt (GVSTgb. Nr. I/277/54). In Punkt 71 des Kapitels
VI, das die Regelung der Grenzordnung enthielt, hieß
es, daß das Betreten und Überschreiten des Zehn-
Meter-Kontrollstreifens längs der Demarkationslinie
verboten sei. Bei Zuwiderhandlung erfolge Festnahme. Bei Nichtbefolgung des Anrufes der Grenzposten sei die Schußwaffe ohne Warnschuß anzuwenden.
Ihre materielle Rechtsgrundlage fand diese Vorschrift
im Paßgesetz der Deutschen Demokratischen Republik vom 15. September 1954 (GBl. S 786), dessen § 8
lautet:

1) Wer ohne Genehmigung das Gebiet der Deutschen
   Demokratischen Republik nach dem Ausland verläßt
   oder aus dem Ausland betritt oder wer ihm vorge-
   schriebene Reiseziele, Reisewege oder Reisefristen
   oder sonstige Beschränkungen der Reise oder des
   Aufenthalts hierbei nicht einhält, wird mit Gefängnis
   bis zu 3 Jahren bestraft.

2) Ebenso wird bestraft, wer sich oder einen anderen durch falsche Angaben eine Genehmigung zum Verlassen oder Betreten des Gebietes der Deutschen Demokratischen Republik erschleicht.

3) Der Versuch ist strafbar.

Diese Gesetzesbestimmung wurde bei der Einführung des neuen Strafgesetzbuches im Januar 1968 durch den berüchtigt gewordenen § 213 (Republikflucht) ersetzt und verschärft. Der aus ihr erkennbare Wille der Machthaber der DDR hat nicht nur viele Menschen das Leben gekostet, sondern ein ganzes Volk über zwei Generationen in Unfreiheit gehalten.

Am 12. September 1958 erließ DDR-Innenminister Karl Maron die »Dienstvorschrift für den Dienst der Grenzposten« (DV III/2), die in Kapitel XI die Schußwaffengebrauchsbestimmungen enthält. Unter Nr. 207 heißt es dort:

Die Angehörigen der Deutschen Grenzpolizei sind berechtigt, in den Fällen der Notwehr oder zur Abwehr von bewaffneten Angriffen auf die staatliche Ordnung und ihre Einrichtungen von der Schußwaffe Gebrauch zu machen, wenn ein Angriff mit anderen Mitteln nicht mehr erfolgreich abgewendet werden kann.

Und Nr. 208 lautet:

Die Angehörigen der Deutschen Grenzpolizei an der Staatsgrenze zur Westzone, am Ring um Berlin und an der Küste können außer den in Ziffer 207 aufgeführten Fällen von der Schußwaffe Gebrauch machen.

a) *Zur Gewährleistung der Unantastbarkeit der Grenzen und zur Verteidigung des Hoheitsgebietes der Deutschen Demokratischen Republik, bei bewaffneten Angriffen oder Überfällen von Einzelpersonen oder Gruppen staatsfeindlicher und krimineller Elemente.*

b) *Bei der Festnahme von Spionen, Saboteuren, Provokateuren u. ä. Verbrechern, wenn sie der Festnahme bewaffneten Widerstand entgegensetzen oder die Flucht ergreifen, einen Warnschuß unbeachtet lassen und keine Möglichkeit besteht, die Festnahme durch eine andere qualifizierte Maßnahme herbeizuführen.*

Mit dem als Verschlußsache behandelten Befehl 28/59 VVS G1 172/59 des Kommandeurs der »Deutschen Grenzpolizei« wurden die Wachen, Posten und Streifen der Grenztruppe der NVA an der Staatsgrenze West und Küste in Erweiterung zu Punkt 207 der Schußwaffengebrauchsbestimmungen verpflichtet, in den dort genannten Fällen von der Schußwaffe Gebrauch zu machen.

Kurze Zeit nach dem Mauerbau wurde die »Deutsche Grenzpolizei« am 15. September 1961 aus dem Ministerium des Innern herausgelöst und als »Nationale Volksarmee Kommando Grenze« dem Ministerium für Nationale Verteidigung unterstellt. Die Dienstvorschriften und die Befehle der NVA erhielten damit automatisch auch Gültigkeit für die NVA/Grenztruppen.

Der Verteidigungsminister der DDR, Armeegeneral Heinz Hoffmann, ordnete dies am 1.10.1961 ausdrücklich an und befahl zu den »Bestimmungen über Schußwaffengebrauch für das Kommando Grenze der Nationalen Volksarmee« u. a.:

In Erweiterung dieser Bestimmungen sind die Wachen, Posten und Streifen der Grenztruppe der Nationalen Volksarmee an der Staatsgrenze West und Küste verpflichtet, die Schußwaffe in folgenden Fällen anzuwenden:

– zur Festnahme von Personen, die sich den Anordnungen der Grenzposten nicht fügen, indem sie auf Anruf »Halt – stehenbleiben – Grenzposten« oder nach Abgabe eines Warnschusses nicht stehenbleiben, sondern offensichtlich versuchen, die Staatsgrenze der Deutschen Demokratischen Republik zu verletzen, und keine andere Möglichkeit zur Festnahme besteht.«

(Geheime Verschlußsache, Befehl Nr. 76/61)

Waren in den Jahren bis zum Mauerbau nur wenige Todesfälle bekannt geworden (vgl. AnhangTodesliste), so wurde die deutsch-deutsche Grenze ab 1961 zunehmend mit Blut getränkt. Allein 41 Todesfälle im Jahre 1962 und 29 Todesfälle im Jahre 1963 markieren die unmenschliche Sicherung des »antifaschistischen Schutzwalls«. Wie äußerte sich doch ein gewisser Hauptmann Irrgang in »Volksarmee« Nr. 1/1962: »Bei seinen täglichen Kontrollen entlang der Grenze beobachtet der Kommandeur das Gelände und entscheidet über den Einsatz von Beobachtern ... Witterung und Gelände können noch so niederträchtig sein, den Soldaten darf es nicht dazu verleiten, seine Waffe wie einen Garderobengegenstand zu behandeln. Eine alte Lehre ist und bleibt: Schneller Anschlag ist halb getroffen.«

Viele Angehörige der NVA/Grenztruppe wollten sich nicht auf diese Art zur Menschenjagd anstiften lassen. Allein 1962 verließen 666 Soldaten der Grenztruppe ihre Heimat und flohen in das Bundesgebiet bzw. nach West-Berlin. Sie hatten wohl die »Klassenfrage« nicht begriffen und wollten keine »guten Deutschen« der Sorte sein, wie sie sich Oberst Helbig, Stellvertretender Chef der Polithauptverwaltung der NVA, 1963 in einer Rede vor Grenzsoldaten vorstellte:

Aber selbst der beste Schütze, der im Schlaf das Schwarze auf der Scheibe trifft, kann nicht ein guter Grenzsoldat sein, wenn er nicht die Klassenfrage in Deutschland begreift, wenn er nicht unterscheiden kann, wer ist mein Freund und wer ist mein Feind, der glaubt, daß auch ein Grenzverletzer ein guter Deutscher ist, und der nicht alle seine Fähigkeiten einsetzt, um jede Grenzverletzung und jede Provokation zu verhindern.
(»Volksarmee«, Nr. 19/1963)

Bedurfte es solcher und früherer ideologischer Kraftanstrengungen, um die Soldaten der NVA zur Beachtung eines nicht existenten Schießbefehls anzuhalten? Wohl kaum, die Realität hatte seine Existenz schon bewiesen.
Am 19.2.1963 setzte der damals 20jährige Malergeselle Klaus Lisker, der bei der Grenzpolizei in Ost-Berlin seiner Wehrpflicht nachkam, seine Fluchtabsicht so in die Tat um:

Ich mußte an diesem Tag Streudienst verrichten. Gegen 13.20 Uhr fuhr ich mit einem LKW entlang der Schwerdterstraße–Behnstraße. Wir hatten die Postenwege gestreut. Ich war abgestiegen und neben dem LKW hergegangen. Der LKW fuhr nunmehr noch mal einige Meter

– es mögen circa 100 Meter gewesen sein – zurück, um dort noch etwas zu streuen. Man hatte wohl angenommen, daß ich hinterherkomme. Meine Waffe hatte ich auf dem LKW gelassen. Ich schaute nunmehr zunächst über die Grenze, und als ich merkte, daß die Posten in den Bunker Ecke Schwerdter-/Behnstraße gegangen waren, sprang ich über ein Brückengeländer nach West-Berlin. Nachdem ich etwa 200 Meter gelaufen war, wurde auf mich geschossen. Ich habe mich nochmals kurz umgesehen und stellte fest, daß fünf Volkspolizisten an der Stelle angekommen waren, an welcher ich vorher gestanden hatte.

Klaus Lisker hat weiter ausgesagt:

Über den Schießbefehl wurden wir monatlich unterrichtet und mußten dieses durch Unterschrift bestätigen.
Über den Schießbefehl wurde innerhalb der Kompanie nicht gesprochen. Es war eben so, daß einer vor dem anderen Angst hatte …
Die Existenz und die Tätigkeit einer zentralen Erfassungsstelle in der BRD war uns nicht bekannt. Es ist hierüber beim Unterricht und auch im Kameradenkreis nicht gesprochen worden. Auch über die Befolgung des Schießbefehls und dessen strafrechtliche Verfolgung in der BRD ist nicht gesprochen worden. Ich habe mir allerdings hierüber meine Gedanken gemacht, und mir war klar, daß der Befehl rechtlich nicht zu vertreten war. Hierüber hatte ich mir seit meiner Zugehörigkeit zur Grenzpolizei meine Gedanken gemacht. Ich sagte mir innerlich, daß ich es nicht mit meinem Gewissen vereinbaren kann, auf einen Menschen unter diesen Umstän-

den zu schießen. Durch diese Überlegungen reifte in mir der Entschluß, bei passender Gelegenheit in die Bundesrepublik zu flüchten.

Klaus Lisker kann beispielhaft für all jene stehen, an deren Gewissen die Haßerziehung ebenso abprallte wie das ideologische Dauerfeuer zur Stärkung der psychologischen Kampfbereitschaft der im Grenzdienst tätigen Männer.

Vielleicht sind es Welten, vielleicht aber auch nur juristische Millimeter, die Klaus Lisker von dem Soldaten Volker K. trennen. Diesem war als Angehörigem der 5. Grenzkompanie der NVA am 9.1.1963 in Rüterberg ebenfalls die Flucht gelungen. Über den Schießbefehl seien die Soldaten bei der Vergatterung an jedem Tag unterrichtet und belehrt worden. Es sei immer wieder darauf hingewiesen worden, daß auf jeden Flüchtenden und auch auf jeden Eindringling zu schießen sei, wenn er nicht anderweitig festgenommen werden könne.

Zugleich sei von den Wachhabenden darauf aufmerksam gemacht worden, daß die Angehörigen der NVA im Weigerungsfalle mit mindestens drei Jahren Zuchthaus bestraft würden und daß sie in den meisten Fällen mit viel höheren Strafen rechnen müßten.

Weiter äußerte Volker K. bei seiner Vernehmung vom 2.5.1963:

Wir wurden immer wieder belehrt, daß wir nach den geltenden Gesetzen nur richtig handeln würden, wenn der Schießbefehl befolgt würde. Wir alle haben damit gerechnet, daß derjenige, welcher auf einen Flüchtling schießt, strafrechtlich nicht verfolgt werden könne, weil er ja ge-

setzlich durch die Regierung dazu verpflichtet wurde. Uns war vielmehr klar, daß jeder sich strafbar machte, der den Schießbefehl nicht befolgte. Daß dieser Befehl in einem anderen Land strafrechtlich verfolgt werden könnte, glaubten wir nicht, weil es sich ja bei den verletzten Personen vorwiegend um Angehörige der DDR handelte.

1963 war auch das Jahr neuer Dienstvorschriften für den Schußwaffengebrauch. Am 1.8.1963 werden die DVIII/2 und der Befehl 28/59 VVS G1 172/59 außer Kraft gesetzt und durch die vom Ministerium für Nationale Sicherheit herausgegebene DV 30/9 »Vorschrift für den Grenzpostendienst« ersetzt. Durch Abschnitt II Zif. 5 dieser Vorschrift, die keine besonderen Bestimmungen über den Schußwaffengebrauch enthält, wird angeordnet, daß für die Angehörigen des Grenzpostens die allgemeinen Pflichten der DV 10/4 »Standort- und Wachdienstvorschriften der Nationalen Volksarmee« gelten.

In der DV 10/4 Nr. 314−318 werden die geltenden Bestimmungen zusammengefaßt und teilweise präzisiert; nach Nr. 319 gelten sie auch für den Schußwaffengebrauch der Grenztruppen an der Grenze zur Bundesrepublik und zu West-Berlin, jedoch »unter Berücksichtigung der Besonderheiten der Grenzsicherung.«

Diesen »Besonderheiten« trug die wahrscheinlich im Frühjahr 1964 erlassene DV 30/10 Rechnung. Sie unterlag einem hohen Geheimhaltungsgrad und wurde nur einem begrenzten Kreis von Kommandeuren der Grenztruppen zugänglich gemacht. Sie ist der Erfassungsstelle aus Überläufer-Aussagen bekannt geworden. Danach hatte sie etwa folgenden Inhalt:

Im 500-Meter-Schutzstreifen muß auf eine Person, die die Parole nicht nennen kann, bei Dunkelheit mit Hilfe einer Fallschirmleuchtpatrone sofort ein Zielschuß abgegeben werden. Bei Tag hat nach Anruf der Warnschuß und anschließend der Zielschuß zu erfolgen. Das Überschießen der Demarkationslinie ist verboten. Dieses Verbot gilt nicht, wenn Angehörige der NVA versuchen, in die Bundesrepublik zu entkommen.

Flüchtende NVA-Angehörige dürfen, wenn sie sich bis zu 50 Meter auf westlichem Gebiet befinden, beschossen und zurückgeholt werden, da es sich um Verräter des Arbeiter- und Bauernstaates handele.

Im Fahneneid der DDR-Truppe hieß es: »Bei Verrat soll mich die höchste Strafe des Arbeiter- und Bauernstaates treffen.«

Im Januar 1965 wurden die Anweisungen nochmals geändert. Es durfte von nun an nach Aussage des geflüchteten NVA-Angehörigen Kurt P. sogar auf westdeutsche Beamte und Zivilisten geschossen werden, die einem Flüchtling behilflich sind, die Grenzbefestigungen demolieren oder das Staatsgebiet der DDR verletzen. Die Grenzposten waren nicht länger gehalten, vor gezieltem Feuer den Flüchtling zum Halten aufzufordern und einen Warnschuß abzugeben. Es genügte ein Zuruf oder ein Warnschuß, je nach Entfernung.

Nach dem Handbuch für Grenzsoldaten (Deutscher Militärverlag, Ost-Berlin, 1965, Seite 43) ist »die Verfolgung der Grenzverletzer die aktivste taktische Handlung der Grenzposten« mit dem Ziel der »vorläufigen

Festnahme bzw. Vernichtung von Grenzverletzern«.
Ein Überläufer berichtete:

Im Politunterricht wurde uns immer wieder mit Nach-
druck befohlen: »Lieber zehn Tote vor der Mauer als ein
Toter hinter der Mauer.« *Die Politorgane wollten uns mit*
dieser Formulierung klarmachen, daß wir auf alle Fälle
versuchen müßten, Republikflüchtlinge vor Überschrei-
ten des Kontrollstreifens zu treffen.

Der Schießbefehl hat offenbar Hirn und Herz der
Soldaten verwirrt, wenn nicht gespalten. So erklärte der im Mai/Juni 1963 geflohene NVA-Soldat Sieg-
fried K.:

Den besonderen Schießbefehl, der sich auf die Dienst-
verrichtung an der Zonengrenze bezog, gab es vor dem
13. August 1961 noch nicht. Dieser Schießbefehl wurde
im Oktober 1961 bekanntgegeben, als ich mich bei der
Reservekompanie Keune befand.
Der Schießbefehl, der zu den allgemeinen Schußwaffen-
gebrauchsbestimmungen, über die ich berichtete, hinzu-
kam, wurde besonders intensiv allen Soldaten in den Un-
terrichtsstunden ausführlich dargelegt. Jeder Soldat
mußte die Kenntnisnahme des Schießbefehls unter-
schreiben.
Die jüngeren Soldaten haben sich zum größten Teil über
diesen Schießbefehl gefreut. Es war aber erkennbar, daß
sich diese Freude darauf bezog, einmal schießen zu kön-
nen. Der tiefere Sinn des Schießbefehls wurde dabei
wenig bedacht. Man kann sagen, daß die Reaktion auf
diesen Schießbefehl bei den Soldaten völlig verschieden

war. Einige waren der Auffassung, daß der Schießbefehl gut sei, und andere waren der Meinung, daß durch die Folgen des Schießbefehls keine Wiedervereinigung erreicht werden könnte.

Werner M. war 22 Jahre, als ihm die Flucht aus der Grenztruppe gelang. Er berichtete:

Die allgemeine Dienstauffassung war bei uns Wehrpflichtigen nicht besonders gut. Wir taten ungern Dienst. Wir waren froh, daß sich keine Grenzzwischenfälle ereigneten. Es gab auch Ausnahmen, die sagten, daß sie mal gerne auf Grenzverletzer schießen würden. So kann ich mich erinnern, daß ein Postenführer, der ehemaliger FDJ-Führer war, zu mir sagte: »Eben haben wir einen Jungen erwischt, der wäre uns sowieso nicht durch die Lappen gegangen, und wenn wir hätten schießen müssen.«

Nachdem bekannt geworden war, daß in Berlin ein Flüchtling erschossen worden war, habe ich die Meinung vertreten, daß dieses sich einmal rächen und die Schützen eines Tages zur Rechenschaft gezogen würden. Meine Zimmerkameraden gaben mir recht, und ich hatte das Empfinden, daß diese Kumpels die gleiche Meinung vertraten wie ich und nichts von dem Schießbefehl wissen wollten …

Im Schießunterricht wurden wir immer wieder darauf aufmerksam gemacht, daß unsere Waffen (Schnellfeuergewehre) verläßlich seien und wir uns bei einem Grenzvergehen nicht damit herausreden könnten, unglücklicherweise vorbeigezielt zu haben. Ich sehe auch ein, daß für uns, im Schießen sehr gut geschulte Leute, ein Vorbei-

schießen kaum möglich war. Bewiesenes Vorbeizielen
wurde mit fünf Jahren Arbeitslager bedroht.
Trotzdem, ich persönlich hätte im Ernstfall vorbeige-
schossen. Einen Zielschuß hätte ich mit meinem Gewis-
sen nicht vereinbaren können. Ich wäre lieber fünf Jahre
ins Gefängnis gegangen. Ich bin auch ledig, und dies
hätte mir nicht so viel ausgemacht. Ich kann mir vorstel-
len, daß Verheiratete ihr Gewissen eher belastet hätten,
um nicht fünf Jahre von ihrer Familie getrennt zu wer-
den.
Der Schießbefehl ist für mich unmenschlich, und dieses
sahen auch die meisten anderen ein, aber andererseits
werden auch viele zunächst an die Folgen denken, die
auf sie zurückkommen.

Das DDR-Regime ließ nichts unversucht, an der
Grenze beste Schußergebnisse zu erzielen. Wohl Ende
1963 wurde bei der Grenztruppe die »Grenzposten-
bzw. Zwei-Mann-Ausbildung« eingeführt. Für diese
Übungen erhielten Postenführer und Posten je zwei
Magazine mit sechs bzw. zehn Schuß Munition. Der Postenführer konnte als Kommandierender jederzeit eingreifen, sollte aber hauptsächlich den Posten zuerst ein-
setzen. Unter den Soldaten sorgte diese Einteilung für
erhebliche Verbitterung, und ihre Meinung war: Wenn
ein Grenzverletzer gestellt wird, muß immer der Klei-
nere schießen und die Konflikte mit sich ausmachen.
Die »Zwei-Mann-Ausbildung« lief folgendermaßen ab:

a) *Postenführer befiehlt: »In Stellung gehen!« Beide*
   legen sich hin und führen das erste Magazin ein.
b) *Eine Scheibe (stehender Mann) erscheint für circa*

fünf Sekunden in einer Entfernung von circa 50—100
Metern. Der Postenführer ruft: »Halt! Grenzposten«
und befiehlt: »Durchladen und entsichern!«

c) *Nach etwa 30 Sekunden erscheinen in einer Entfer-*
   nung von circa 100 Metern zwei miteinander gekop-
   pelte Scheiben für die Dauer von circa fünf Sekun-
   den. Auf diese wird von beiden sofort geschossen –
   gemäß dem Auftrag, daß bei Grenzverletzern, die
   sich der Festnahme entziehen wollen, nach dem
   Anruf gezielt geschossen werden muß, und zwar mit
   Dauerfeuer. Danach kommt der Befehl vom Posten-
   führer: »Posten marsch!« Beide gehen in Richtung
   auf das Ziel weiter.

d) *Nach etwa 30—40 Sekunden erscheint in einer Entfer-*
   nung von 150 Metern für circa fünf Sekunden erneut
   eine Scheibe (liegender Mann). Auch diese wird mit
   Dauerfeuer bekämpft.

Am 25.3.1964 setzte sich der Unteroffizier Wolfgang G.
in die Bundesrepublik ab, der zuletzt bei der 9. Grenzkompanie in Groß-Thurow seinen Dienst als Gruppen-
führer versehen hatte, und teilte mit, er könne nicht
sagen, inwieweit die Befolgung des Schießbefehls Aus-
legungssache sei, man habe ihn aber dahingehend beeinflußt, seinen Soldaten nahezulegen, auf Flüchtlinge
selbst dann noch zu schießen, wenn diese bereits das
Gebiet der Bundesrepublik erreicht hätten. »Im wesentlichen wurden wir aber angewiesen, den Schießbefehl buchstabengetreu zu befolgen.«

Im Jahre 1964 kommen an der Grenze 15 Menschen zu
Tode.

Am 14.7.1965 floh der 26jährige Gerhard M., zuletzt als

Unterleutnant in der 1. Kompanie Aulosen eingesetzt. In seiner Befragung berichtete er:

Da die Schußwaffengebrauchsbestimmung immer wieder Anlaß zu heftigen Diskussionen gibt, sollen die Offiziere den Soldaten die Gefährlichkeit des Gegners vor Augen führen und die Grenzverletzer als Klassenfeinde bezeichnen. Es werden den Soldaten Fälle geschildert, die nicht immer der Wahrheit entsprechen und in denen es sich bei den Flüchtlingen um Verbrecher handelt, die sich der Strafvollstreckung durch die Flucht zu entziehen versuchen. Man versucht den Soldaten nun einzureden, daß es sich bei fast allen Grenzverletzern um kriminelle Elemente handelt. Scheint ein Soldat nicht genügend ideologisch beeinflußt, so haben die Vorgesetzten mit ihm Aussprachen zu führen, welche im Dienstbuch zu vermerken sind. Eine Aussprache muß auch mit jedem zurückgekehrten Urlauber geführt werden. Das Dienstbuch wird auf diese Aussprachen durch Offiziere des Bataillons geprüft.

Nach der Auffassung von Gerhard M. würden alle Soldaten aus Furcht vor Bestrafung schießen, die Hälfte aber bewußt daneben. Bei einer erfolglosen Anwendung der Schußwaffe werde durch Experten des Regimentes bzw. Bataillons geprüft, ob der Soldat nicht doch hätte treffen müssen.

Seit dem 15.1.1965 wurde bei den Einheiten der Grenztruppen eine Art von »verdeckter Kontrolle« praktiziert. Unteroffiziers- und Offiziersstreifen beobachteten die Posten an der Grenze mit dem Fernglas, um sie in dauernder Unsicherheit zu halten. Die Beschuldigung, bewußt vorbeigeschossen zu haben, war von den Beteiligten nur schwer zu widerlegen, wenn mit Hilfe der Schießkladde gute Ergebnisse bei den Übungsschießen nachgewiesen werden konnten.

Es liegen auch Angaben über die Prämien vor, die den NVA-Soldaten für die Festnahme von Flüchtlingen gezahlt wurden:

– Postenführer: 75 M – Posten: 50 M
– bei Schußwaffengebrauch: 25 M zusätzlich
– außerdem Sonderausgang und Sonderurlaub
– evtl. offizielle Belobigungen, Beförderungen, Auszeichnungen oder Geschenke (goldene Uhren)

Mit der sogenannten »Vergatterung« wurde den Soldaten der Grenztruppe täglich befohlen:

Zug X ist eingesetzt in der Zeit … Uhr bis … Uhr zum Schutze der Staatsgrenze der DDR im Abschnitt … der Kompanie mit dem Auftrag, Grenzverletzer in beiden Richtungen vorläufig festzunehmen oder durch Anwendung der Schußwaffe unschädlich zu machen. Zug X! Stillgestanden! Vergatterung!

Am 26. März 1966 ließ Walter Ulbricht im »Neuen Deutschland« verkünden:

Wir haben Grenzen ebenso wie jeder andere Staat, ebenso wie jeder andere Staat verlangen wir auch, daß unsere Grenzen und unsere Gesetze respektiert werden. Das setzen wir durch. Das ist in allen Ländern der Welt so. Keinem Menschen wird ein Haar gekrümmt, der die gesetzliche Ordnung der DDR achtet. Wer aber der ver-

brecherischen Aufforderung zur Verletzung unserer Grenzen und Gesetze folgt, wer der törichten Propaganda glaubt, ein Staat DDR existiere nicht, man brauche seine Grenze nicht zu respektieren, der riskiert Kopf und Kragen. Daran kann nichts geändert werden.

Allein in der Zeit vom 11.3. bis 30.3.1966 wurden an der innerdeutschen Grenze drei Menschen erschossen, einer wurde von einer detonierenden Mine zerfetzt. Verteidigungsminister Heinz Hoffmann äußerte sich am 25. Mai 1966 vor Berliner Grenztruppen zu diesen Vorgängen: »Ihr schützt die menschlichste Ordnung, die es jemals in der Geschichte gegeben hat. Deshalb sind wir zutiefst überzeugt, daß eure Hand niemals zittern wird, wenn ihr einen Feind im Visier habt.«

Im Juli 1966 gelang einem Angehörigen der Grenzkompanie Schnellmannshausen die Flucht. Später, im Westen, gab er an, die flüchtenden Personen sollten nach den geltenden Bestimmungen »kampfunfähig« gemacht werden, und sagte: »Es hieß offiziell, daß auf Kinder nicht geschossen werden dürfe. Gleichzeitig sagte man aber dazu, daß nachts Kinder von Erwachsenen nicht zu unterscheiden seien.«

Rolf H. machte nach seiner Flucht am 13.10.1967 unter anderem folgende Aussage:

Nach Beendigung unserer Ausbildung erschien bei uns ein Major Gärtner – Sachbearbeiter für Personalfragen bei dem 36. Regiment – und unterhielt sich mit jedem Soldaten unter vier Augen wegen einer eventuellen Versetzung zum Grenzdienst. Auch mein Kamerad B. und ich wurden durch Major Gärtner einzeln befragt. Er stellte die Frage, ob wir bereit seien, auf jeden zu schießen, der versuchen würde, die Staatsgrenze der DDR zu überqueren. Er führte weiter aus, daß wir besonders auch verpflichtet seien, auf Kameraden zu schießen, die flüchten würden. Auch stellte er die Frage, ob wir auf die eigene Mutter oder den Bruder schießen würden. Gärtner unterstrich dieses besonders, denn nach seiner Meinung müßte man bei einer Flucht auch auf enge Verwandte schießen können.

Es gab viele Kameraden in unserer Kompanie, die sich gegen das Ansinnen des Majors Gärtner zur Wehr setzten und deutlich aussagten, daß sie nicht bereit seien, auf wehrlose Menschen zu schießen. Ein Fall ist mir bekannt. Ein Kamerad mit Namen Wöhler machte den Major Gärtner darauf aufmerksam, daß er seinen Anordnungen nicht folgen würde. Innerhalb einer Woche wurde er zu einer Art Strafkompanie versetzt, deren Sitz in Oranienburg gewesen sein soll.

Aussage des Eberhard W.:

Bereits während meiner Ausbildungszeit wurde im Politunterricht der Schießbefehl diskutiert. Es wurden Fragen gestellt wie etwa: »Halten Sie den Schießbefehl für richtig?«, oder man sagte auch Schußwaffengebrauchsbestimmungen dazu. Dieser Schießbefehl wurde mir während meiner Ausbildungszeit erläutert. Matt trichterte uns ein, daß Grenzverletzer unbedingt zu stellen sind. Grenzverletzer galten als Verbrecher. Deshalb sollten sie auch so behandelt werden. Wenn man also in Grenznähe einen Menschen sah, der dort nichts zu suchen hatte, er aber mit regulären Mitteln nicht mehr festgenommen werden konnte, dann sollte er angerufen werden. Reagierte er nicht auf den Anruf, dann sollte ein Warnschuß abgegeben und, wenn dieser auch keine Wirkung zeigte, gezielt geschossen werden.

Es wurde bei der Ausbildung von »abschießen« gesprochen. Dabei sollte der Grenzverletzer tot oder lebendig gestellt werden. Später, bei der Grenzkompanie, wurden die Belehrungen über den Schießbefehl fortgesetzt. Monatlich mindestens einmal fand eine Belehrung darüber statt, an der man unbedingt teilnehmen mußte. Nach der Belehrung mußte man mit seiner Unterschrift bestätigen, daß man daran teilgenommen hatte. Dieses dürfte hauptsächlich deshalb geschehen sein, damit später keiner sagen konnte, davon habe er nichts gewußt.

Unter uns ehemaligen Kameraden wurde dieser Schießbefehl häufig heiß diskutiert. Die Hälfte der Kameraden war für die Einhaltung des Befehls, die andere war dagegen. Allerdings traute man sich auch nicht, sich offen zu seiner Meinung zu bekennen, denn man wußte nicht, wie der andere das auffassen würde.

Günter K. aus Königsee teilte am 20.4.1968 mit:

Man erklärte uns immer wieder, daß man sich keinesfalls später damit herausreden könne, man habe wegen der Entfernung den Flüchtling nicht getroffen, da man ja 60 Schuß dabeihatte und einer davon beim »Mähen« mit der MP ja hätte treffen müssen. Aus diesem Grunde wurde auch nie auf die Beine gezielt. Des weiteren wurde angeordnet, nur entlang der Grenze und keinesfalls auf westliches Gebiet zu schießen. Des weiteren bestand

*noch der Befehl, auf jede Person, ganz gleich ob Zivil-
oder Uniformperson, zu schießen, falls sie sich vor der
vorderen Begrenzung, das heißt unmittelbar am Sechs-
Meter-Kontrollstreifen befindet. Diese Schüsse müßten
dann direkt und ohne Warnung als Zielschüsse abgefeu-
ert werden.*

Am 10.6.1970 flüchtete Manfred M. (20 Jahre), der zuletzt in der Nähe von Helmstedt als Grenzsoldat eingesetzt war. Er gab an:

*Ich wurde im November 1969 eingezogen und kam nach
halbjähriger Ausbildung für den Grenzdienst an die
Grenze West. Einige Tage vor meinem Eintreffen war
von der Kompanie ein Flüchtling verhaftet worden. Der
Soldat, der die Verhaftung vorgenommen hatte, wurde
mit einer Aktenmappe und einem Nylonhemd für »vor-
bildliche Wachsamkeit« ausgezeichnet. Auch ein anderes
Ereignis wurde unter den Soldaten diskutiert. Eine Mine
hatte sich durch das Hochwasser gelöst und einen westdeutschen Bauern schwer verletzt. Obwohl starkes ge-
genseitiges Mißtrauen besteht, finden sich immer wieder
einzelne, die über solche Vorkommnisse sprechen und
ihre Einstellung dazu nicht zurückhalten.*
*Der Schießbefehl hat sich – trotz des Rückganges von
Fluchtfällen – nicht geändert. Im Ergebnis bedeutet er,
daß zwar die Reihenfolge »Anruf, Warnschuß, Zielschuß« einzuhalten ist. Sofern jedoch der Grenzverletzer
schon so nahe an der Grenze ist, daß durch vorausgehen-
den Anruf oder Warnschuß sein Grenzübertritt ermög-
licht wird, muß sofort gezielt geschossen werden.*
In meiner Kompanie, aber auch an meinem Arbeitsplatz

habe ich keine Menschen kennengelernt, die noch an eine Wiedervereinigung glauben. Auch Gegner des Regimes rechnen mit der Fortexistenz zweier souveräner, voneinander unabhängiger Staaten. In den Kreisen, die ich kennenlernte, war die Erwartung gering, daß ein echter demokratischer Sozialismus in der DDR entsteht, jedenfalls soweit von der Zukunft der nächsten Jahre gesprochen wurde. Auf wirtschaftlichem Gebiet war der Optimismus größer.

Wolfgang K. (21 Jahre) aus Görlitz war eineinhalb Jahre dienstverpflichtet. Er flüchtete am 21.4.1970 bei Meiningen und sagte unter anderem aus:

Ich flüchtete acht Tage vor meiner Entlassung. Ich wußte, daß ich nicht so bald wieder so nahe an der Grenze sein würde. Mein Glück waren die russischen Plastikminen, von denen in einer Nacht circa 100 infolge der Schneelast der Witterung hochgingen, so daß ich das System der Anordnung der Minen, das gegenüber Grenzsoldaten streng geheimgehalten wird, kennenlernte. In dem Abschnitt meiner Kompanie ist nie eine gelungene Flucht bekannt geworden. Die Minen liegen in drei Reihen mit je 1,5 m Abstand und 85 cm Minenabstand.
Unsere Offiziere sagten, es wäre eine der »modernsten Minensperren«. Am 1.1.1970 flüchtete im Bereich der Nachbarkompanie ein Zivilist und wurde durch eine Mine schwer verletzt und von Soldaten des Bundesgrenzschutzes, die in das Gebiet der DDR eindrangen, gerettet. So wurde es mir nach meiner Flucht erzählt. Von meinem Offizier wurde damals gesagt, daß es sich hier um

*eine »bewußte Provokation des Bundesgrenzschutzes«
gehandelt habe.*

*Flüchtlinge, die in Minenfelder geraten und starken Blut-
verlust erleiden, haben wenig Chancen, schnell gerettet
zu werden: Der Posten, der es sieht, meldet den Vorgang
dem Führungspunkt, der die Anweisung für die Absiche-
rung gibt und das Regiment verständigt. Das Regiment
verständigt die Pionierkompanie. Diese muß die Zeich-
nung herbeischaffen und zu der Stelle fahren, wo der Verletzte mit langen Haken herausgezogen wird, mit der Gefahr, daß eine weitere Mine hochgeht. Wären in der Kompanie die Zeichnungen des Minenfeldes und die Haken,
so könnte der Verletzte schneller gerettet werden.*

*Am 4.8.1969 wurde der Streckmetallzaun von einer Bau-
kompanie bei Menthausen befestigt. Bei diesen Arbeiten
wurde ein Soldat des Bautrupps bei einem Fluchtversuch
von Sicherungsposten erschossen. Er soll bereits zehn
Meter im Territorium der Bundesrepublik gelegen und
zurückgeholt worden sein. Die Politoffiziere unserer
Einheit erklärten zu diesem Vorfall, daß die Sicherungsposten richtig gehandelt und hohe Auszeichnungen erhalten hätten.*

Nach der Aussage des Jürgen D. vom 5.10.1971 durfte
die Schußwaffe nur gegen Erwachsene angewendet
werden. Auf Kinder durfte nur geschossen werden,
wenn sie von Erwachsenen als Schutzmittel für einen
Grenzübertritt gebraucht wurden.

Diese Aussage deckt sich mit den übrigen Kenntnissen,
nach denen die Schußwaffe »gegenüber Kindern bis zu
einem Lebensalter von 14 Jahren« nicht angewandt
werden durfte. Dieses Verbot galt nicht, wenn die Kin-

der sich in Begleitung Erwachsener befanden und die Anwendung der Schußwaffe gegen die Erwachsenen nach den gültigen Bestimmungen erforderlich war. Auf schwangere Frauen sollte ebenfalls nicht geschossen werden. Von den Vorgesetzten wurde jedoch darauf hingewiesen, daß man auch einer Täuschung durch entsprechend angefertigte Kleidung usw. unterliegen könne.

Am 1.12.1974 setzte der Chef der Grenztruppen die Dienstvorschrift 018/0/008 »Einsatz der Grenztruppen zur Sicherung der Staatsgrenze, Grenzkompanie« in Kraft. Die wiederum als »Vertrauliche Verschlußsache« unter Geheimhaltung stehende DV 018/0/008 vereinheitlichte unter Ziffer X Nr. 210–218 letztmalig die Schußwaffengebrauchsbestimmungen (Dokument 12). Kennzeichnend für die Schußwaffengebrauchsbestimmungen blieb weiterhin deren ganz offenbar unterschiedlich gehandhabte Interpretation durch die jeweiligen Vorgesetzten der Grenzkompanien. Darauf lassen die Überläuferaussagen deutlich schließen.

Am 25.3.1982 verabschiedete die DDR das neue Grenzgesetz. Dort heißt es unter § 27:

Anwendung von Schußwaffen

(1) Die Anwendung der Schußwaffe ist die äußerste Maßnahme der Gewaltanwendung gegenüber Personen. Die Schußwaffe darf nur in solchen Fällen angewendet werden, wenn die körperliche Einwirkung ohne oder mit Hilfsmitteln erfolglos blieb oder offensichtlich keinen Erfolg verspricht. Die Anwendung von Schußwaffen gegen Personen ist erst dann

zulässig, wenn durch Waffenwirkung gegen Sachen oder Tiere der Zweck nicht erreicht wird.

(2) Die Anwendung der Schußwaffe ist gerechtfertigt, um die unmittelbar bevorstehende Ausführung oder die Fortsetzung einer Straftat zu verhindern, die sich den Umständen nach als ein Verbrechen darstellt. Sie ist auch gerechtfertigt zur Ergreifung von Personen, die eines Verbrechens dringend verdächtig sind.

(3) Die Anwendung der Schußwaffe ist grundsätzlich durch Zuruf oder Abgabe eines Warnschusses anzukündigen, sofern nicht eine unmittelbar bevorstehende Gefahr nur durch die gezielte Anwendung der Schußwaffe verhindert oder beseitigt werden kann.

(4) Die Schußwaffe ist nicht anzuwenden, wenn
    a) das Leben oder die Gesundheit Unbeteiligter gefährdet werden können,
    b) die Personen dem äußeren Eindruck nach im Kindesalter sind oder
    c) das Hoheitsgebiet eines benachbarten Staates beschossen würde.
Gegen Jugendliche und weibliche Personen sind nach Möglichkeit Schußwaffen nicht anzuwenden.

(5) Bei der Anwendung der Schußwaffe ist das Leben von Personen nach Möglichkeit zu schonen. Verletzten ist unter Beachtung der notwendigen Sicherheitsmaßnahmen Erste Hilfe zu erweisen.

Im September 1983 begann die DDR mit dem Abbau der Selbstschußanlagen SM 70.
Am 31.8.1986 um 15.20 Uhr lief der DDR-Oberstleutnant Dietmar M. bei Uelzen zum Metallgitterzaun, überkletterte ihn und sprang auf das Bundesgebiet.

Seine Uniform hatte er anbehalten, die Pistole zurückgelassen. Aus Angst vor Verfolgung rannte er bis zu einem weit von der Grenze entfernten Bauernhof. Er fühlte sich aber selbst dort noch nicht sicher, denn er fürchtete den Geheimbefehl, wonach die DDR-Grenzsoldaten auch auf den Boden der Bundesrepublik vordringen sollen, um einen Uniformierten zu »liquidieren, koste es, was es wolle«.

Der 38jährige Dietmar M. hatte als Kommandeur des 2. Bataillons des 24. Grenzregiments rund 500 Soldaten unter sich. Die Gesamtstärke der DDR-Grenztruppe lag seinen Angaben zufolge bei damals 48000 Soldaten. Dietmar M. war 18 Jahre lang Angehöriger der »Grenzsicherungskräfte«. Ihren Angehörigen wurde immer wieder eingetrichtert, sie leisteten »Frontdienst in Friedenszeiten« und befänden sich Tag und Nacht im Kampf gegen Grenzprovokationen.

Jeder DDR-Bürger, der zu fliehen versuche, sei als Verbrecher anzusehen. Der Todesschuß für einen Flüchtling sei rechtens, ja sogar menschlich, sei der Grenztruppe von ihren Ausbildern und den Funktionären im Politunterricht »ohne Unterlaß« eingetrichtert worden. Der Schießbefehl sei aufgrund der drillmäßigen Erziehung zum Haß gegen Imperialisten, Grenzverletzer und DDR-Feinde für Soldaten und Offiziere »eigentlich kein Thema«.

Dietmar M. gab unumwunden zu, auch er sei dermaßen »psychologisch« getrimmt gewesen, daß »ich mit Sicherheit einen Flüchtenden erschossen hätte«. Das Töten sei von den Grenzern letztlich als Job angesehen worden. »Wenn du täglich eingebleut bekommst, du mußt schießen, dann schießt du auch, und zwar ohne

Skrupel.« Außerdem stehe der Grenzer vor der Wahl: gezielter Schuß oder mindestens acht bis zehn Jahre Gefängnis. Für eine verhinderte Republikflucht dagegen habe es nach Dienstgrad gestaffelte Prämien von 150 bis 1000 Ost-Mark gegeben.

Er habe sich seit zwei Jahren mit Fluchtgedanken getragen. Niemandem habe er von seinen Plänen erzählt, auch seiner Ehefrau nicht. Das Spitzelsystem sei derart perfekt gewesen, daß man überhaupt keinem habe trauen können. Einige Monate vor seiner Flucht sei in seinem Abschnitt ein Arbeiter an den Sperranlagen in die Bundesrepublik geflüchtet, den er wegen seiner vermeintlichen DDR-Zuverlässigkeit unbewacht gelassen habe. Daraufhin sei er vom Staatsanwalt und von der Parteikontrollkommission »durch die Mangel« gedreht worden. Nur die Intervention seines vorgesetzten Generals habe ihn vor der Entfernung aus dem Dienst und Bestrafung gerettet. »Das war das letzte Schlüsselerlebnis für mich.«

Über die Vorzüge des Dienstes bei der Grenztruppe schilderte Dietmar M. folgendes:

Die DDR-Regierung bietet den Grenzoffizieren alle erdenklichen Vorteile, um sie bei der Stange zu halten und sie in die Verpflichtung zu nehmen. So habe er 15 Kilometer von seinem Überwachungsgebiet entfernt im Hinterland ein eigenes Haus mit seiner Ehefrau und den beiden schulpflichtigen Kindern bewohnt. Die Monatsmiete habe 20 Ost-Mark betragen. Für die Familien der Offiziere hätten kostenlos alle Ärzte bereitgestanden. In Kantinen und Sondergeschäften könnten die Offiziere fast alle Waren aus dem Westen kaufen. Der Westpreis könne umgerechnet 1:1 in Ost-Mark beglichen werden. Auch hätten sich viele Offiziere von den Soldaten Häuser bauen lassen. Er erinnere sich daran, daß sich ein General extra den Sand von der Ostsee habe heranfahren lassen, um sein Anwesen zu verschönern. Durch den psychischen und politischen Druck sei im Offizierskorps übermäßiges Trinken an der Tagesordnung. Er schätzte, daß mindestens 40% seiner ehemaligen Kameraden Alkoholprobleme hätten.

In dem von Erich Honecker unterschriebenen Glückwunsch des Zentralkomitees der SED vom 1.12.1986 zum 40. Jahrestag der Gründung der DDR-Grenztruppe (»Neues Deutschland« vom 1.12.1986) wurde der Truppe für ihr »humanistisches Wirken im Interesse des gesamten Volkes« gratuliert.

Sicher ist, daß der Schießbefehl zeitweilig ausgesetzt wurde. Dies war dann der Fall, wenn Staatsbesucher in der DDR oder hohe DDR-Politiker sich im Ausland aufhielten. So auch während des Besuches von Erich Honecker im Juni 1988 in der Bundesrepublik.

Die jeweilige Aussetzung des Schießbefehls wurde in der Grenztruppe mündlich weitergegeben, mit der Weisung, Flüchtlinge durch einen Warnschuß zum Halten aufzufordern und »lieber laufen zu lassen«, wenn eine Festnahme nicht möglich war.

Bis Mitte 1990 hat die Erfassungsstelle 4444 Fälle von versuchten und vollendeten Tötungshandlungen festgestellt, die nach ihren Erkenntnissen im Zusammenhang mit Versuchen standen, DDR-Bürger an der Flucht in den Westen zu hindern. Nachgewiesenermaßen fanden 274 Menschen an den Sperranlagen und an der Mauer in Berlin den Tod. Davon wurden 34 Personen Opfer der Minenfelder und Selbstschußanlagen. Etwa 700 Personen wurden verletzt.

Es kann als sicher gelten, daß noch viele Flüchtlinge an der Grenze den Tod gefunden haben, über deren Schicksal im Westen nichts bekannt wurde. Sei es, daß gegen sie, unbemerkt von westlicher Seite, von der Schußwaffe Gebrauch gemacht wurde, sei es, daß sie in Ostsee oder Elbe ertranken.

Der Schießbefehl wurde erst im Frühjahr 1989 aufgehoben, nachdem der DDR-Minister für Nationale Verteidigung, General Heinz Keßler, kurz zuvor in einem Journalistengespräch (»Die Zeit« vom 30.9.1988) noch behauptet hatte:

Es hat nie! – nie! – einen Schießbefehl gegeben. Den gibt es auch jetzt nicht, das bitte ich mir so abzunehmen – in der Lesart, wie er von bestimmten Seiten verbreitet wurde und zum Teil verbreitet wird.

Und so sah die Realität aus: In der Nacht zum 6.2.1989 wurde Chris Gueffroy bei dem Versuch, nach West-Berlin zu fliehen, erschossen. Sein Freund Christian Gaudian wurde schwer verletzt. Wenig später veranlaßte Erich Honecker die Aufhebung des Schießbefehls.

Der Schießbefehl war von Anfang an Unrecht, und die DDR-Führung hat dies auch immer gewußt. Welcher Grund könnte auch sonst dafür ins Feld geführt werden, daß der Schießbefehl von 1961 und die dazu erlassenen Dienstvorschriften geheimgehalten wurden? Doch wohl nur die Angst vor politischem Widerspruch, verbunden mit der Erkenntnis, daß der Schießbefehl mit den Grundsätzen der allgemeinen Menschenrechte nicht in Einklang stand.

Die Führungshierarchie der DDR wußte, daß sie ein Volk eingesperrt hielt, und den Angehörigen der SED-Elite war klar, daß sie Gewalt gegen ihr eigenes Volk anwandten. Sie verpflichteten ihre Soldaten, selbst auf Bruder, Schwester und Kinder zu schießen. Ihnen mußte bewußt sein, daß sie gegen internationales Recht verstießen. Aber sie setzten sich darüber hinweg und logen sich heraus.

Sie sagten zwar: »Der Kommunismus ist die gerechteste Gesellschaftsordnung, die die Prinzipien der Gleichheit und Freiheit restlos verwirklichen, die volle Entfaltung der menschlichen Persönlichkeit gewährleisten und die Gesellschaft in eine gut organisierte Assoziation, eine Gemeinschaft schaffender Menschen verwandeln wird« (aus: Lehrbuch der »Grundlagen des Marxismus-Leninismus«, Kapitel 27, 4. Abschnitt, Dietz Verlag, Berlin 1960). Aber sie glaubten nicht mehr daran, sie setzten sich mit ihrem Schießbefehl sogar über ihr selbstgeschaffenes Recht hinweg, um sich an ihre Macht und ihre Privilegien klammern zu können.

Auch die fanatische Verblendung des Eiferers macht das Fehlen eines Unrechtsbewußtseins nicht glaubhaft. In ihr findet doch gerade die Mißachtung des Rechts ihren subjektiv bewußten Ausdruck, ebenso wie im vorauseilenden Gehorsam des auf Karriere bedachten Genossen.

Allein die Angst des einfachen Soldaten vor den Folgen der Befehlsverweigerung, sein Unvermögen, die vermeintlich ideologischen Notwendigkeiten an Recht und Menschlichkeit zu messen, seine Unfähigkeit, aus dem Labyrinth des staatlichen Zwangs den rettenden Ausweg zu finden, mögen einen Gnadenerweis rechtfertigen.

Keine Rechtsprechung, vor allem keine deutsche, sollte sich jemals wieder als unfähig erweisen, die Schreibtischtäter zur Rechenschaft zu ziehen. Rache und Vergeltung darf sie nicht wollen, aber sie hat die Schwachen in Vergangenheit, Gegenwart und Zukunft vor den Mächtigen zu schützen.

Gesetz und Recht dürfen das Unrecht nicht begraben, wie das DDR-Regime seine Opfer begrub, sondern sie haben es aufzudecken und seine Ursachen festzustellen. Eine rechtsstaatliche Justiz kann mit der Vielschichtigkeit ihrer Sanktionsmöglichkeiten der individuellen Täterschuld ebenso gerecht werden, wie sie die ununterbrochene Geltung der grundlegenden Menschenrechte für Vergangenheit und Zukunft festzustellen hat.

Die Paragraphen des Terrors
und ihre Folgen

Die Militärstraftaten waren im 9. Kapitel des StGB/DDR festgelegt. In § 257 war die Befehlsverweigerung und die Nichtausführung eines Befehls unter Strafe gestellt.

§ 258 enthielt den grundsätzlichen Strafausschließungsgrund des Handelns auf Befehl. Er lautet:

(1) Eine Militärperson ist für eine Handlung, die sie in Ausführung des Befehls eines Vorgesetzten begeht, strafrechtlich nicht verantwortlich, es sei denn, die Ausführung des Befehls verstößt offensichtlich gegen die anerkannten Normen des Völkerrechts oder gegen Strafgesetze.

(2) Werden durch die Ausführungen eines Befehls durch den Unterstellten die anerkannten Normen des Völkerrechts oder ein Strafgesetz verletzt, ist dafür auch der Vorgesetzte strafrechtlich verantwortlich, der den Befehl erteilt hat.

(3) Die Verweigerung oder Nichtausführung eines Befehls, dessen Ausführung gegen die anerkannten Normen des Völkerrechts oder gegen Strafgesetze verstoßen würde, begründet keine strafrechtliche Verantwortlichkeit.

Schließlich ist noch auf § 262 »Verletzung der Dienstvorschriften über die Grenzsicherung« hinzuweisen. Er besagt:

(1) Wer als Angehöriger der Grenztruppen Dienstvorschriften oder andere Weisungen über die Grenzsicherung verletzt, wird mit Freiheitsstrafe bis zu fünf Jahren oder mit Verurteilung auf Bewährung oder mit Strafarrest bestraft.

Am 8.11.1973 hat die DDR den »Internationalen Pakt über bürgerliche und politische Rechte« ratifiziert und am 26.2.1974 in ihrem Gesetzblatt veröffentlicht. In diesem Pakt heißt es in Artikel 6:

Niemand darf willkürlich seines Lebens beraubt werden.

Die Tatsache, daß die Führung der DDR geheime Schußwaffengebrauchsbestimmungen erlassen hat (die die Grenzsoldaten nicht nur zum Schießen berechtigten, sondern in bestimmten Fällen auch verpflichteten), die nicht am Grundsatz der Verhältnismäßigkeit orientiert waren und damit eindeutig gegen von der DDR anerkanntes Völkerrecht verstießen, dürfte rechtfertigen, alle Schußwaffengebrauchsfälle als verfolgbare strafbare Handlungen und schwere Menschenrechtsverletzungen anzusehen.

Der Chefreporter der »Westfälischen Rundschau« aus Dortmund, Kurt Lichtenstein, war das erste Opfer des Schießbefehls an der Grenze zum Bundesgebiet. Er hatte beabsichtigt, eine Reportage zu schreiben, und wollte sich am 12.10.1961 im Landkreis Gifhorn zwischen Kaiserwinkel und Zicherie »vor Ort« informieren.

In der Mittagszeit führte er unmittelbar an der Grenze Gespräche mit ostdeutschen Landarbeitern. Möglicherweise überschritt er dabei die Grenzlinie und wollte sich einer überraschend auftretenden Polizeistreife entziehen. Kurt Lichtenstein wurde mit einem Bauchschuß niedergestreckt und tödlich verwundet.

Als Kurt Lichtenstein starb, waren in Berlin bereits zehn Menschen auf dem Weg in die Freiheit getötet worden. Die im Anhang abgedruckten Verzeichnisse der Todesfälle an der innerdeutschen Grenze und dem Ring um Berlin geben Auskunft über sämtliche der Erfassungsstelle bekannten tödlichen Grenzzwischenfälle. Einige dieser Geschehnisse, aber auch solche, bei denen die Opfer überlebt haben, werden im folgenden exemplarisch aufgezeigt.

Tötung des Werner Möhrer (geb. 1945)

Der Bruder des Verstorbenen, zuletzt wohnhaft in Magdeburg, hat ausgesagt:

Am 18.8.1966 habe ich gemeinsam mit meinem Bruder Werner Möhrer und meiner damaligen Verlobten einen Fluchtversuch in der Nähe von Morsleben unternommen. Morsleben liegt etwa einen Kilometer nördlich des Autobahnkontrollpunktes Marienborn bei Helmstedt. Wir hatten beschlossen, in der Nähe von Morsleben zu flüchten, weil ich dort bis 1965 Wehrpflichtiger in der Nationalen Volksarmee war und daher die Örtlichkeiten gut kannte. Von unserem Heimatort Magdeburg sind wir in den frühen Nachtstunden mit zwei Motorrädern in Richtung Grenze gefahren. Nachdem das von meinem Bruder benutzte Motorrad kein Benzin mehr hatte, sind wir das letzte Stück bis zur Grenze auf meinem Motorrad zu dritt gefahren. In der Nähe von Morsleben sind wir zwischen 3.00 und 4.00 Uhr nachts angekommen. Mein Motorrad haben wir etwa eineinhalb Kilometer von der Grenze entfernt in der Nähe der Autobahn versteckt und sind zu Fuß weitergegangen. Wir begaben uns von Morsleben weg in Richtung Grenze und waren von der Autobahn etwa 500 Meter entfernt. In diesem Abstand von der Autobahn durchquerten wir ein Waldstück und erreichten so den gesicherten Grenzbereich.

Um die Lage zu verdeutlichen: Wir waren in einem Waldstück, das unmittelbar an die parallel zur Autobahn verlaufende Fernstraße 1 grenzte. Ich weiß nicht genau, ob es sich um die Fernstraße 1 handelt oder ob sie anders bezeichnet wird. Wir hatten vor, den Rest der Nacht und den nächsten Tag in diesem Waldstück zu bleiben und die Flucht erst in der darauffolgenden Nacht vorzunehmen. Als wir jedoch zwischen 7.00 und 8.00 Uhr aus nicht allzu großer Entfernung von der anderen Seite der Straße Motorenlärm und Gesprächsfetzen hörten, entschloß ich mich nachzuschauen. Ich ging deshalb etwa 50 Meter zur Straße vor und bemerkte auf dem angrenzenden Feld Arbeiter, die Korn mähten. Etwa zehn Meter entfernt von mir auf der gleichen Höhe sah ich gleichzeitig jedoch zwei Posten der NVA. Diese machten Anstalten, sich in den Wald zu begeben. Es handelte sich um ein Postenpaar, das zur Bewachung der Feldarbeiter eingesetzt war. Einer der Posten bemerkte jedoch meinen Bruder und meine damalige Verlobte, die zwischendurch ein Stückchen nach vorn gekommen waren. Die Posten riefen: »Halt, stehenbleiben, oder es wird geschossen.« Daraufhin liefen mein Bruder und meine Frau von der Grenze weg. An dieser Stelle möchte ich erwähnen, daß wir abgesprochen hatten, im Falle einer Entdeckung den Fluchtversuch abzubrechen und ins Hinterland zu laufen. Dies deshalb, weil ich wußte, daß die Posten dann nicht schießen durften.

Die Posten hatten mich zu diesem Zeitpunkt noch nicht entdeckt. Nach geraumer Zeit traf ich im Wald meinen Bruder und meine Frau. Wir flüchteten dann gemeinsam weiter in Richtung Morsleben. Die Posten liefen hinter uns her und eröffneten das Feuer. Wer von beiden und ob beide oder nur einer geschossen hat, weiß ich nicht, jedenfalls wurde gezielt geschossen, die Geschosse schlugen in unmittelbarer Nähe in eine Birke ein. Durch die Splitter wurde vor allen Dingen meine Frau getroffen. Aufgrund des Schrecks konnte sie nicht mehr weiterlaufen und war wie gelähmt. Ich zog meine Frau dennoch ein kurzes Stück weiter hinter mir her, schließlich ging es jedoch nicht mehr voran. Währenddessen muß sich mein Bruder selbständig gemacht haben. Er war jedenfalls, als wir uns hinlegten, nicht mehr da. Ich nahm an, daß er weiter ins Hinterland geflüchtet war. Ob er überhaupt bemerkt hatte, daß wir nicht mehr weiter konnten, oder nicht, weiß ich nicht. Meine jetzige Frau und ich legten uns dann in einem Abstand von ungefähr fünf Metern auf den Boden. Die Posten kamen näher und entdeckten meine Frau, mich jedoch zunächst nicht. Sie forderten meine Frau auf aufzustehen. Meine Frau stand zunächst nicht auf, wahrscheinlich war sie so durcheinander. Obwohl mich die Posten noch nicht entdeckt hatten, stand ich auf und forderte auch meine Frau auf aufzustehen. Wir wurden dann aufgefordert, mit erhobenen Händen voranzugehen. Wir begaben uns in Richtung der eingangs erwähnten Fernstraße. Die beiden Posten gingen mit erhobenen Maschinenwaffen hinter uns her. Wir begaben uns zu einer Lichtung, die in unmittelbarer Nähe der Straße war. Als wir dort angekommen waren, gingen die Posten um uns herum und standen somit direkt vor uns. Einer von beiden forderte uns auf, uns auf den Boden niederzulegen. Als ich im Begriff war, dieser Aufforderung Folge zu leisten und zu diesem Zweck mein Fernglas, das lose vor der Brust hing, zur Seite nehmen wollte, hörte ich einen Feuerstoß aus der Maschinenpistole eines der Posten. Bei dem Schützen handelte es sich wahrscheinlich um den Postenführer. Es handelte sich um eine Salve von drei bis vier Schüssen, von denen einer mein rechtes Fußgelenk durchschlug. Zwei weitere Geschosse durchschlugen nur die Hose und verletzten mich nicht. Als das Geschoß mich traf, stand ich noch und konnte trotz der Verletzung weiter stehen. Ich blutete heftig am Fuß. Einer der beiden Posten forderte uns auf, weiter zur Straße zu gehen. Der Posten, der nicht geschossen hatte, stützte mich dabei. Als wir in Höhe der Straße angekommen waren, wurden wir wiederum aufgefordert, uns hinzulegen. Wir legten uns hin, ich weigerte mich jedoch, mich durchsuchen zu lassen. Ich wollte erst verbunden werden, vorher wollte ich mich nicht durchsuchen lassen. Der Schütze, bei ihm handelte es sich vermutlich um einen Postenführer, lehnte die Versorgung mit Verbandmaterial ab. Nach einer geraumen Zeit warf uns der Posten, welcher nicht geschossen hatte, ein Päckchen Verbandszeug zu. *Meine Frau hat mich verbunden, was jedoch der Schütze an sich verhindern wollte. Es war jetzt etwa 8.00 Uhr geworden. Zu dieser Zeit näherten sich mehrere Mannschaftstransportwagen, die an uns vorbei Richtung Grenze fuhren.*

Durch die Schüsse war die Kompanie in Alarm versetzt worden. In einem solchen Fall haben die Kräfte die Aufgabe, sofort an die Grenze zu fahren und diese postenmäßig abzusichern. Der Kompaniechef, Hauptmann Rammler, hielt bei uns an. Er ging an das Grenzmeldenetz (eine telefonische Verbindung unter den einzelnen Posten), um die Operation zu leiten. In diesem Moment hörte ich ein Dauerfeuer aus Richtung Grenze. Nach meiner Einschätzung kam das Feuer vom ersten Grenzzaun, der vom zweiten, dem letzten Zaun, etwa 100 Meter entfernt ist. Nach meiner Schätzung kam das Feuer aus einer Entfernung von etwa 500 bis 1000 Metern in nördlicher Richtung. Als die Schüsse gefallen waren, fragte mich Hauptmann Rammler, ob da noch ein Flüchtling zu mir gehöre und um wen es sich handele. Ich sagte ihm, es wäre mein Bruder. Er ging wieder an das Grenzmeldenetz zurück, und etwa zehn Minuten später fielen zwei einzelne Schüsse. Die Schüsse kamen aus derselben Richtung wie das Dauerfeuer. Der Postenführer sagte zu mir, ich könne mir ja wohl denken, was da geschehen sei. In der Zwischenzeit dürfte es etwa 8.30 Uhr gewesen sein. Bis 10.00 Uhr mußten meine Frau und ich weiter auf dem Boden liegen, ohne daß wir in irgendeiner Weise ärztlich versorgt wurden. Hauptmann Rammler war der Kompaniechef, den ich aus meiner Dienstzeit kannte. Er kannte mich ebenfalls. Gegen 10.00 Uhr wurde ich getrennt von meiner Frau mit einem

Jeep nach Haldensleben gefahren. Im dortigen Kranken-
haus wurde ich dann gegen 17.00 Uhr nachmittags erst-
malig von einem Arzt behandelt und sodann operiert.
Die Operation erfolgte ohne jegliche Betäubung, ob-
wohl ich dies erbat. Man weigerte sich auch bis zum
nächsten Morgen, mir Getränke zu geben. Im Kranken-
haus wurde ich von einem NVA-Posten bewacht. Von
einer Krankenschwester erfuhr ich, daß mein Bruder an
der Grenze getötet worden sei. Bis zu diesem Zeitpunkt
hatte ich keinerlei konkrete Nachricht von ihm. Den tat-
sächlichen Geschehensablauf habe ich auch nie erfah-
ren. Mein Bruder ist jedoch wahrscheinlich durch einen
Herzschuß ums Leben gekommen. Das weiß ich, weil
ein Arzt, der Gelegenheit hatte, die Leiche meines Bru-
ders zu sehen, dies meinem Vater gegenüber äußerte.
Durch die Schußverletzung ist mein Sprunggelenk am
Fuß steif geworden. Ich bin hier gefragt worden, ob der
Feuerstoß, der mich verletzt hat, sich versehentlich aus
der Maschinenwaffe gelöst haben kann. Ich halte dies für
ausgeschlossen angesichts des Verhaltens des Schützen.
Wenn dies so wäre, hätte sich dieser um meine Verletzung
bemüht.

Versuch der Tötung des Hans-Jürgen Trebach
(geb. 1934)

H. J. T... hat ausgesagt:

Am 7. Januar 1972 zwischen 17.00 und 19.00 Uhr ver-
suchte ich im Gebiet Salzwedel aus der DDR in die Bun-
desrepublik zu flüchten.
Von meinem Wohnort Salzwedel bewegte ich mich zu
Fuß über Rojasburg an der Jeetze entlang auf die Grenze

zu. Ich befand mich noch vor den letzten Sperranlagen, hatte also noch keinerlei Stacheldrahtzaun oder ähnliches zu überwinden gehabt. Plötzlich wurde ich aus der Dunkelheit heraus mit den Worten angerufen: »Halt! Stehenbleiben!« In meiner Angst schrie ich sofort: »Nicht schießen!« Daraufhin fiel ich in das Wasser der Jeetze. Voller Panik krabbelte ich die Böschung des Ufers hinauf, als zwei Schüsse auf mich abgegeben wurden. Ich wurde am Zeigefinger der rechten Hand getroffen. Der zweite Schuß traf mich oberhalb der Ferse am rechten Fuß. Ich wurde ohnmächtig. Als ich wieder zu mir kam, trat mir ein Soldat der Grenztruppe in die Seite und sagte: »Ach, das Schwein lebt ja noch.« Ich wurde daraufhin auf einem LKW ins Krankenhaus nach Salzwedel transportiert, wo eine Notversorgung der Schußwunden durchgeführt wurde. Ich hatte einen erheblichen Blutverlust erlitten. Ich bekam Fieber und wurde nach einigen Tagen, als ich transportfähig war, zum Haftkrankenhaus nach Leipzig verbracht. Dort verblieb ich bis Anfang Mai 1972. Anschließend kam ich in die Haftanstalt Magdeburg als Untersuchungsgefangener der Staatssicherheit. Im Untersuchungsgefängnis wurde ich fast täglich zur Vernehmung aus der Zelle geholt. Die Gänge zum Vernehmungszimmer waren mit dickem Teppichboden ausgelegt. An den Wänden der Gänge waren in Abständen rot-grüne Lampen angebracht. Beim Aufleuchten der roten Lampe mußte ich mich auf Befehl der Begleitperson mit erhobenen Händen und dem Gesicht zur Wand hinstellen. Bei den Vernehmungen wurde ständig die gleiche Frage gestellt, nämlich die nach dem Grund meiner Flucht. Ich antwortete daraufhin immer das gleiche, daß ich mich aufgrund des vorher genossenen Alkohols verlaufen hätte. *In Wahrheit hatte ich mir vor Beginn meiner Flucht Mut angetrunken, da man mit dem Schlimmsten rechnen mußte. Nicht einmal ein Taschenmesser hatte ich dabei, da dies im Falle einer Ergreifung als bewaffneter Grenzdurchbruch gegolten hätte. Im Juni 1972 wurde ich durch das Kreisgericht Magdeburg/ Nord zu einer Gefängnisstrafe von einem Jahr und fünf Monaten verurteilt. Aufgrund der Schußverletzungen habe ich erhebliche körperliche Behinderungen hinnehmen müssen, unter anderem ist mein rechtes Bein zwei Zentimeter kürzer.*

Tötung des Michael Gartenschläger (geb. 1944)
Bei der Tötung des Michael Gartenschläger handelt es sich um einen der spektakulärsten Mordfälle, der auf den Staatssicherheitsdienst zurückzuführen ist. Er hat eine lange Vorgeschichte.
Am 15. September 1961 verurteilte das Bezirksgericht Frankfurt/Oder fünf Mitglieder einer »konterrevolutionären Gruppe« wegen staatsgefährdender Gewaltakte, Diversion und Sabotage zu hohen Zuchthausstrafen, unter ihnen den Oberschüler Gerd Resag und den Lehrling Michael Gartenschläger zu lebenslänglichem Zuchthaus. Die beiden gehörten zu jenen Jugendlichen, die sich nach dem 13. August 1961 auch in anderen Orten der DDR zu Widerstandshandlungen zusammengeschlossen hatten. Die ihm vorgeworfenen Straftaten hat Michael Gartenschläger aufgezählt:

Werfen von Farbflaschen gegen Propagandaschilder der DDR-Regierung; Bemalen von Hauswänden mit Losungen wie »Macht das Tor auf«, »Deutschland den

Deutschen«; Anzünden einer LPG-Scheune, aber gewiß nicht, um die DDR-Volkswirtschaft zu schädigen, sondern um ein Fanal gegen die soeben errichtete Mauer zu schaffen; Zusammenschluß von fünf Freunden im Alter von 17 bis 19 Jahren zu diesen Handlungen während fünf Tagen nach dem Mauerbau.

In der Zeitschrift »Neuer Tag« aus Frankfurt/Oder liest sich das am 15. September 1961 unter der Überschrift »Brandts Natterngezücht wird ausgemerzt« u. a. wie folgt:

Moralisch und politisch verkommen, aufgeputscht durch die Hetzsendungen des Westfernsehens und der Nato-Sender, schlossen sich die Angeklagten zu einer staatsfeindlichen konterrevolutionären Gruppe zusammen. Sie versuchten fortgesetzt und planmäßig durch Anschmieren von Hetzlosungen sowie durch Gewaltakte die Bevölkerung von Strausberg in Furcht und Schrecken zu versetzen, ihr Vertrauen zur Arbeiter- und Bauern-Macht zu erschüttern und die Grundlagen unseres Staates zu untergraben. Skrupellos forderten sie zu Gewalttätigkeiten gegen fortschrittliche Bürger auf.
Schließlich begnügten sich die Angeklagten nicht mehr damit. Am 17. August steckten sie eine mit Erntegut gefüllte Scheune der LPG Typ III Wilkendorf in Brand, wodurch ein volkswirtschaftlicher Schaden von etwa 50.000 Mark entstand. Mit selbsthergestelltem Sprengstoff wollten die verkommenen Subjekte Fahrzeuge der Nationalen Volksarmee, der Volkspolizei und der sowjetischen Streitkräfte in die Luft sprengen und sich gewaltsam in den Besitz von Waffen setzen. Die Angeklagten

Resag, Gartenschläger und Lehmann trafen darüber hinaus alle Vorbereitungen, um im Raum von Sachsen/ Thüringen weitere Gewalt- und Diversionsakte vorzunehmen und dann mit Waffengewalt die Grenze nach Westdeutschland zu durchbrechen.

Wie die Anklage, die Beweisaufnahme und die Zeugenaussagen ergaben, haben sich alle fünf Angeklagten fortgesetzt schwerster Staatsverbrechen schuldig gemacht. In ihrem unbändigen Haß gegen die DDR, ständig von den Hetzsendungen des Westfernsehens und Nato-Rundfunks gelenkt und geleitet, bereiteten sie sich darauf vor, mit Waffengewalt gegen unseren Staat vorzugehen und als willfährige Kreaturen und Handlanger der Bonner Ultras den »kleinen Krieg« gegen die DDR zu verwirklichen.

Diese ganze Verkommenheit der Verbrecher spiegelte sich in der Beweisaufnahme wider. So erklärte Resag: »Wir wurden von den Hetzkundgebungen und Brandreden in West-Berlin ermuntert und aufgeputscht, aber wir hätten auch so feindliche Handlungen gegen den Staat begangen.«

Gartenschläger sagte: »Ich war mit diesem Staat nicht einverstanden, weil es hier keine Freiheit gibt.«
(Fricke S. 458)

In einem am 27.4.1976 verfaßten Bericht hat Michael Gartenschläger folgendes geschrieben:

Während meiner Haft hatte ich Gelegenheit, das DDR-Regime näher kennenzulernen – jedenfalls wenn es zutrifft, daß man ein Regime erst richtig kennt, wenn man in einem seiner Gefängnisse gesessen hat. Leider wird diese Auffassung nicht überall geteilt, und die unbestrittenen Besserungen der Honecker-Ära werden überschätzt. Brandenburg ist das Zuchthaus für die »Langstrafer«, wo fast nur die zu fünf Jahren bis lebenslänglich Verurteilten einsitzen. Ich glaube, daß keiner, der dort fünf Jahre oder mehr verbüßte, ohne körperliche und psychische Schäden die Anstalt verließ, vor allem wegen

1) der unzureichenden und vitaminarmen Ernährung,

2) der unzureichenden medizinischen Betreuung,

3) der Abgeschnittenheit von der Außenwelt, insbesondere dadurch bedingt, daß jeder Gefangene nur einmal monatlich einen Brief schreiben und empfangen konnte und nur im Abstand von drei Monaten halbstündige Besuchserlaubnis von einer Person erhält. Ferner, weil bei geringsten Verstößen gegen die Briefzensur-Bestimmungen oder ähnlichem diese geringen Rechte auch noch außer Kraft gesetzt werden,

4) der seelischen Belastung durch die Unterbringung in Zellen und am Arbeitsplatz mit kriminellen Verbrechern und Schwerverbrechern. In dem mit durchschnittlich 2500 Gefangenen belegten Zuchthaus sind ca. 20% »Politische«, und diese werden von den ca. 50% Kriminellen des Zuchthauses, darunter circa 500 wegen Mordes oder Totschlags Verurteilte, fast immer bevormundet. Die Kriminellen haben das weit größere Vertrauen der Anstaltsleitung und erhalten auch fast immer die Brigadier-Posten.

Michael Gartenschläger mußte neun Jahre und zehn Monate seiner Freiheitsstrafe verbüßen, ehe er im Sommer 1971 von der Bundesregierung »freigekauft« werden konnte.

Am 27.4.1976 schrieb er weiter:

Es festigte sich in mir die Überzeugung, daß sinnvoller Widerstand gegen dieses Unrechtssystem nicht nur ein Recht, sondern eine Pflicht ist. Es gelang mir, umfangreiches Material über politisch Inhaftierte und ihre Peiniger zu sammeln und sicherzustellen, und ich wünsche mir, noch ein Buch über meine Erlebnisse schreiben zu können. Nach meiner Haftentlassung habe ich eigenhändig insgesamt sechs Personen aus der DDR oder den Volksdemokratien geholt. Meine Arbeit und die Unkosten je Person wurden mir mit 1500,– DM bis 7000,– DM max. erstattet. Da ich gleichzeitig beruflich tätig war (als Tankstellenpächter dank meiner Haftentschädigung u. a.), konnte ich zu so günstigen Bedingungen Fluchthilfe leisten.

Ich glaube, der Unrechtscharakter der DDR kommt besonders in der Selbstschußanlage und in der Tatsache ihres weiteren Ausbaus – trotz der Ablösung Ulbrichts – zum Ausdruck. Da ein solcher Automat, der bereits mehrere Todesopfer forderte, nicht in der Bundesrepublik existierte, entschloß ich mich, ein komplettes Aggregat zu Demonstrationszwecken zu holen. Ausgangspunkt meiner Überlegungen war, daß die DDR technisch noch nicht so weit fortgeschritten ist, um mit einem so kleinen Relais, daß es nicht erkennbar ist, die Stromabschaltung explosiv zu verhindern. Ich untersuchte die Selbstschußaggregate mit Feldstechern und kam zu dem zwingenden Schluß, daß – wegen des Fehlens eines solchen Relais oder einer entsprechenden komplizierten Schaltung – die Stromabschaltung durch Zerschneiden der Stromzuführung durchführbar sein muß. Dies aller-

dings unter einem Vorbehalt: daß beim Besteigen des Me-
tallgitterzaunes und der Demontage keine starken Er-
schütterungen entstehen, die den Auslöserdraht bewe-
gen. Ferner mußten den Grenzposten meine Arbeiten un-
bemerkt bleiben, also auch möglichst geräuschlos sich
vollziehen. Das Risiko schien mir lohnenswert.

Am 30. März und am 24. April 1976 gelang es Michael
Gartenschläger, an der Demarkationslinie bei Lauenburg jeweils eine Selbstschußanlage vom Typ SM 70
(Sprengmine 70) vom Grenzzaun abzubauen und in seinen Besitz zu bringen.
Gegen alle Vernunft unternahm Michael Gartenschläger in der Nacht zum 1. Mai 1976 erneut einen Versuch,
im Beisein zweier Freunde an der Demarkationslinie
zwischen Büchen und Bürgerhof (DDR) eine Selbstschußanlage vom Metallgitterzaun abzubauen oder wenigstens zur Zündung zu bringen.
Einer der beiden Freunde berichtete:

Es war um 23.45 Uhr. Michael robbte in Richtung
Osten. Die Nacht war kalt und dunkel. Kein Mond-
schein. Wenn eine Bewegung von DDR-Seite erfolgen
sollte, hatte ich den Auftrag zu rufen: »Halt, hier ist der
Zoll, kommen Sie sofort zurück!« Dies sollte heißen: be-
waffnete Organe der Bundesrepublik sind zur Stelle.
Aber vom Bundesgrenzschutz-Zoll war keine Spur …
Plötzlich kamen Salven aus mindestens vier Kalaschni-
kow-Maschinenpistolen. Sie trafen Michael, als er sich
erheben und mit einem 20 Zentimeter langen Drahtha-
ken und einer Angelschnur den Metallgitterzaun errei-
chen wollte. Sie schossen – kein Anruf vorher, keine War-

nung. Plötzlich gleißendes Scheinwerferlicht. Ich versuchte Michael zu Hilfe zu kommen. Nun prasselten die Salven auf mich. Ich rannte zurück. Dieter gab aus seiner Flinte einen ungezielten Schuß ab. Jetzt wurden wir beide beschossen – und wir befanden uns auf dem Gebiet der Bundesrepublik Deutschland. Einschüsse in den Bäumen sind dort noch 80 Meter tief auf Bundesgebiet festzustellen. Dieter ist sogar der Meinung, daß DDR-Soldaten bei unserer Verfolgung das Gebiet der Bundesrepublik betreten haben ... Ich sah noch, wie alle Scheinwerferbündel sich auf den unmittelbar am Metallgitterzaun liegenden Michael Gartenschläger konzentrierten, und ich sah, wie ein Grenzsoldat der DDR den Arm Michaels hob, der darauf schlaff zu Boden fiel ... Die Schützen hatten diesseits des Zaunes gelauert. Sie müssen in Dauerstellung auf Gartenschläger gewartet haben. Am Morgen darauf fand man mehrere Schlafsäcke und Decken diesseits des Metallgitterzaunes. Michael ist in eine Falle gelaufen. (Siehe Dokument 13)

Tötung des Benito Corghi (geb. 1938)
Bei Corghi handelt es sich um den einzigen Ausländer, der an der innerdeutschen Grenze ums Leben kam. Corghi gehörte in Italien der kommunistischen Partei an.
Am 5.8.1976 war der 38jährige Benito Corghi gegen 3.25 Uhr als Fahrer eines mit Schweinefleisch beladenen italienischen LKW aus der DDR zur zollamtlichen Abfertigung am Grenzübergang Rudolfstein/Kreis Hof angekommen. Während der Abfertigung erschien ein im Transitverkehr fahrender Westdeutscher und forderte Corghi auf, nochmals zur Grenzübergangsstelle

Hirschberg zurückzukehren, weil er dort Papiere habe liegenlassen. Ein bundesdeutscher Zollbeamter riet Corghi darauf, mit einem anderen PKW zum Grenzübergang Hirschberg zurückzufahren. Dennoch versuchte Corghi, zu Fuß dorthin zu gelangen. Er wurde gegen 3.50 Uhr von einem in Richtung Grenzübergang Rudolfstein fahrenden Bundesbürger etwa 500 Meter auf DDR-Gebiet, auf der Mitte der hellerleuchteten Gegenfahrbahn in Richtung Grenzkontrollstelle Hirschberg gehend, gesehen. Kurz darauf fielen zwei Schüsse. Diese trafen Corghi tödlich. Unmittelbar danach wurden von den DDR-Organen die Ampelanlagen auf der Brücke über die Saale auf »Rot« geschaltet und der Abfertigungsbetrieb in Hirschberg eingestellt. Ein von dort kommender LKW-Fahrer beobachtete, wie vier Angehörige der NVA-Grenztruppe zwischen dem ersten Schlagbaum und der Sperrvorrichtung der Grenzübergangsstelle blitzschnell etwas (wahrscheinlich Corghi) mit einer Plane zudeckten und wegtrugen. Amtlich wurde der Tod Corghis durch eine DDR-Rundfunkdurchsage bestätigt. Dabei wurde angegeben, an der Grenzübergangsstelle Hirschberg sei eine Person erschossen worden.

Später hat ein aus der DDR geflüchteter Angehöriger der 7. Grenzkompanie Hirschberg bei seiner Befragung zu diesem Fall folgendes berichtet:

Bei unserer Kompanie wurde erzählt, daß Corghi über die Brücke zum Grenzübergang Hirschberg zurückgegangen und dabei von einem Postenpaar der Sicherheitskompanie Göritz angerufen worden war. Corghi hatte dies offensichtlich mißverstanden und Angst bekom-

men. *Er rannte in Richtung Rudolfstein zurück. Die Posten meldeten dies sofort dem Führungspunkt der Sicherungskompanie, der Schießerlaubnis erteilte. Corghi wurde von einem Posten des Beobachtungsturmes an der Autobahn erschossen. Der Schütze wurde zum Grenzregiment Plauen zurückversetzt.*

Versuch der Tötung des Klaus Becker (geb. 1958) und des Gisbert Greiser (geb. 1958)

Klaus Becker aus Kaltenwestheim hat ausgesagt:

Nachdem mir die Eröffnung eines Handwerksbetriebes von den DDR-Behörden nicht genehmigt wurde, setzte ich meine Berufsausbildung fort, indem ich mich im Abendstudium zum Bauingenieur qualifizieren wollte. Während meiner Weiterbildung bekam ich einen Einblick in das System der DDR und kam zu der Überzeugung, daß meine persönlichen Entfaltungsmöglichkeiten sehr beschränkt sind. Außerdem sind die persönlichen Freiheitsrechte wie Meinungsfreiheit, Freizügigkeit etc. stark eingeschränkt. Aus diesen Gründen faßte ich mit meinem Freund Gisbert Greiser den Plan, in die Bundesrepublik zu flüchten. Mein Freund Gisbert war wenige Wochen vor der Flucht im Raum Unterharless, der direkt an der Grenze liegt, bei Gewässerarbeiten eingesetzt. Dieser Platz erschien für unser Fluchtvorhaben am günstigsten. Am 4.9.1984 gegen 19.00 Uhr starteten wir unsere Flucht. Mein Plan war es, den Metallgitterzaun, der circa drei Meter hoch ist, mittels eines vorgefertigten Doppelhakens, an dem ein Seil befestigt war, zu überklettern. Wir verstauten unser Fluchtgepäck in meinem PKW und fuhren auf dem kürzesten Weg in das

100

Grenzgebiet bei Unterharless. Dort stellten wir das Fahrzeug an einem alten Geräteschuppen verdeckt ab. Nun luden wir das Fluchtgepäck aus und gingen zu Fuß in Richtung Grenze. Nachdem wir circa 20 Meter von unserem Fahrzeug entfernt waren, entdeckte ich einen Förster, der mit einem Gewehr in der Hand in unsere Richtung rannte. Daraufhin liefen wir zu unserem Fahrzeug zurück und fuhren sofort an. In der Zwischenzeit war der Förster schon bedrohlich nahe gekommen. Er hielt die Mündung seines Gewehres direkt auf die Windschutzscheibe des Fahrzeuges. Wir duckten uns im Fahrzeug ab, das zu diesem Zeitpunkt außer Kontrolle geraten war.

Um die nächstgelegene Straße zu erreichen, mußte ich in Richtung des heraneilenden Försters fahren. Als wir auf Höhe des Försters waren, trat er zwei bis drei Schritte zur Seite und schoß aus circa 15 Metern Entfernung auf den PKW. Ich hörte, daß unser Fahrzeug von dem Förster getroffen wurde. Wie oft geschossen wurde, kann ich nicht angeben. Für mich war die Hauptsache, daß unser PKW noch fahrtüchtig war. Wir fuhren nun mit hoher Geschwindigkeit in Richtung Stedtlingen und stellten dort das Fahrzeug in einem Wald gedeckt ab. Nun bemerkte ich auch, daß der vordere rechte Kotflügel Schroteinschüsse aufwies. Wir nahmen unser Fluchtgepäck aus dem PKW und gingen in Richtung Grenze. Beim Überqueren des Signalzaunes verletzte ich mich am linken Fuß. Einem glücklichen Umstand hatten wir es zu verdanken, daß mein Freund vorher im Wald einen Stolperdraht entdeckt hatte, den wir passierten, ohne eine Alarmanlage auszulösen. Am Metallgitterzaun angekommen, versuchte mein Freund Gisbert die obere

Selbstschußanlage auszulösen, indem er den mitgeführten Eisenhaken auf die Krone des Metallgitterzaunes warf und kräftig am Seil zog. Auch die in mittlerer Höhe angebrachte Selbstschußanlage konnten wir mit dem Fuß nicht zur Auslösung bringen. Wir waren daraufhin der Meinung, daß die gesamte Anlage außer Betrieb sei. Mein Freund half mir nun, den circa drei Meter hohen Zaun zu überklettern. Zunächst trat ich auf die in mittlerer Höhe angebrachte Selbstschußanlage und hielt mich mit der Hand an dem Seil fest. Gisbert stand mit dem Rücken zum Zaun und half mir mittels Baumleiter und durch Hochdrücken an das obere Ende des Zaunes zu gelangen. Ich kletterte nun weiter und verfing mich mit meiner Hose im Metallgitterzaun. Beim Überklettern habe ich auch kräftig die Drähte nach unten gedrückt, ohne daß irgend etwas passierte. Nun zerriß die im Zaun verhedderte Hose, und ich fiel auf der dem Bundesgebiet zugekehrten Seite vom Zaun herunter. Beim Herabfallen bin ich offensichtlich mit dem rechten Bein aufgekommen und spürte einen starken Schmerz an der rechten Ferse. Ich wollte aufstehen und konnte nicht. Nun näherte sich Gisbert dem Zaun. Plötzlich erfolgte eine Detonation, und Gisbert sagte: »Ich sehe nichts mehr.« Ich rief: »Bist du verletzt, oder hast du etwas abgekriegt?« Gisbert stieg erneut am Zaun empor, und als er nach meiner Meinung mit den Händen das obere Zaunende erreicht hatte, erfolgte eine weitere Detonation. Nach dieser Detonation, die die Gegend hell erleuchtete, krabbelte ich, offensichtlich unter Schockeinwirkung, in Richtung Bundesgebiet. Nun hörte ich Hilferufe von Gisbert und kroch wieder zum Zaun zurück. Dort sah ich, daß Gisbert mit dem Oberkörper bereits über dem

Zaun war. Ich arbeitete mich an einigen Schrauben des Metallgitterzaunes empor, griff an den Rucksack und versuchte ihn über den Zaun zu ziehen. Ich fiel wieder auf die Erde zurück, bemerkte aber, daß Gisbert fast waagerecht auf dem Zaun lag. Nun erfolgte eine weitere Detonation, und ich hörte meinen Freund rufen: »Voll ins Herz.« Ich bemerkte, daß er noch neben mich gefallen war, beugte mich über ihn und nahm ihm den Rucksack ab. Ich befürchtete das Schlimmste, weil er wie leblos auf der Erde lag. Ich rüttelte ihn und rief ihn an. Er begann zu stöhnen und sagte, ich soll ihn nicht liegenlassen. Mit viel Mühe gelang es mir, den Verletzten auf Bundesgebiet zu schleifen. Dort legte ich ihn unter einem Busch ab und lief auf das nächste Dorf zu. Dort rief ich auf der Straße laut um Hilfe. In einem Haus ging Licht an. Ein Mann öffnete die Tür und sagte, daß er wisse, woher ich käme, denn er habe die Detonation gehört. In diesem Haus wurde alles weitere veranlaßt.

Gisbert Greiser aus Kaltenwestheim/Kreis Meiningen/ DDR hat die Aussage von Klaus Becker bestätigt und ergänzt:

Die detonierten Minen brachten mir am rechten Oberschenkel eine handgroße Fleischwunde bei. Ferner wurde ich von zahlreichen Splittern an beiden Oberarmen und am Körper getroffen. Zwei Splitter drangen mir in die Lunge. Durch eine Operation konnte ich gerettet werden.

Versuch der Tötung des Steffen Süssemilch (geb. 1969)

Steffen Süssemilch ist bei seiner Flucht durch die Elbe in den Rücken geschossen worden, als er sich bereits auf westdeutschem Gebiet befand. Er hat ausgesagt:

Ich bin am 15.9.1988 um 7.00 Uhr morgens mit dem Moped von Greven in Richtung Neuhaus an der Elbe losgefahren. Ich hatte die Flucht schon länger geplant. Über Feldwege habe ich mich dem ersten Grenzzaun genähert. Nachdem ich mich vergewissert hatte, daß keine Grenzposten in der Nähe waren, bin ich über den ersten Zaun geklettert. Das war gegen 8.00 Uhr morgens. Dann kam ich an einen Graben von ungefähr 20 Metern Breite, welcher mit Wasser gefüllt war. Als ich den Graben durchschwommen hatte, hörte ich hinter mir ein Rufen oder einen Schrei: »Halt, anhalten« oder so ähnlich. Ich weiß nicht mehr so genau. Als ich mich umdrehte, sah ich einen Kübelwagen angefahren kommen. Einer stieg aus, daraufhin bin ich weitergelaufen und kam am Ufer der Elbe an. Gleich drauf fielen die ersten Schüsse. Ich nehme an, es waren Warnschüsse. Ich habe meine Lederjacke ausgezogen und die Brusttasche aufgemacht und habe dann meinen Führerscheinausweis und Zigaretten in einen Beutel gepackt und diesen Kunststoffbeutel in meine Hose gesteckt. Mit der Jacke konnte ich nicht schwimmen, diese hätte mich beim Schwimmen behindert. Dann habe ich die Elbe durchschwommen. Während des Schwimmens hörte ich wiederum Schüsse. Ich habe mich aber nicht weiter darum gekümmert, denn ich kam sowieso nicht recht vorwärts und war eben bemüht, die andere Elbseite zu erreichen. Ich bin dann am Westufer der Elbe aus dem Wasser gekrochen und wollte mich erst einmal hinlegen, da ich dachte, nun wäre alles gelaufen. Nun können sie dir nichts mehr. Ich weiß nicht, wie lange ich liegengeblieben bin. Nachdem ich mich erholt hatte, wollte ich wieder aufstehen. In diesem Moment fiel ein Schuß, und ich habe dann in der Brust einen Schlag verspürt. Ich habe dann gemerkt, daß sie mich irgendwie angeschossen haben oder so. Dann bin ich einen kleinen Hügel hochgekrochen, so ungefähr 1,50 Meter hoch. Er war ein bißchen bewachsen. Da hab ich mich dahintergeschmissen und hab immer rübergeguckt, was auf der anderen Elbseite vorgeht. Ich habe aber keinen gesehen. Dann bin ich über eine ungefähr 20 bis 30 Meter breite Wiese bis zum angrenzenden Wald gelaufen – immer im Zickzack, weil ich dachte, die schießen vielleicht noch mal. Ich bin dann in den Wald gegangen und kam an einen Schotterweg. Von dort konnte ich das erste Haus sehen und bin sofort dorthin gelaufen, weil ich nicht mehr konnte, und habe geklingelt. Eine Frau öffnete mir. Ich habe sie gefragt, ob sie einen Krankenwagen holen könnte. Was dann im einzelnen passierte, weiß ich nicht mehr so genau. Ich bin erst im Krankenhaus wieder aufgewacht. Mein behandelnder Arzt erklärte mir, daß ich einen Brustdurchschuß erlitten habe. Der Schuß sei eindeutig von hinten gekommen, d. h., die Schußwunde im Bereich der rechten Brust sei eindeutig größer als die Wunde im Rückenbereich. Der Schußkanal verlaufe horizontal.

Anhörung der Zeugin Elli Sch., wohnhaft in Blekkede 6:

Am 15.9.1988 bin ich gegen 7.15 Uhr zur gewohnten Zeit aufgestanden. Gegen 8.00 Uhr habe ich es zweimal knal-

len gehört. Nicht kurz hintereinander, sondern in einem Abstand von circa 20 bis 30 Sekunden. Ich habe mir zunächst nichts dabei gedacht. Ich habe angenommen, daß ein Jäger geschossen hat. Einige Minuten später, es könnten fünf bis zehn Minuten gewesen sein, habe ich zufällig durch das Wohnzimmerfenster zur Straße hin gesehen. Ich sah, daß ein junger Mann die Gartenpforte öffnete und mein Grundstück betrat. Ich habe gesehen, daß der Mann triefte und seine Bekleidung völlig sandig war. Als ich die Tür öffnete, fragte mich der junge Mann gleich, ob er im Westen wäre. Ich bejahte dies. Daraufhin sagte er: »Ich brauche einen Arzt und einen Krankenwagen, ich bin angeschossen worden.«

Daß der Mann blutete, habe ich nicht gesehen, nur fiel mir auf, daß er seine Hand auf die Brust drückte. Ich rief dann gleich meinen Hausarzt an. Vor dem Eintreffen des Arztes habe ich den Mann in das Haus geholt, ihn auf einen Stuhl gesetzt und ihm eine Wolldecke umgehängt. Später habe ich dann gesehen, daß sich auf einer Waschbetonplatte knapp zehn Meter vor dem Haus ein Blutfleck von einem Durchmesser von circa 20 Zentimetern befand. Der Arzt traf dann kurze Zeit später ein und veranlaßte den Abtransport des Verletzten mit einem Hubschrauber in das Krankenhaus.

Versuch der Tötung des Berth Reisich (geb. 1961)
und des Michael Bartmann (geb. 1961)

Berth Reisich hat ausgesagt:

Am 8. April 1989 versuchte ich mit einem Bekannten in den Vormittagsstunden, etwa gegen 9.30 Uhr, am Grenzübergang Chausseestraße in den Westteil Berlins zu *flüchten. Dieser Fluchtversuch war schon vorher lange geplant, und wir wußten, daß unsere Flucht von Westberliner Seite aus beobachtet und fotografiert wird. Wir liefen gemeinsam durch den Kontrollbereich der Übergangsstelle und hatten schon den Bereich zwischen der letzten Betonbarriere und der letzten Schranke nach West-Berlin erreicht, als akustischer und optischer Alarm ausgelöst wurde. Aus einem Kontrollhäuschen lief ein DDR-Offizier und rief uns an: »Halt! Stehenbleiben!« Dieser Offizier hat dann einen Schuß auf mich abgegeben. Die Entfernung zu ihm betrug circa sechs bis sieben Meter. Ich konnte das Mündungsfeuer der Pistole sehen. Gott sei Dank wurde ich durch diesen Schuß nicht getroffen. Nach dem Schuß warfen wir uns sofort auf den Boden und waren kurze Zeit später von mehreren Grenzsoldaten umringt. Nach der Festnahme wurde ich zunächst in die Untersuchungshaft der Staatssicherheit nach Berlin-Pankow gebracht. Dort wurde mir ein Haftbefehl wegen des Verstoßes gegen den § 213 StGB/DDR (ungesetzlicher Grenzübertritt) verkündet. Im Juli 1989 wurde ich dann mit meinem Freund durch das Stadtbezirksgericht Berlin-Pankow jeweils zu einem Jahr und zehn Monaten Freiheitsstrafe verurteilt.*

Versuch der Tötung des René Biernath (geb. 1962), des Karsten Jünger (geb. 1966) und des Jens Ernst (geb. 1967)

René Biernath hat ausgesagt:

Meine Flucht habe ich zusammen mit zwei Freunden, dem Karsten Jünger und dem Jens Ernst, geplant. Als Tag der Flucht hatten wir den 10. März 1989 gewählt, da zu diesem Zeitpunkt die Leipziger Messe lief und es immer wieder hieß, daß für diesen Zeitraum der sogenannte Schießbefehl außer Kraft gesetzt sei. Wir rechneten nicht damit, beschossen zu werden. Gegen 16.30 Uhr fuhren wir mit dem LKW, einem Fünftonner, den wir uns von einem Fuhrunternehmer besorgt hatten, in Richtung Berlin-Staaken. Hier wollten wir so dicht wie möglich mit dem LKW an die Sperranlagen heranfahren, um dann mit Hilfe einer mitgeführten Leiter die Mauer zu überklettern. Den ersten Zaun hatten wir bereits durchbrochen, im zweiten Zaun blieben wir stecken. Wir verließen dann den LKW. Jens holte die mitgeführte Leiter von der Ladefläche. Dann fielen auch schon die ersten Schüsse. Es wurde circa zehnmal Einzelfeuer geschossen. Unmittelbar neben mir schlugen mehrere Geschosse in Sand bzw. am Betonsockel der Mauer ein. Karsten, der neben mir stand, wurde zweimal am Bein getroffen. Er erlitt einen Oberschenkeldurchschuß und darüber hinaus einen Streifschuß am linken Oberschenkel. Ich sah das Blut an seinen Beinen und rief ihn an, weil er immer noch weiterlief. Wir blieben dann alle drei stehen. Kurze Zeit später war auch schon ein Grenzer mit vorgehaltener Waffe bei uns. Er forderte uns auf stehenzubleiben. Wir wurden durch Angehörige der NVA circa 45 Minuten im sogenannten Todesstreifen festgehalten, bis man uns dann getrennt wegbrachte. Karsten kam in ein Lazarett der Grenztruppen nach Drewitz. Jens und ich kamen in die Untersuchungshaftanstalt des MVS in Potsdam. Am 25. Mai 1989 fand die Hauptverhandlung vor dem Kreisgericht in Potsdam statt. Wegen versuchter Republikflucht bekam ich eine Haftstrafe von drei Jahren und sieben Monaten. Karsten erhielt die gleiche Haft-

strafe wie ich. Jens erhielt drei Jahre Haft. Der Schuß-
waffengebrauch wurde in der Hauptverhandlung mit kei-
nem Wort erwähnt. Neben der Haftstrafe mußten wir
noch 4900 Mark zur Wiederherstellung des Zaunes an
der Sperranlage bezahlen.

POLITISCHE VERURTEILUNGEN

Es kann nicht Aufgabe dieses Buches sein, das in den Urteilen angewendete Strafrecht der DDR auch nur annähernd vollständig darzustellen. Eine sehr umfassende Darstellung der Entwicklung des DDR-Strafrechts ist Karl Wilhelm Fricke zu verdanken (»Politik und Justiz in der DDR. Zur Geschichte der politischen Verfolgung 1945–68«, Verlag Wissenschaft und Politik, Köln 1979.) Hier soll es vielmehr darum gehen, einen symptomatischen Überblick über die Ziele und die Wirklichkeit des geschriebenen Verfassungs- und Strafrechts der DDR zu geben, welches das von der Erfassungsstelle registrierte Geschehen nachvollziehbar macht. Wie weit Ideologie, ja Illusion und Realität des Rechts schließlich auseinanderklafften, wird jeder erkennen können.

Im *Programm der SED* heißt es u. a.:

Der Sozialismus befreit die Werktätigen von Ausbeutung und Unterdrückung. Er braucht und verteidigt konsequent den Frieden. Für alle Mitglieder der Gesellschaft eröffnet er die Möglichkeit, ihre schöpferischen Fähigkeiten zu entfalten, eine hohe Bildung zu erwerben, ihre

demokratischen Rechte und Freiheiten aktiv zur Vor-
wärtsentwicklung der sozialistischen Gesellschaft zu nut-
zen, ihre Persönlichkeit allseitig zu entwickeln. Der So-
zialismus befriedigt immer besser die Lebensbedürfnisse
der Werktätigen. »Jeder nach seinen Fähigkeiten, jedem
nach seiner Leistung« ist ein grundlegendes Prinzip der
sozialistischen Gesellschaft. Der Sozialismus gibt allen
Menschen die Perspektive eines erfüllten Lebens, einer
glücklichen Zukunft.

Diese weitgehenden Versprechungen haben in der Verfassung der Deutschen Demokratischen Republik vom
6.4.1968 ihren Niederschlag gefunden. Der Schutz der
Würde und der Freiheit der Persönlichkeit, die Gewährleistung sozialistischer Gesetzlichkeit und Rechtssi-
cherheit gehörten ebenso zu den vermeintlichen Verfas-
sungsrechten der DDR-Bürger wie das Recht zur freien
Meinungsäußerung und die Freiheit der Presse und Medien.
So hat die ehemalige Justizministerin der DDR, Prof.
Dr. Hilde Benjamin, als Vorsitzende der vom Staatsrat
berufenen Kommission zur Ausarbeitung eines Strafgesetzbuches auf der 5. Tagung der Volkskammer am
15.12.1967 den vorgelegten Gesetzesentwurf begründet
und u. a. ausgeführt:

Mit dem Inkrafttreten des gesamten Gesetzeswerkes geht
der Bereich der Gesetzgebung zur Vorbeugung und Zu-
rückdrängung der Kriminalität geschlossen in das Sy-
stem des sozialistischen Rechts ein. Damit werden das
zur Zeit noch geltende Strafgesetzbuch, das auf das Preu-
ßische Strafgesetzbuch vom Jahre 1851 zurückgeht, das

dann das Strafgesetzbuch des Norddeutschen Bundes und des kaiserlichen Deutschen Reiches wurde, sowie alle sonstigen alten Strafgesetze beseitigt ...

Sie zitierte die Präambel des StGB:

Das sozialistische Strafrecht wendet sich an alle Bürger, staatlichen und gesellschaftlichen Organe und an alle Kollektive, wachsam und unduldsam gegenüber den feindlichen Machenschaften gegen die sozialistische Ordnung und das friedliche Leben der Bürger und gegenüber allen Erscheinungen von Ungesetzlichkeit und Verantwortungslosigkeit zu sein. Es fordert alle auf, aktiv mitzuwirken, damit Straftaten verhütet, alle Verbrechen und Vergehen aufgedeckt, ihre Ursachen und Bedingungen beseitigt und die Schuldigen zur Verantwortung gezogen werden.

Und sie kam zu dem Schluß:

Auch ihr Strafrecht bestätigt die Deutsche Demokratische Republik als den wahren deutschen Rechtsstaat.*

Die Verfassung der DDR sollte »im Geiste der Gerechtigkeit, Gleichheit, Brüderlichkeit und Menschlichkeit« verwirklicht werden (Artikel 86). Sie gewährleistete die Unabhängigkeit der Richter (Artikel 96), aber verlangte zugleich das uneingeschränkte Bekenntnis zum System. »Richter kann nur sein, wer dem Volk und seinem Sozialistischen Staat treu ergeben ist und über

* Aus »Strafrecht der DDR« Lehrkommentar zum StGB, Berlin 1970.

ein hohes Maß an Wissen und Lebenserfahrung, an menschlicher Reife und Charakterfestigkeit verfügt«, hieß es in Artikel 94.

Die Richter wurden gewählt, konnten aber abberufen werden, »wenn sie gegen die Verfassung oder gegen die Gesetze verstoßen oder sonst ihre Pflichten gröblich verletzten« (Artikel 95).

Bereits nach der Verfassung bestimmte tatsächlich der Staatsrat die Rechtsprechung. Er nahm »im Auftrage der Volkskammer die ständige Aufsicht über die Verfassungsmäßigkeit und Gesetzlichkeit der Tätigkeit des Obersten Gerichts und des Generalstaatsanwalts wahr« (Artikel 74). Das Oberste Gericht der DDR hatte die einheitliche Rechtsanwendung durch alle Gerichte zu sichern und war der Volkskammer bzw. dem Staatsrat verantwortlich (Artikel 93). Damit war das »System der Rechenschaftspflicht« gewährleistet, das in Artikel 88 niedergelegt war.

Mit den »nur für den Dienstgebrauch« bestimmten, also der Geheimhaltung unterliegenden »Informationen des Obersten Gerichts der Deutschen Demokratischen Republik« wurde Richtern, Staatsanwälten und ausgewählten Rechtsanwälten die Auslegung des sozialistischen Rechts vorgeschrieben. Diese Informationen erschienen alle zwei Monate und enthielten eine jedem Exemplar aufgedruckte spezielle Empfängernummer (Dokument 14 und 15 als Beispiel).

Eine sachliche Unabhängigkeit der Richterschaft der DDR hat daher schon nach der Verfassung nicht bestanden. Ebenso war eine persönliche Unabhängigkeit der etwa 1400 Berufsrichter in der DDR nicht gewährleistet. Neben der Möglichkeit der Abberufung war sie durch eine zweigleisige Besoldung beeinträchtigt. Die Richter erhielten einerseits ein monatliches Grundgehalt, welches 1975 zwischen 1000 bis 1200 Mark lag und zuletzt (Stand 1989) zwischen 1300 und 1600 Mark betrug. Zum anderen wurden ihnen »Leistungszuschläge« gewährt, die sich an der »richtigen Umsetzung der Politik von Partei und Staatsführung« orientierten. Nach Aussage von Richtern lagen die Zuschläge im Jahr 1989 zwischen 40 bis 50 Mark pro Monat.

Die Erfassungsstelle ist Jahr für Jahr, ja Tag für Tag mit den Folgen der ideologisch ausgerichteten Rechtsprechung konfrontiert worden. Den ihr bekannt gewordenen Verurteilungen war die Nichtigkeit auf die Stirn geschrieben, ihre Unvereinbarkeit mit dem Gedanken der Gerechtigkeit war offenkundig, der dauernde Verstoß gegen den Grundsatz der Verhältnismäßigkeit bei der Festsetzung der Strafhöhe überdeutlich.

Die bis zum 30.6.1990 von der Erfassungsstelle registrierten 30752 politischen Verurteilungen geben das Geschehen in der Strafjustiz der DDR nur bruchstückhaft wieder. Einerseits enthält ein Fall der Erfassungsstelle, das heißt eine Akte, oft Feststellungen zu Urteilen gegen mehrere Personen (z. B. bei Ehepaaren, Angehörigen oder einer Demonstrationsgruppe), so daß die tatsächliche Zahl der registrierten Verurteilungen wenigstens um ein Drittel höher liegen dürfte. Außerdem hat die Erfassungsstelle politische Urteile nur registriert, wenn sie wenigstens zu einem Strafausspruch von einem Jahr Freiheitsstrafe kamen. Und schließlich hat sie bis Ende 1989 fast ausnahmslos nur von solchen politischen Häftlingen Angaben erhalten, die von der Bundesrepublik freigekauft wurden. Die große Zahl derer, die nach einer politischen Verurteilung und Haftverbüßung in der DDR entlassen wurden, ist nicht berücksichtigt. Die in der DDR geäußerten Vermutungen, die von erheblich über 200 000 politischen Urteilen sprechen, könnten daher nach Einschätzung der Erfassungsstelle zutreffend sein.

Im folgenden versuchen die Autoren, einen Überblick über die Verurteilungspraxis der Gerichte der DDR in Fällen mit politischem Hintergrund zu geben. Auch diese Darstellung kann die Gerichtspraxis der DDR nur beispielhaft aufzeigen. Die Auswahl der Fälle ist nicht frei von Zufälligkeiten und nicht von der Absicht geprägt, besonders krasse Urteile zu schildern. Für nahezu jeden geschilderten Fall liegen der Erfassungsstelle Hunderte, wenn nicht Tausende Parallelverfahren vor.

Nach Artikel 4 des Allgemeinen Teils, 1. Kapitel, des StGB/DDR standen »die Würde des Menschen, seine Freiheit und seine Rechte unter dem Schutz der Strafgesetze des sozialistischen Staates«. Weiter heißt es dort: »Eine Person darf nur in strikter Übereinstimmung mit den Gesetzen strafrechtlich verfolgt und zur Verantwortung gezogen werden.« Und § 1 der Strafprozeßordnung/DDR sicherte zu, »daß jeder Schuldige, aber kein Unschuldiger strafrechtlich zur Verantwortung gezogen wird«.

Die Strafrechtspraxis in der DDR verlieh solchen Vorstellungen keinerlei Glaubwürdigkeit. Mit inquisitorischem Eifer war sie bemüht, jeden Abweichler vom Kurs des Sozialismus unnachgiebig zu bestrafen. Eine Vorstellung davon ergeben die nachfolgenden Fälle, denen jeweils die angewendeten Strafbestimmungen vorangestellt sind.

Landesverräterische Nachrichtenübermittlung

§ 99 StGB/DDR

(1) Wer der Geheimhaltung nicht unterliegende Nachrichten zum Nachteil der Interessen der Deutschen Demokratischen Republik an die im § 97 genannten Stellen oder Personen (Anmerkung: fremde Mächte, deren Einrichtungen und Vertreter; Geheimdienste; ausländische Organisationen und deren Helfer) übergibt, für diese sammelt oder ihnen zugänglich macht, wird mit Freiheitsstrafe von 2 bis zu 12 Jahren bestraft.

Landesverräterische Agententätigkeit

§ 100 lautet:

(1) Wer zu den im § 97 genannten Stellen oder Personen Verbindung aufnimmt oder sich zur Mitarbeit anbietet oder diese Stellen oder Personen in sonstiger Weise unterstützt, um die Interessen der Deutschen Demokratischen Republik zu schädigen, wird mit Freiheitsstrafe von 1 bis zu 10 Jahren bestraft.

(2) Vorbereitung und Versuch sind strafbar.

Verurteilung des Thomas Schlüter (geb. 1964)

Thomas Schlüter aus Wismar stellt 1985 mit damals 21 Jahren seinen ersten Ausreiseantrag. Dieser wird mündlich mit der Begründung abgelehnt, daß keine Ausreisegründe vorliegen. Daraufhin versucht Thomas 1987 anläßlich eines Urlaubsaufenthaltes in Ungarn illegal über die Grenze zu kommen. Zuvor hat er sich in Budapest auf dem bundesdeutschen Konsulat einen

Paß ausstellen lassen, der allerdings nicht mit einem Visum versehen ist. Er wird schließlich im Grenzbereich kontrolliert und zurückgewiesen. Im nächsten Jahr versucht er erneut über Ungarn zu fliehen. Wiederum wird er an der jugoslawischen Grenze angehalten und in die DDR zurückgeschickt. Er stellt weitere erfolglose Ausreiseanträge. So sucht er Ende 1988 privaten Kontakt zu einem Mitarbeiter der Organisation »Hilferufe von drüben« in Lippstadt und verfaßt eine Petition an die Vereinten Nationen.

Anfang Februar weilt der schleswig-holsteinische Ministerpräsident Björn Engholm zu einem offiziellen Besuch in Wismar. Thomas nutzt die Gelegenheit, einem von dessen Sicherheitsbeamten ein Schreiben zu übergeben, in welchem er Björn Engholm um Unterstützung bittet. Thomas vermutet, daß er bei der Übergabe seines Bittschreibens beobachtet wurde. Er wird am 13.2.1989 festgenommen und in die Untersuchungshaftanstalt des Staatssicherheitsdienstes in Rostock gebracht. Gegen ihn wird Anklage wegen landesverräterischer Agententätigkeit (§ 100) erhoben. Am 31.5.1989 findet vor dem Bezirksgericht Rostock-Stadt die Gerichtsverhandlung statt. Das Gericht verurteilt Thomas unter Verschärfung des Anklagevorwurfs wegen landesverräterischer Nachrichtenübermittlung (§ 99) zu zwei Jahren und sechs Monaten Freiheitsstrafe.

Das Gericht stützt sich dabei im wesentlichen auf die bei Thomas aufgrund einer Postbeschlagnahme vorgefundenen schriftlichen Unterlagen.

Außerdem wird als Beweismittel eine Kopie der Zeitschrift »Hilferufe von drüben« herangezogen, in der Name und Anschrift von Thomas abgedruckt waren, mit der Bemerkung, daß er zwei Ausreiseanträge gestellt habe. Die vom Gericht festgestellten Tatsachen entsprechen nur teilweise dem wahren Sachverhalt. Thomas betont, daß er niemals Propaganda gegen die DDR gemacht und auch selbst keinen Kontakt zu der Organisation »Hilferufe von drüben« aufgenommen habe. Dies sei durch einen Bekannten in Westdeutschland geschehen.

In der Untersuchungshaft wird es Thomas nicht gestattet, seinen Rechtsanwalt zu konsultieren. Sein viertägiger Hungerstreik wird mit der Drohung beendet, man werde ihn »wegschaffen«. Die ersten drei Tage der Untersuchungshaft verbringt Thomas in Einzelhaft. Danach wird er mit einem anderen Häftling zusammengelegt. Er berichtet:

Hier war es so, daß z. B. die Neonbeleuchtung die ganze Nacht brannte und in Minutenabständen ein- und ausgeschaltet wurde. Außerdem wurden zu willkürlichen Zeiten die Zellen auf den Kopf gestellt, und wir mußten während der Zeit die Zellen verlassen. Dazu gehörte auch, daß wir uns nackend ausziehen und in die Dusche gehen mußten, während die Zellen durchsucht wurden. Hin und wieder wurde uns ohne Angabe von Gründen die Freistunde verwehrt.

Verfahrensunterlagen wie Anklageschrift und Urteil wurden Thomas nicht ausgehändigt. Thomas kam glücklicherweise in den Genuß der Anfang 1989 unmittelbar vor der »Wende« ausgesprochenen Amnestie für politische Gefangene.

Staatsfeindlicher Menschenhandel

§ 105 lautet:

(1) 1) Wer um die Deutsche Demokratische Republik zu schädigen;
2) Wer im Zusammenhang mit den im § 97 genannten Stellen oder Personen Bürger der Deutschen Demokratischen Republik ins Ausland abwirbt, verschleppt, ausschleust oder deren Rückkehr in die Deutsche Demokratische Republik verhindert oder in sonstiger Weise an der Tat mitwirkt, wird mit Freiheitsstrafe nicht unter 2 Jahren bestraft.
(2) Vorbereitung und Versuch sind strafbar.
(3) In besonders schweren Fällen kann auf lebenslängliche Freiheitsstrafe erkannt werden.

Verurteilung des Matthias Bath (geb. 1956)

Matthias Bath war Jurastudent und Mitglied der Jungen Union in West-Berlin. Er wurde am 9. April 1976 beim Versuch, eine junge Frau mit Kind und einen jungen Mann im Kofferraum seines PKW nach Helmstedt zu schleusen, festgenommen. Nach fünfmonatiger Untersuchungshaft und endlosen Verhören durch Stasi-Mitarbeiter wurde Matthias in die Untersuchungshaftanstalt Frankfurt/Oder verlegt. Die Schilderung seines Prozeßablaufs vor dem I. Strafsenat des Bezirksgerichts Frankfurt/Oder ist beispielhaft, zeigt sie doch u. a. das enge Zusammenwirken zwischen Richter und Staatsanwalt in politischen Verfahren.*

* Die Schilderung ist mit Genehmigung des Günter Olzog Verlages in München der Schrift »Dokumente unserer Zeit« Band 5, 1981, »Gefangen und freigetauscht« von M. Bath entnommen.

Einen Tag später, am 3. September, sah ich zum erstenmal meinen Frankfurter Anwalt im im Erdgeschoß des Vernehmergebäudes gelegenen Besucherraum, einen etwa 45jährigen, untersetzten Mann. Er begrüßte mich und sagte: »Mein Name ist Heim*, ich bin vom Kollegen Vogel mit der Übernahme Ihrer Verteidigung im Prozeß am kommenden Montag beauftragt worden. Allerdings muß ich Ihnen gleich sagen, daß ich Ihre Akten nicht einsehen konnte. Dafür habe ich aber aus Berlin alle für die Verteidigung nötigen Informationen erhalten. Ich schlage folgendes vor: Da wir die Straftat schlecht abstreiten können, werde ich vor Gericht auf Ihre Jugend und Unerfahrenheit hinweisen. Vielleicht bringt das was. Trotzdem sollten Sie sich aber auf viereinhalb bis fünf Jahre innerlich einstellen. Außerdem ist es besser, sich vor Gericht ruhig und zurückhaltend zu benehmen und dort nicht eine politische Märtyrerrolle zu spielen. Das wäre es in aller Kürze. Haben Sie noch Fragen?« Danach unterhielten wir uns noch über einige Belanglosigkeiten, wobei mein Eindruck war, daß meinem Verteidiger jegliches Verständnis für meine Tat wie auch dafür, daß jemand die DDR verlassen wolle, abging. Er kleidete es in Ironie: »Ich habe auch eine Tochter in Ihrem Alter, die Jura studiert. Glauben Sie mir: es fällt manchmal schwer, euch junge Leute zu verstehen.« Schließlich wurde er wieder ernst: »Übrigens hat man Ihre Angelegenheit sehr beschleunigt. Aus unserer Sicht wäre Ihr Prozeß noch längst nicht fällig, es waren im Sommer doch ohnehin Gerichtsferien. Man behandelt Ihre Angelegenheit ja gerade so, als wären Sie hochschwanger, hät-

---

* Name geändert.

ten offene Tbc oder gerade den dritten Herzinfarkt über-standen. Finden Sie das nicht auch merkwürdig?« Er blickte mich mit wichtiger Miene an und senkte die Stimme: »Vielleicht hat man in Ihrem Fall etwas ganz Be-sonderes vor, und Sie sind Weihnachten dieses Jahres schon wieder zu Hause. Warten Sie ab! Aber verhalten Sie sich in der nächsten Zeit äußerst ruhig!« Dann ver-ständigte er telefonisch den Läufer und ließ mich abho-len: »Na dann bis Montag. Ihre Aussichten sind ja sehr gut. Bleiben Sie nur besonnen, dann wird schon alles laufen.«

Ich ging damals noch davon aus, daß auch in der DDR ein Anwalt die Interessen seines Mandanten wahrnimmt, und schöpfte ein wenig Hoffnung aus diesem Gespräch. Daß nur ein übler Scherz vorlag, um mich fürs erste zu »neutralisieren«, wurde mir erst später klar. Das Wo-chenende verbrachte ich in Erwartung des Prozesses. Endlich nach dem Mittagessen am 6. September brachte man mir meine Privatkleidung auf die Zelle. Eine Vier-telstunde später öffnete ein barscher Oberfeldwebel meine Zelle und holte mich in die Tiefgarage. Unterwegs klärte er mich auf: »So, wir fahren zum Termin. Benehmen Sie sich anständig. Bei Fluchtversuch wird sofort ohne Anruf von der Schußwaffe Gebrauch gemacht. Ist das klar?« Mir war alles klar. Unten wurden mir Hand-schellen umgelegt. Mein Transportkommando bestand aus vier Mann: einem Oberleutnant als Transportführer, dem Oberfeldwebel, einem Gefreiten und einem Solda-ten. Der Barkas fuhr unverzüglich los. Wir rumpelten nur wenige Minuten durch die Straßen Frankfurts. Dann hielt der Wagen schon wieder an, statt der Handschellen legte mir der Gefreite noch im Wagen die Knebelkette um das Handgelenk, die er mörderisch fest anzog, und ich durfte aussteigen. Man führte mich zum Eingang eines undefinierbaren Bürogebäudes. Anscheinend war gerade Büroschluß. Ein ganzer Schwall von Frauen mit Einkaufstaschen kam uns entgegen. Mit Interesse wurde unser Aufzug gemustert. Vorneweg der Oberleutnant mit den Begleitpapieren, dann ich, von dem Gefreiten an der Knebelkette geführt, auf der anderen Seite der junge Soldat, hinter uns der Oberfeldwebel. Ich fand die Situation ein bißchen lächerlich, hier wie ein gefährlicher Schwerverbrecher vorgeführt zu werden.

Der Gerichtssaal im zweiten Stock, ein Raum kaum größer als ein Klassenzimmer, war noch leer. Vor der Stirnwand mit Hammer und Zirkel befanden sich die Plätze des Gerichts, unter dem Staatswappen eine Tür, durch die das Gericht einziehen würde. Dieser Teil des Saales war durch eine hölzerne Barriere abgetrennt. Links vor der Barriere war der Platz des Staatsanwalts, ihm gegenüber die Anklagebank und davor der Platz des Verteidigers. Dazwischen lag der Zeugenstand, in meinem Fall freilich völlig überflüssig. Im hinteren Teil des Raumes waren mehrere Bänke für Zuschauer aufgestellt. Auch sie waren für mein Verfahren überflüssig, da es außer meinen vier Bewachern nur noch einen Zuschauer gab, der uns schon auf dem Flur vor dem Gerichtssaal erwartet hatte, nämlich meinen Vernehmer aus Hohenschönhausen.

Nach einigen Minuten hastete Anwalt Heim mit seiner abgewetzten Aktentasche herein. »Hatte noch einen anderen Termin«, entschuldigte er seine Verspätung, »bei Ihnen läuft ja sowieso alles. Lassen Sie sich durch das Urteil nicht irritieren. Ich habe heute noch einmal mit

Berlin telefoniert, über unser Gespräch von Freitag; es scheint sich tatsächlich so zu verhalten. Die Dinge stehen sehr günstig für Sie.«

Inzwischen waren auch das Gericht und Staatsanwalt Lindemann erschienen, der im schwarzen Anzug nicht mehr ganz so wie ein Maurer wirkte. Oberrichter Schmidt, ein schlanker, glatter Mann Mitte der Dreißig, eröffnete die Verhandlung. Zunächst verkündete er den Ausschluß der ohnehin nicht vorhandenen Öffentlichkeit. Dann wandte er sich meiner Person zu. Jedesmal, wenn ich angesprochen wurde, mußte ich mich erheben und so als einziger Angeklagter und Hauptperson in diesem Schauspiel fast die ganze Verhandlung über stehen. Der Vortrag der Anklage war eher müde, von geiferndem Pathos nichts zu spüren. Lindemann las einfach die mir schon bekannte Anklageschrift im Stil eines mittelmäßigen Referats vom Blatt ab. So gerieten auch die schärfsten Formulierungen eher flach.

Die Beweisaufnahme erbrachte nichts Neues; es wurden die Vernehmungsergebnisse der Stasi referiert. Ich brauchte sie nur zu bestätigen. Man behandelte mich weitgehend korrekt. Eine Kostprobe »sozialistischer Logik« war es, als der Vorsitzende meinte, wenn ich die §§ 105 und 213 des DDR-Strafgesetzbuches ablehne, hätte mir doch vor der Tat der Gedanke kommen müssen, daß ich, wenn ich nicht gegen diese Paragraphen verstoßen würde, die DDR-Behörden auch nicht zur Anwendung dieser von mir abgelehnten Klauseln veranlassen würde. Ob mir denn niemals dieser Gedanke gekommen sei? Verblüfft antwortete ich auf diese Frechheit mit »Nein!«. Der Schöffe Köhler, ein weißhaariger Arbeiterveteran, wollte mir noch ein kommerzielles Interesse an der Fluchthilfe unterstellen. Eine Motivation wie die meine paßte offensichtlich nicht in sein klassenkämpferisches Weltbild. Aber nach einem kleinen Wortwechsel gab er seine Absicht auf. Der Schöffe Rösner hingegen gab die ganze Verhandlung über kein Zeichen der Anteilnahme von sich, sondern döste nur vor sich hin.

Auf die Beweisaufnahme folgten die Plädoyers. Der Staatsanwalt wiederholte leicht verändert noch einmal die Anklageschrift. Ich sei ein »Produkt der Manipulation westlicher Medien«, das sich aktiv in den Dienst »imperialistischer Kräfte« gestellt und sich somit bewußt in den Kampf gegen die DDR eingereiht habe. Meine Tat sei von hoher »krimineller Intensität« gekennzeichnet gewesen. Ich hätte mich mit Sicherheit zu einem »gefährlichen Serientäter« entwickelt, wäre ich nicht frühzeitig dingfest gemacht worden. Mildernd falle allenfalls ins Gewicht, daß ich geständig und in der DDR nicht vorbestraft sei. Trotzdem sei hier eine exemplarisch harte Bestrafung angebracht. Darum beantrage er für den Studenten Matthias Bath eine Freiheitsstrafe von fünf Jahren. Bei diesen Worten drehte sich mein Verteidiger um und raunte mir zu: »Da haben wir das Urteil ja schon gehört.« Ich war nicht sonderlich schockiert, hatte ich mich doch seit Juli an den Gedanken eines Urteils in dieser Höhe gewöhnt. Außerdem klangen mir noch die optimistischen Bekundungen des vor mir sitzenden Anwalts im Ohr.

Sein Plädoyer nun war kurz und schwach. Er verwies, wie angekündigt, auf meine Jugend und Unerfahrenheit. Ich sei in einem der DDR feindlichen Milieu aufgewachsen, was man mir aber nicht anlasten könne. Durch Westmedien verhetzt, sei ich unter den dominierenden

*Einfluß eines wesentlich älteren CDU-Funktionärs gera-
ten, der mich zu Taten veranlaßt habe, deren Tragweite
ich nicht hätte absehen können. Dies alles mindere
meine Verantwortung. Außerdem sei ich – wie die Beweisaufnahme ergeben habe – über wesentliche Hintergründe der Schleusung im unklaren gelassen worden.
Aus den genannten Gründen bitte er um eine mildere als
die beantragte Strafe.*

*In meinem Schlußwort sagte ich lediglich, daß ich helfen
wollte, ohne damit die Absicht zu verbinden, jemand zu
schädigen.*

*Das Gericht vertagte sich zur Urteilsfindung für zwei
Stunden und verschwand durch den Hinterausgang.
Auch mein Verteidiger packte seine Papiere in die abge-
wetzte Aktentasche und meinte zu mir: »Das Urteil höre
ich mir nicht mehr an. Es gibt sowieso fünf Jahre. Da
gehen wir auch nicht in Berufung. Sollte es überraschend
wesentlich höher ausfallen oder sollten irgendwelche anderen Probleme auftauchen, so setzen Sie sich mit unserem Büro in Berlin in Verbindung. Im übrigen sehen Sie
zu, daß Sie schnell in den Vollzug kommen! Auf Wieder-
sehen.« Er schüttelte mir noch einmal die Hand und ent-
schwand.*

*Zwei Stunden später fanden sich Gericht und Staatsan-
walt wieder ein. Der Vorsitzende Schmidt verkündete das
Urteil: »Im Namen des Volkes« befand es der I. Strafsenat des Bezirksgerichts Frankfurt für richtig und angemessen, mich für fünf Jahre hinter Gitter zu schicken.
Zur nun folgenden Urteilsbegründung wurde die nicht-
existente Öffentlichkeit erneut ausgeschlossen. Dann ver-
las der Richter einen dritten Aufguß der Anklageschrift,
die sich nun das Gericht zu eigen gemacht hatte. Interes-*

sant war nur, daß auch das Gericht akzeptiert hatte, mir seien wesentliche Hintergründe der Fluchtaktion unbekannt gewesen. Aber auch das hatte das Urteil nicht mildern können. Ich erhielt noch eine kurze »Rechtsmittelbelehrung«, womit die Verhandlung abgeschlossen war. Gegen 19.00 Uhr befand ich mich wieder auf meiner Zelle. Die ganze Angelegenheit hatte also einschließlich der zwei Stunden Pause nicht länger als vier Stunden gedauert. Am Abend rechnete ich erstmals die Zahl der theoretisch nun noch vor mir liegenden Hafttage aus. Es waren noch 1675 Tage; eine Zahl, die mich ob ihrer Unfaßbarkeit erschreckte.

Matthias Bath wurde am Donnerstag, dem 19. Juli 1979, gegen den DDR-Spion Burger, der jahrelang die Berliner SPD für das Ministerium für Staatssicherheit ausgeforscht hatte und dafür zu sieben Jahren Freiheitsstrafe in West-Berlin verurteilt worden war, ausgetauscht. Nach 1197 Tagen Haft kehrte er wieder nach West-Berlin heim.

Staatsfeindliche Hetze

§ 106 lautet:

(1) Wer die verfassungsmäßigen Grundlagen der sozialistischen Staats- und Gesellschaftsordnung der Deutschen Demokratischen Republik angreift oder gegen sie aufwiegelt, indem er

1) die gesellschaftlichen Verhältnisse, Repräsentanten oder andere Bürger der Deutschen Demokratischen Republik wegen deren staatlicher oder gesellschaftlicher Tätigkeit diskriminiert;

2) Schriften, Gegenstände oder Symbole zur Diskriminierung der gesellschaftlichen Verhältnisse, von Repräsentanten oder anderen Bürgern herstellt, einführt, verbreitet oder anbringt;

3) die Freundschafts- und Bündnisbeziehungen der Deutschen Demokratischen Republik diskriminiert;

4) Verbrechen gegen den Staat androht oder dazu auffordert, Widerstand gegen die sozialistische Staats- und Gesellschaftsordnung der Deutschen Demokratischen Republik zu leisten;

5) den Faschismus oder Militarismus verherrlicht oder Rassenhetze treibt,

wird mit Freiheitsstrafe von 1 bis zu 8 Jahren bestraft.

(2) Vorbereitung und Versuch sind strafbar.

Bei dieser Bestimmung handelt es sich um die im Januar 1968 in Kraft getretene Neufassung und Zusammenführung der bisherigen §§ 19 und 20 (staatsgefährdende Propaganda und Hetze, Staatsverleumdung) des Strafrechtsergänzungsgesetzes vom 11. Dezember 1957 (StEG)

Verurteilung des Wolfgang Miega (geb. 1916)

Der Kreisstaatsanwalt Hörnicht, Leipzig, hat Wolfgang Miega am 3.11.1961 angeklagt,

am 14.8.1961 im Betrieb »Astan« Motoreninstandsetzung Leipzig O 5, Komeniusstraße 13–15, öffentlich die Maßnahmen des Ministerrates der Deutschen Demokra-

tischen Republik zum Schutz der Republik vom 13.8.1961 verleumdet und entstellt zu haben.
Vergehen gemäß § 20 Ziff. 1 StEG.

Im Namen des Volkes wurde Wolfgang Miega am 18.12.1961 im Bezirksgericht Leipzig durch den Oberrichter Glas als Vorsitzenden und unter Mitwirkung des Staatsanwalts Schmitt *wegen staatsgefährdender Propaganda und Hetze nach § 19 Abs. 1 StEG zu einer Gefängnisstrafe von 1 Jahr und 6 Monaten verurteilt.*
In den Urteilsgründen ist u. a. ausgeführt:

Am gesellschaftlichen Leben nahm er keinerlei Anteil. Andererseits interessierte sich der Angeklagte für die Hetzargumente der Bonner Ultras.
Er ist seit fünf Jahren Besitzer eines Fernsehgerätes.
Damit empfing er das westzonale Fernsehprogramm, insbesondere sah er die Hetzsendungen über die Maßnahmen am 13.8.1961, die er in seinem Betrieb weiterverbreitete und sich damit zum Sprachrohr der Feinde der Arbeiterklasse machte.
Am 14.8.1961 diskutierte der Zeuge H. mit mehreren Kollegen im Betrieb über die Sicherheitsmaßnahmen vom 13.8.1961. Im Zusammenhang damit fragte der Angeklagte, warum Berlin zugemacht worden sei, und gab gleich selbst darauf die Antwort, wobei er sich in provokatorischer Weise über diese Maßnahmen äußerte. Er behauptete, daß die Panzer an der Grenze in Berlin nicht notwendig seien. Dabei bezeichnete er diese Schutzmaßnahmen als »Blödsinn«. Ferner sagte der Angeklagte, daß durch diese Maßnahmen nur die Bürger der DDR betroffen wären und daß die Meldungen der sozialisti-

schen Presse in der DDR über den organisierten Menschenhandel nicht richtig seien.

Dabei bezichtigte er die sozialistische Presse der Lüge, wobei der Angeklagte Zahlen von Bürgern nannte, die angeblich unsere Republik verlassen haben sollten. Diese Meldungen hatte er aus dem westzonalen Fernsehprogramm entnommen.

Diese Feststellungen traf der Senat durch die Einlassungen des Angeklagten und die Aussagen der vernommenen Zeugen.

Der Angeklagte hat die neofaschistische und militaristische Propaganda der Bonner Ultras im Rahmen der psychologischen Kriegsführung in der Form verbreitet, daß er in diskriminierender Weise gegen die Sicherheitsmaßnahmen vom 13.8.1961 und gegen die Meldungen unserer sozialistischen Presse über den organisierten Menschenhandel Hetze treibt.

Damit erwies er sich als Stützpunkt der Feinde der Arbeiterklasse, die mit den Mitteln der Hetze, des Betruges und der Verleumdung die Bevölkerung gegen die Arbeiter- und Bauern-Macht aufzuwiegeln versuchen.

Insbesondere richteten sich ihre Angriffe gegen die Sicherheitsmaßnahmen am 13.8.1961, die dazu beigetragen haben, den durch die Militaristen und Revanchisten bedrohten Frieden in Europa, in der Welt zu retten. Deshalb verfolgen sie auch das Ziel, die Meldungen unserer sozialistischen Presse über die Notwendigkeit dieser Sicherheitsmaßnahmen als Lügen hinzustellen.

Der Angeklagte, der diese schmutzige imperialistische Propaganda des westlichen Rund- und Fernsehfunks im Kreise seiner Kollegen weiterverbreitete, begab sich damit auf die Ebene der Provokateure.

Sein Verhalten war dazu angetan, bei anderen Kollegen
Zweifel an der Richtigkeit der Politik von Partei und Re-
gierung hervorzurufen und sie gegen die Sicherheitsmaß-
nahmen aufzuwiegeln.

Der Angeklagte wußte selbst, daß seine Behauptungen
unwahr und Verleumdungen sind. Er hatte diese Argu-
mente aus westzonalen Fernsehsendungen entnommen,
die er seit Jahren empfing ... Der Angeklagte beging
seine Hetze zu einem Zeitpunkt, in dem es galt, die von
der Regierung beschlossenen Maßnahmen zum Schutze
des Friedens in der DDR mit der Unterstützung der ge-
samten Bevölkerung durchzuführen. Gerade in dieser
Situation erwies sich der Angeklagte als Sprachrohr der
westdeutschen Militaristen und Revanchisten, weil er
glaubte, seine Provokationen anbringen zu können.
Deshalb kann es auch nicht entscheidend sein, daß der
Angeklagte erstmalig straffällig wurde.

Er orientierte sich schon jahrelang bei den Feinden unse-
res Staates.

Charakteristisch für den Angeklagten ist, daß er an der
Tür seines Garderobenschrankes im Betrieb Schokola-
denpapier anbrachte, das aus der Westzone stammte,
und er bei seinem jährlichen Besuch in Westdeutschland
Fotoaufnahmen fertigte, auf denen Schaufenster mit
Fernsehgeräten, Obst, Damenbekleidung usw. zu sehen
waren.

Das alles zeigt, daß er ein eifriger Verfechter der westli-
chen Ideologie ist und deshalb durch eine geeignete
Strafe angehalten werden muß, zu seiner Klasse wieder
zurückzufinden. Der Senat konnte deshalb dem Antrag
der Verteidigung nicht folgen, um auf eine mildere Strafe
zu erkennen.

Nach alledem kann es auch nicht wesentlich sein, daß der Angeklagte ansonsten im Betrieb gut gearbeitet hat, denn durch seine Provokationen forderte er mit, daß auch seine gute Arbeit in der Produktion mit vernichtet werden sollte.

Verurteilung des Lutz-Peter Naumann (geb. 1944)

Lutz-Peter Naumann ist heute in der Redaktion der »Berliner Morgenpost« tätig. Im Jahre 1971 lebte er als Tierzüchter und Archivar in Werder an der Havel. Er hat sich damals nicht als Gegner der DDR empfunden, sondern wollte an seinem Platz im Guten an der gesellschaftlichen Entwicklung mitarbeiten. Aber im Gegensatz zu den Machthabern der DDR sah er den Sinn der Geschichte als Fortschreiten des Geistes und damit der menschlichen Gesellschaft zum Bewußtsein der Freiheit. Die Freiheit des Einzelmenschen und die Freiheit seines Geistes waren für ihn die höchsten Ideale. Nach seiner Auffassung konnte diese Freiheit nur bei allseitiger umfassender politischer Information erreicht werden. Deshalb ging er eigene Wege, um sich selbst auch in den Besitz westlicher Medienerzeugnisse zu bringen. Zusätzlich fertigte er Tonbandaufzeichnungen für seine private Sammlung an. Freunde und Bekannte ließ er an seinen Informationen teilhaben.

Am 3.12.1971 wird Lutz-Peter Naumann in Haft genommen und der Untersuchungshaftanstalt des MfS in Potsdam zugeführt. Es folgen unzählige Verhöre zu den »Verbrechen« des Beschuldigten. Am 23.3.1972 klagt der Staatsanwalt des Bezirkes Potsdam, Manfred Grützner, Lutz-Peter Naumann an:

In mehrfacher Gesetzesverletzung handelnd, durch staatsfeindliche Hetze die ideologischen Grundlagen des Arbeiter- und Bauern-Staates angegriffen und geschädigt zu haben, indem er mit dem Ziel, gegen die sozialistische Staats- und Gesellschaftsordnung aufzuwiegeln,

1. Tonbandaufzeichnungen, die die gesellschaftlichen Verhältnisse in der DDR, die Politik und Partei und Regierung, Repräsentanten der DDR, die SED als auch deren Mitglieder diskriminieren, herstellte und verbreitete,

2. Schriften mit hetzerischem Inhalt illegal in die DDR einführte und auch teilweise verbreitete und

3. in schriftlicher und mündlicher Form mehreren Personen gegenüber Maßnahmen staatlicher Organe diskriminierte und die Tätigkeit staatlicher und gesellschaftlicher Einrichtungen diffamierte.

Zu 1.

Im Jahre 1966 stellte der Beschuldigte, unter Benutzung einer Neujahrsansprache des Staatsratsvorsitzenden der DDR, eine Bandaufnahme her, die durch Musikeinblendungen vorwiegend westlicher Schlager und auch anderer Texte den Redner als auch den Inhalt der Rede selbst diffamiert.

Diese Aufnahme spielte er in den Jahren 1967/68 und 1970 mehreren Personen vor. Im Sommer 1968 inszenierte der Beschuldigte die Aufnahme eines sogenannten Parteiverfahrens in Form eines Stegreifspiels anläßlich einer Zusammenkunft mehrerer Personen in seiner Wohnung, in dem insbesondere die SED als Partei, ihre Mitglieder und die Funktionäre als auch die Politik und Arbeitsweise der Partei der Arbeiterklasse diskriminiert

131

werden. Diese Aufzeichnung spielte er am folgenden Tag nach der Aufnahme und im Jahre 1969 und 1971 mehreren Personen vor.

In der Zeit um den 21.8.1968 nahm der Beschuldigte eine Vielzahl westlicher Nachrichtensendungen und Kommentare zu den konterrevolutionären Ereignissen in der ČSSR auf, die die Politik der DDR und der anderen sozialistischen Staaten als auch deren Hilfsaktionen in hetzerischer Absicht diffamierten, mit z. B. »Überfall«, »Besetzung«, »Einmischung in die inneren Angelegenheiten der ČSSR« und als »Aggression« verunglimpften.

Diese Tonbandaufzeichnungen brachte er danach in einem nicht mehr näher bestimmbaren Zeitpunkt ebenfalls mehreren Personen mit der bereits wiederholt geschilderten hetzerischen Zielstellung zur Kenntnis. In der gleichen Absicht zeichnete der Beschuldigte seit 1965/66 eine Vielzahl von durch westliche Rundfunk- und Fernsehstationen ausgestrahlten Nachrichten, Kommentaren und anderen Sendungen auf, die sich gegen die gesellschaftlichen Verhältnisse in der DDR richteten, und brachte sie ebenfalls mehreren Bürgern zu Gehör.

In der gleichen Zeit fertigte er durch die Zusammenstellung mehrerer Mitschnitte aus westlichen Kommunikationsmitteln, die Biermannsche Songs enthalten, eine Bandaufnahme an und spielte diese die gesellschaftlichen Verhältnisse und die Politik von Partei und Regierung der DDR diskriminierenden Songs in den Jahren 1970/71 ebenfalls mehreren Bürgern vor.

Zu 2.

Seit etwa 1963 führte der Beschuldigte in unregel-mäßigen Abständen auf postalischem Wege über seine in West-Berlin lebende Großmutter und über den ebenfalls dort wohnhaft gewesenen Bekannten Siedentop eine nicht mehr genau bestimmbare An-zahl der Wochenzeitschrift »Der Spiegel« illegal in die DDR ein und verbreitete diese Zeitschrift, indem er sie an Bürger auslieh oder in seiner Woh-nung zum Lesen zur Verfügung stellte. Die ge-nannte Wochenzeitschrift enthält eine Vielzahl von Artikeln, die sich gegen die gesellschaftlichen Ver-hältnisse in der DDR und gegen die Politik von Partei und Regierung im umfassendsten Sinne rich-ten.

Darüber hinaus führte er ebenfalls unter Ausnüt-zung des bereits genannten postalischen Weges ille-gal die von Biermann verfaßte und in West-Berlin verlegte »Drahtharfe« ein.

Zu 3.

In wiederholten Zusammenkünften mit den Bür-gern Rößler, Siedentop, Wetzel und Brose erklärte er in hetzerischer Absicht, daß »in der DDR keine Pressefreiheit besteht« bzw. daß »die Publikations-organe der DDR die Menschen nicht umfassend und richtig informieren«.

Die Korrespondenz mit dem Bürger Horst Mügge nutzte der Beschuldigte dazu, um in einem vom 28.8.1968 datierten Brief gegen die Hilfsaktion der Sozialistischen Bruderländer in der ČSSR zu het-zen, indem er diese Maßnahmen als »Aggression«, »Verfassungs- und Völkerrechtsbruch«, »Einmi-

*schung in die inneren Angelegenheiten« diffa-
mierte.*

*Die postalische Verbindung zu dem Zeugen Dieter
Rieger diente dem Beschuldigten ebenfalls dazu,
gegen die demokratische Entwicklung unserer sozialistischen Gesellschaftsordnung, gegen den damaligen Verfassungsentwurf und die damit im Zusammenhang stehenden Probleme und gegen die
Informationspolitik der DDR sowie gegen die Politik des Arbeiter- und Bauernstaates, die Ereignisse in der ČSSR betreffend, zu hetzen.*

*Verbrechen gemäß §§ 106, Abs. 1, Ziff. 1 und 3,63
Abs. 2 StGB.*

Aufgrund dieser so beschriebenen »Verbrechen« verurteilt der 1. Strafsenat des Bezirksgerichts Potsdam den
Angeklagten nach viertägiger Hauptverhandlung am
14. Juni 1972 »im Namen des Volkes« durch den Vorsitzenden Richter Skuppin und auf Antrag des Staatsanwalts Grützner zu einer Freiheitsstrafe von vier Jahren.
Außerdem werden das Tonbandgerät des Angeklagten,
seine Tonbänder und die in seinem Besitz befindlichen
Schriften und Bücher eingezogen.
Lutz-Peter Naumann hat sich auch in der Untersuchungshaft ständig mit den ihm unbegreiflichen Vorwür-
fen auseinandergesetzt. Er hat trotz der Gefahr, dafür
eine zusätzliche Bestrafung zu erhalten, Stellungnah-
men zu dem Verfahren abgegeben und Gedichte verfaßt. Am 9.2.1972 schreibt er, die Zukunft vorausah-
nend, u. a. folgende Sätze:

So bin ich der Ansicht, daß sich in zehn, fünfzehn Jahren die mir als Verbrechen angelasteten Handlungen aufgrund der gesellschaftlichen Entwicklung der DDR erübrigt haben werden. Tendenzen zur Tolerierung des Individuums zeichnen sich bereits heute in verschiedenen sozialistischen Ländern ab.

Er verfaßt auch mehrere Gedichte, um sie seiner Mutter zuzusenden. Jedoch wird die Weiterleitung vom MfS unterbunden. Auch das nachfolgende, um Ostern 1972 verfaßte Gedicht passiert das MfS nicht:

Nummer »52« in Zelle »38«

Dunkel sind des Schicksals Wirren,
führten uns in dieses Loch.
Nun, das soll uns nicht beirren,
lachen tun wir deshalb doch.

Schlimm, wer hier den Mut verliert.
Gott bewahre uns die Kraft,
so uns dieses nicht passiert,
all die Zeit, die wir in Haft.

Schwermut lastet, oft besinnlich,
fast zerstörend auf der Seele.
Schlaflos liegend geht man in sich,
martert sich in Selbstgequäle:

War man schließlich doch zu offen?
Sind die Menschen noch nicht reif?
Haben sie den Verstand versoffen –
oder ich, der ich's nicht begreif?

Ist nicht inzwischen lange schon
vorbei die Zeit für uns,
da kniend vor dem hohen Thron
einst duckten Hinz und Kunz?

Ein offnes Wort, ein freier Blick,
kann doch nicht schädlich sein.
Die Welt ist nicht die Republik,
wann seht ihr das mal ein?!

Nun schreit nicht gleich empört Verrat.
Es gibt auch andre Dimensionen.
Mein Volk sieht es doch Tag für Tag
und weiß, warum Antennen lohnen.

Zu kurz ist mir die starre Elle,
mit der man alle Werte mißt.
Mich drängt's vom Dunkeln stets in Helle,
wo Wahrheit nicht parteilich ist.

So sitz ich nun, weil freien Geistes,
in kaiserlichen Zuchthausmauern.
Nicht Monarchie, nein, nein, wie heißt es:
Im Staat der Arbeiter und Bauern.

Bin hier nicht ich, doch darauf pfeif ich.
Das kann mein Selbstgefühl nicht brechen.
Bin »Zweiundfünfzig« in »Achtunddreißig«,
na, wartet nur – wir werd'n uns sprechen!

Durch den Staatsratsbeschluß vom 6.10.1972 wird Lutz-Peter Naumann mit anderen politischen Häftlingen amnestiert und nach Aberkennung der DDR-Staatsbürgerschaft in die Bundesrepublik abgeschoben.

Lutz-Peter Naumann mag nicht hinnehmen, daß sein Verfolger von einst heute seiner alten Tätigkeit weiter nachgehen soll. In zwei offenen Briefen hat er ihn aufgefordert, sich zukünftig jeglicher juristischen Betätigung zu enthalten.

Verurteilung des Fritz Kunze (geb. 1908)

Beleidigung wird nach dem DDR-Strafrecht in § 137 mit Strafe bedroht.
§ 137 lautet:

Eine Beleidigung begeht, wer die persönliche Würde eines Menschen durch Beschimpfungen, Tätlichkeiten, unsittliche Belästigungen oder andere Handlungen grob mißachtet oder das Andenken eines Verstorbenen grob verletzt.

Diese seit 1968 geltende Gesetzesbestimmung hat die zuvor gültige Fassung des § 185 abgelöst, wonach »die Beleidigung« schlicht als solche unter Strafe gestellt war. Nach den Erkenntnissen der Erfassungsstelle wurde der Tatbestand der Beleidigung nur in den ersten beiden Jahrzehnten der DDR häufiger zur Ahndung politisch mißliebiger Äußerungen benutzt. Das nachfolgende Urteil des Kreisgerichts Freital, in dem der Gärtner Fritz Kunze wegen Beleidigung zu acht Monaten Haft verurteilt wurde (vgl. Dokument 16), ist uns erst nach der Wende zugegangen. Die Urteilsgründe bedürfen keiner weiteren Kommentierung.

Der Angeklagte ist 49 Jahre alt und betreibt seit 1933 in Hainsberg eine eigene Gärtnerei und Baumschule. Der

Angeklagte besuchte die Volksschule in Deutsch-Weichsel und anschließend in Pleß das Gymnasium. In Naumslau besuchte er dann die höhere Knabenschule bis zur mittleren Reife. Anschließend lernte er 2 ½ Jahre das Gärtnerhandwerk. Danach absolvierte er noch insgesamt 4 Semester der Gärtnerbauschule und legte ungefähr 1930 seine Technikerprüfung ab.

Der Angeklagte organisierte sich zum ersten Mal in seinem Leben 1947 in der VdgB, aus der er 1948/49 wegen einer Unkorrektheit eines Angestellten der VdgB austrat, 1953 jedoch wieder Mitglied wurde.

Am 4.11.1957 suchte der Bürger Lampe den Angeklagten in seiner Gärtnerei auf, um von ihm einen Obstbaum zu kaufen. Während des Kaufes begann der Angeklagte ein Gespräch und lobte die Sowjetunion ihrer großen Leistungen, die sie mit dem Start der Sputniks vollbracht hat. Lampe erwiderte ihm darauf, daß der Start des Sputnik II eine noch größere Leistung sei, da dieser Satellit einen Hund mit sich trägt. Darauf antwortete der Angeklagte sinngemäß, daß es besser gewesen wäre, sie hätten Chruschtschow mit in den Sputnik getan. Lampe ging auf die Worte des Angeklagten ein und sagte, dann könnte Chruschtschow die Friedensbotschaft noch besser verbreiten, worauf der Angeklagte nichts erwiderte.

Der festgestellte Sachverhalt beruht auf den Einlassungen des Angeklagten und der zum Zwecke des Beweises verlesenen Aussage des Zeugen Lampe Blatt 7 der Akte.

Der Angeklagte gab an, daß ihm der Name Chruschtschow gerade so eingefallen wäre und er sich bei diesem Ausspruch nichts gedacht habe. Er sei der Meinung

* Dieser und alle nachfolgenden Namen wurden geändert.

gewesen, die Satelliten kämen zur Erde zurück, so daß ja dann auch Chruschtschow mit zur Erde zurückgekommen wäre. Diese Angaben des Angeklagten können das Gericht in keiner Weise überzeugen, daß er keine politische Absicht mit diesem Ausspruch verfolgt hat. Der Angeklagte kümmert sich einesteils in keiner Weise um die politischen Belange in unserer Republik und ist dem Aufbau des Sozialismus gegenüber völlig desinteressiert. Andererseits unterhält er Beziehungen mit seiner Schwester und seinem Schwager in Westdeutschland. Aus den Briefen des Schwagers geht hervor, daß der Schwager des Angeklagten – ein ehemaliger Hauptmann der faschistischen Wehrmacht – dem Lager des Friedens und des Sozialismus geradezu feindlich gegenübersteht. Wenn auch der Angeklagte angab, daß die Verbindung hauptsächlich durch seine Frau und durch seine 12jährige Tochter aufrechterhalten wird, so konnte er sich doch von den Hetzreden in den Briefen seines Schwagers überzeugen und hatte auch nichts dagegen, daß sich vorwiegend sein Schwager solche feindlichen Briefe erlaubt, an die Familie des Angeklagten zu schreiben. Demzufolge muß auch der Angeklagte mit dem Inhalt der Briefe einverstanden gewesen sein.

Dem Angeklagten war auch bewußt, das heißt, er weiß es, daß Chruschtschow der 1. Sekretär der Kommunistischen Partei der Sowjetunion ist. Ebenso besitzt er genügend Intellekt, um zu erkennen, daß der Hund Laika als Versuchshund dem Sputnik II beigegeben wurde. Daraus ist zu erkennen, daß es dem Angeklagten nicht darauf ankam, die hervorragenden Leistungen der Sowjetunion zu loben oder zu würdigen, sondern daß er versuchte, über dieses Thema sein Gift zu verspritzen, indem er in einer äußerst raffinierten Art und Weise den Start der Sputniks zum Anlaß nahm, um einen der hervorragendsten Kämpfer für den Sozialismus und den Frieden der Menschheit herabzuwürdigen. Der Ausspruch des Angeklagten bekundet, daß er den Genossen Chruschtschow unter die Würde eines Versuchshundes stellt. Der Ausspruch des Angeklagten ist geeignet, die Ehre des Genossen Chruschtschow, darüber hinaus aber auch die Ehre aller ehrlichen und um den Sozialismus und den Weltfrieden kämpfenden Menschen, darunter auch der deutschen, zu verletzen. Er gebrauchte auch die Äußerung in der Absicht, daß andere davon Kenntnis nähmen, und wußte dabei, daß sie eine Herabwürdigung und Verächtlichmachung des 1. Sekretärs der Kommunistischen Partei der Sowjetunion darstellt.

Auf Antrag des Staatsanwaltes erkannte das Gericht wegen Beleidigung gemäß § 185 StGB auf eine Gefängnisstrafe von 8 Monaten.

Die ausgeworfene Strafe hält das Gericht für erforderlich, um dem Angeklagten und allen denen, die es versuchen ihm gleichzutun, begreiflich zu machen, daß unser Staat der Arbeiter und Bauern es nicht duldet, einen so hervorragenden Kämpfer für die Sache der Arbeiter, wie Genosse Chruschtschow, zu beleidigen und damit zugleich einen Keil in die freundschaftlichen Beziehungen zwischen dem deutschen und dem sowjetischen Volk zu treiben. Gleichzeitig soll aber auch die ausgeworfene Strafe dazu dienen, den Angeklagten zur Achtung anderer Menschen zu erziehen. Im Nutzen des Angeklagten wird es liegen, wenn ihm das heutige Strafverfahren Veranlassung gibt, über sein bisheriges Verhalten eingehend nachzudenken und zu erkennen, daß gerade die Men-

schen, die er herabzuwürdigen versucht, es sind, die ihm und seiner Familie ein Leben in Frieden und in Wohlstand sichern und schaffen wollen.

Die Anrechnung der U-Haft ergibt sich aus § 219 Abs. 2 StPO, die Kostenentscheidung aus § 353 StPO und § 2 StKVO vom 15.3.1956.

Schweede   Mähre   Hofstätter

Ausgefertigt am 3. Dez. 1967
Kreisgericht Freital
Sekretär

Unter der Überschrift »Aus dem Gerichtssaal« und dem Untertitel »Ein abgefeimter Fuchs« veröffentlichte die »Sächsische Zeitung Dresden«, Ausgabe Freital, am 6.12.1957 zu diesem Fall folgenden Gerichtsbericht:

In dem Gärtnereibesitzer Fritz Kunze aus Hainsberg hatte unser Kreisgericht einen wahren Knecht der imperialistischen Geldsäcke, einen politisch durchtriebenen und abgefeimten Fuchs vor sich. In einer seinerseits raffiniert geführten Unterhaltung stellte K. Anfang November ehrverletzende Behauptungen auf und beleidigte gehässig einen Führer der Weltfriedensbewegung.
Es versteht sich, daß die Schöffen, der Richter und der Staatsanwalt dem Hetzer Fragen stellten, durch deren notgedrungene Antworten sich der Angeklagte selbst entlarvte. K. mußte zugeben, daß er zwar im letzten Vierteljahr den Sender Dresden von Radio DDR hörte – offensichtlich vorher aber Stammkunde der Riaswellen bzw.

des Hetzsenders »Freies Berlin« war. Briefe seines Schwagers – eines ehemaligen faschistischen Offiziers, der, nach seinen Schreiben zu urteilen, allzu gerne wieder gen Ostland reiten würde – nahm er dankbar als geistige Nahrung entgegen. K. ließ sich durch solche Schmierereien aufputschen und verspritzte dieses Gift weiter.

Natürlich hatte der Angeklagte, der vor den Schranken des Gerichts als ein kläglich winselnder Kleinbürger stand, nie Zeit, sich irgendwie nach seiner Arbeit in einer gesellschaftlichen Organisation für die Sache des Friedens und unserer Republik einzusetzen. Mit einer gewissen Regelmäßigkeit war er jedoch in der Kneipe beim Skatspielen zu finden.

K. hat aufgrund des Besuchs einer höheren Knabenschule und mehrerer Semester Fachunterricht ein überdurchschnittliches Wissen und einen ausgeprägten Intellekt. Wenn K. antidemokratisch redet und dabei ehrverletzende Äußerungen tut, die letztlich zur Mordhetze führen, weiß er wie jeder andere Mensch voll und ganz, was er spricht. Belügen läßt sich unser Staat jedoch nicht – genauso wenig, wie er sich von Feinden unserer Republik ein Gramm unserer Errungenschaften wegnehmen läßt. Die Richter und Schöffen schlossen sich deshalb dem Antrag des Staatsanwalts an, K. für acht Monate hinter Schloß und Riegel ins Gefängnis zu sperren.

Widerstand gegen staatliche Maßnahmen

§ 212 lautet:

(1) Wer einen Angehörigen eines staatlichen Organs durch Gewaltanwendung oder Bedrohung mit Ge-

walt oder einem anderen erheblichen Nachteil an der pflichtgemäßen Durchführung der ihm übertragenen staatlichen Aufgaben zur Aufrechterhaltung von Ordnung und Sicherheit hindert, wird mit Freiheitsstrafe bis zu 5 Jahren oder mit Verurteilung auf Bewährung oder mit Haftstrafe bestraft.

Verurteilung des Klaus Remmer (geb. 1960)

Klaus Remmer hat ausgesagt:

Am 5. Oktober 1984 kam ich abends gegen 19.00 Uhr von einer Betriebsfeier in Genthin. Ich schob mein Motorrad, da ich Alkohol getrunken hatte. Kurz hinter dem Ort, in dem die Betriebsfeier stattfand, wurde ich durch einen Kriminalpolizisten angehalten und kontrolliert. Er gab mir zu verstehen, daß bei mir eine Blutprobe durchgeführt werden müsse. Nachdem ich angehalten worden war, traf ein Funkstreifenwagen ein. Mit diesem sollte ich zur Blutentnahme gebracht werden. Dabei leistete ich noch keinen Widerstand. Erst als mir das Blut abgenommen werden sollte, wehrte ich mich. Bei dieser Gelegenheit beschimpfte ich die Polizisten als »Scheißbullen«. Die Blutentnahme wurde letztendlich doch durchgeführt.
Noch auf dem Polizeirevier wurde mir der Haftbefehl wegen Verstoßes gegen den § 212 StGB verkündet, und ich wurde am nächsten Tag in die Untersuchungshaftanstalt nach Stendal verbracht. Am 18. November 1984 verurteilte mich das Kreisgericht Genthin wegen »Widerstandes gegen staatliche Maßnahmen und Beleidigung von Polizeibeamten« zu der vom Staatsanwalt Jacob geforderten 22monatigen Freiheitsstrafe. Meine Strafe

mußte ich bis zum 4. August 1986 in der Strafvollzugseinrichtung Leipzig verbüßen.

Ungesetzlicher Grenzübertritt (sog. Republikflucht)

§ 213 lautet:

*(1) Wer widerrechtlich die Staatsgrenze der Deutschen
Demokratischen Republik passiert oder Bestimmungen des zeitweiligen Aufenthalts in der Deutschen Demokratischen Republik sowie des Transits
durch die Deutsche Demokratische Republik verletzt, wird mit Freiheitsstrafe bis zu 2 Jahren oder mit
Verurteilung auf Bewährung, Haftstrafe oder mit
Geldstrafe bestraft.*

*(2) Ebenso wird bestraft, wer als Bürger der Deut-
schen Demokratischen Republik rechtswidrig
nicht oder nicht fristgerecht in die Deutsche Demokratische Republik zurückkehrt oder staatliche
Festlegungen über seinen Auslandsaufenthalt verletzt.*

*(3) In schweren Fällen wird der Täter mit Freiheitsstrafe
von 1 Jahr bis zu 8 Jahren bestraft. Ein schwerer Fall
liegt insbesondere vor, wenn*

*1) die Tat Leben oder Gesundheit von Menschen ge-
fährdet;*

*2) die Tat unter Mitführung von Waffen oder unter
Anwendung gefährlicher Mittel oder Methoden
erfolgt;*

*3) die Tat mit besonderer Intensität durchgeführt
wird;*

*4) die Tat durch Urkundenfälschung (§ 240), Falsch-
beurkundung (§ 242) oder durch Mißbrauch von*

Urkunden oder unter Ausnützung eines Verstecks
erfolgt;
5) die Tat zusammen mit einem anderen begangen
wird;
6) der Täter wegen ungesetzlichen Grenzübertritts
bereits bestraft ist.
(4) Vorbereitung und Versuch sind strafbar*.

In einem Sonderdruck der vertraulichen »Informationen des Obersten Gerichts der Deutschen Demokratischen Republik« von 1981 (vgl. Dokument 15, Seite 15) wird u. a. das Tatbestandsmerkmal der »besonderen Intensität« folgendermaßen erklärt:

Mit besonderer Intensität ist die Tat begangen, wenn sie mit einem erheblich über dem zum ungesetzlichen Grenzübertritt nach Abs. 1 oder 2 erforderlichen physischen Aufwand oder mit besonderen geistigen Anstrengungen erfolgt – z. B. beim Bau oder der Benutzung von Luftfahrtgerät, Booten und anderen Schwimmkörpern oder Tauchgeräten; Durchführung von Konditionstraining u. ä. – und es sich nicht um Begehungsweisen nach den Ziff. 1, 2, 4 oder 5 des Abs. 3 von § 213 StGB handelt.

Verurteilung des Klaus Stamer (geb. 1943) und des Dieter Haller (geb. 1943)
Auch in diesem Fall wird das gegen die Angeklagten ausgesprochene Urteil in seinem vollen Wortlaut wiedergegeben. Neben der juristischen Bewertung einer

* Zur Rechtslage vor 1968 vgl. § 8 des Paßgesetzes, zitiert S. 54).

gemeinschaftlichen versuchten sogenannten Republikflucht gibt es einige Einblicke in den Lebenslauf der
jungen Angeklagten und die Entwicklung des »Tatent-
schlusses«.

Im Namen des Volkes!

In der Strafsache
gegen
1. den Elektromonteur Klaus Stamer
    geb. am 7.4.1943 in Lübeck
    wohnhaft in Görlitz,
    – seit 2.9.1963 in U-Haft Görlitz –
2. den Goldschmied Dieter Haller
    geb. am ... (Original unleserlich) 1943 in Neuruppin
    wohnhaft in Görlitz,
    – seit 2.9.1963 in U-Haft Görlitz –

wegen Paßvergehen

hat die Strafkammer des Kreisgerichts Görlitz (Stadt)
in der Hauptverhandlung vom 11. u. 12.12.1963, an der
teilgenommen haben:

Richter Schmandt
als Vorsitzender

Arnold, Peter
Gries, Werner
als Schöffen

Staatsanwalt Savic
als Staatsanwalt

Justizangestellte Wrede
als Protokollführer

für Rechts erkannt:

Der Angeklagte Stamer wird wegen eines in Gemein-
schaft begangenen Versuchs, die Deutsche Demokrati-
sche Republik illegal zu verlassen, in Tateinheit mit unbe-
fugtem Betreten des Grenzgebietes gem. § 8 Abs. I und II
des Paßgesetzes i. d. Fassung v. 11.12.1957 § 3 Abs. I a
der VO über Maßnahmen zum Schutze der Staatsgrenze
zwischen der DDR und West-Berlin vom 21.6.1963, §§
47, 73 StGB zu einer Strafe von
1 – ein – Jahr Gefängnis
verurteilt.
Die Untersuchungshaft seit dem 2.9.1963 wird in voller
Höhe auf die erkannte Strafe angerechnet.
Der Angeklagte Haller wird wegen eines in Gemein-
schaft begangenen Versuches, die Deutsche Demokrati-
sche Republik illegal zu verlassen, in Tateinheit mit unbe-
fugtem Betreten des Grenzgebietes und wegen versuchter
Ausfuhr von Waren aus dem Gebiet der DDR gem. § 8
Abs. I und II des Paßgesetzes i. d. Fassung vom
11.12.1957 § 3 Abs. I a der VO über Maßnahmen zum
Schutze der Staatsgrenze zwischen der DDR und West-
Berlin vom 21.6.1963, § 2 Abs. I und II des Gesetzes zum
Schutze des innerdeutschen Handels in der Fassung vom
11.12.1957, §§ 47, 73 StGB zu einer Strafe von
1 – ein – Jahr und 1 – einem – Monat Gefängnis
verurteilt.
Die U-Haft seit dem 2.9.1963 wird ihm in voller Höhe
auf die erkannte Strafe angerechnet.

Der Angeklagte Haller wird von der Anklage eines Diebstahls von gesellschaftlichem Eigentum freigesprochen. Gem. § 40 StGB werden folgende Gegenstände eingezogen: 1 Zange, 2 Schwimmringe, 2 Lederriemen, 1 Peitschenriemen, 6,3 g 333/000 Goldblättchen, 4,4 g 333/000 Goldösen, 0,65 g 585/000 Goldösen.

Die Kosten des Verfahrens tragen die Angeklagten.

Gründe:

Beide Angeklagten sind 20 Jahre alt. Der Angeklagte Stamer stammt aus einer Arbeiterfamilie und hat die Grund- bzw. Mittelschule bis zur mittleren Reife besucht, danach erlernte er im VEB Waggonbau den Beruf eines Elektromonteurs, welchen er auch im gleichen Betrieb bis zur Inhaftierung am 2.9.1963 ausübte. Er ist Mitglied des FDGB, der FDJ, der GST und der DSF. Innerhalb der GST hat er in der Sparte Motorsport mitgearbeitet. Seit September 1962 besuchte er in der Volkshochschule einen Abiturlehrgang. An gesellschaftlichen Einsätzen, welche im Rahmen des Betriebes durchgeführt wurden, hat er sich beteiligt. Er ist ledig und nicht vorbestraft. Seit seiner Schulzeit ist er mit dem Mitangeklagten nahe befreundet.

Der Angeklagte Haller stammt aus der Familie eines selbständigen Handwerkers. Er besuchte ebenfalls die Grund- und Mittelschule und schloß mit der mittleren Reife ab. Danach erlernte er im VEB (K) Görlitzer Schmuck- und Silberwarenindustrie den Beruf eines Goldschmiedes, welchen er im gleichen Betrieb bis zur Inhaftierung am 2.9.1963 weiter ausübte.

Gemeinsam mit dem Angeklagten Stamer besuchte er die Volkshochschule, mit dem Ziel, das Abitur abzule-

gen. Er ist Mitglied in der FDJ, dem FDGB und der GST. Innerhalb der FDJ war er bis 1962 Sekretär in diesem genannten Betrieb, und nach der letzten Wahl war er als stellvertretender Sekretär eingesetzt. Seine Arbeit mit den Jugendlichen wurde als gut eingeschätzt. Er hat für die Bildung einiger Zirkel die entsprechende Initiative gezeigt. Im Jahre 1961 hat er mit Erfolg die Prüfung für das Abzeichen »Für gutes Wissen« in Silber abgelegt. Innerhalb des Betriebes hat er sich an NAW- und Landeinsätzen beteiligt. Der Angeklagte Haller ist nicht vorbestraft. Er ist ledig.

Der Angeklagte Stamer war mit einem gewissen Jobs befreundet. Letzterer verließ illegal in diesem Jahr die DDR nach West-Berlin. Er hat dem Angeklagten Stamer von dort aus eine Karte geschrieben. Auf Grund dessen hat der Angeklagte Stamer erkannt, daß auch jetzt noch eine Möglichkeit bestehen muß, die DDR in Richtung West-Berlin ohne Genehmigung zu verlassen. Mit den Maßnahmen der Regierung unseres Arbeiter- und Bauernstaates war der Angeklagte Stamer nicht einverstanden. Er sah darin eine Behinderung des Reiseverkehrs, sowohl nach West-Berlin als auch nach Westdeutschland. Außerdem war er darüber verärgert, daß er im Jahre 1962 nicht zur ABF delegiert wurde, und im Frühjahr 1963 wurde er gemustert. Auf Grund dessen hatte er damit zu rechnen, daß er das begonnene Abendstudium an der Volkshochschule während des Wehrdienstes abbrechen müßte. Dieses waren die Gründe, welche beim Angeklagten Stamer den Gedanken zum illegalen Verlassen der Republik herbeiführten.

Beide Angeklagten haben in der heutigen Hauptverhandlung zugegeben, daß sie neben dem Abhören der

Sender der DDR auch verschiedene westliche Sender hörten. Die Gründe, welche bei dem Angeklagten Haller den Entschluß reifen ließen, die DDR zu verlassen, waren einmal arbeitsorganisatorische Maßnahmen im Betrieb und damit verbundene Lohnfragen. Er war in der Lohnstufe V eingestuft worden und fühlte sich gegenüber den Kollegen, welche in der Lohnstufe VII und VIII eingestuft waren, benachteiligt. Außerdem bewohnt er mit seiner Mutter und seiner Großmutter eine 2-Zimmerwohnung mit Küche, die eine sogenannte Kellerwohnung ist. Im Mai d. Jahres waren beide Angeklagten zu einem FDGB-Urlaub in Ahlbeck. Sie haben dort zu einem anderen Bürger Verbindung aufgenommen und abgesprochen, noch einmal im August dorthin zu fahren. Die Angeklagten waren sich dahingehend einig, daß sie nach diesem letztgenannten Urlaub, die Arbeitszeit arbeiteten sie durch Überstunden heraus, auf der Rückreise in Potsdam versuchen würden, die DDR illegal zu verlassen. Der Angeklagte Stamer fuhr am 24.8.63 nach Ahlbeck, während der Angeklagte Haller am 26.8.1963 nach Potsdam fuhr, um dort einmal eine Bekannte aufzusuchen, und zum anderen hat er in diesem Zusammenhang an Hand eines Stadtplanes von Potsdam eine Stelle ausfindig gemacht, wo er der Meinung war, daß dort ein Durchkommen nach West-Berlin möglich sei. Diese Örtlichkeit hat er auch beiläufig in der Nähe des Schlosses Cäcilienhof und des Neuen Gartens besichtigt.
Am 31.8.1963 kamen beide Angeklagten in Potsdam an. Sie haben sich noch einmal gemeinsam die Gegend angesehen und sind dann in der Nacht vom 1. zum 2.9.1963 in den Neuen Garten gegangen. Sie überstiegen dann einen Bretterzaun und gingen in Richtung Jungfernsee. Teil-

weise krochen sie auch. Als sie an einem Gebüsch angekommen waren, merkten sie eine Streife der Grenzpolizei. Der von dieser Streife mitgeführte Hund hat die beiden Angeklagten aufgespürt. Seitens der Grenzsoldaten
wurden 2 Warnschüsse abgegeben, und die Angeklagten
haben sich gestellt. In Vorbereitung des illegalen Verlassens hat jeder Angeklagte einen Schwimmring gekauft.
Der Angeklagte Haller besorgte eine Zange, um eventu-
elle Drahthindernisse zu zerschneiden. Außerdem besorgte er einige Lederriemen, an denen sie die Sachen
bzw. die Tasche befestigen wollten. Diese Sachen wollten
die Angeklagten schwimmend hinter sich herziehen.
Auf Grund seiner Tätigkeit als Goldschmied war der Angeklagte Haller im Besitz eines Ringrohlings, welchen er
aus 2 Trauringen zusammengelötet hatte. Diesen Gegenstand trug er bei seiner Festnahme bei sich. Außerdem
hatte er in seinem Besitz 6,3 g 333/000 Goldblättchen,
4,4 g 333/000 Goldöschen und 0,65 g 585/000 Goldöschen. Er hatte die Absicht, dieses Edelmetall in West-Berlin zu verkaufen, um zum Anfang über Geld verfügen zu
können.
Dieser Sachverhalt wurde von der Strafkammer in der
Beweisaufnahme durch die Einlassungen der Angeklagten festgestellt.
Beide Angeklagten haben die Sicherheit der Staatsgrenze
der DDR angegriffen. Sie hatten keine erforderliche Genehmigung für das Verlassen der DDR. Beiden Angeklagten war bekannt, daß es verboten ist, in das zur Sicherung der Staatsgrenze geschaffene Grenzgebiet einzu-
dringen. Außerdem hielten sie sich unberechtigt dort
auf. Durch das Eingreifen der Grenzsicherheitsorgane
wurden die Angeklagten daran gehindert, das Gebiet der

DDR zu verlassen, d. h., ihr Vorhaben wurde im Stadium des Versuches entdeckt, und es gelang ihnen demzufolge nicht, diese strafbare Handlung zu vollenden.

Beide Angeklagten haben diese Versuchshandlung bewußt unternommen. Demzufolge waren sie wegen eines versuchten illegalen Verlassens der DDR in Tateinheit mit unbefugtem Betreten des Grenzgebietes gem. § 8 Abs. I und II des Paßgesetzes i. d. F. vom 11.12.1957 und gem. § 3 Abs. I a der VO über Maßnahmen zum Schutz der Staatsgrenze zwischen der Deutschen Demokratischen Republik und West-Berlin vom 21.6.1963 strafrechtlich zur Verantwortung zu ziehen.

Gem. § 73 StGB wurde die Strafe aus § 8 des Paßgesetzes i. d. F. vom 11.12.1957 entnommen. Beide Angeklagten haben gemeinschaftlich gehandelt (§ 47 StGB).

Darüber hinaus hat der Angeklagte Haller versucht, eine kleine Menge Gold aus dem Währungsgebiet der Deutschen Mark der Deutschen Notenbank auszuführen. Gem. § 5 der 3. Durchführungsbestimmung zu dem Gesetz zum Schutze des innerdeutschen Handels gehören Edelmetalle zu den Waren, deren unerlaubter Transport den verschärften Strafbestimmungen unterliegt. Der Angeklagte Haller hat diese Goldmenge mitgenommen, um in West-Berlin diese zu verkaufen. Diese Handlungsweise hat er vorsätzlich durchgeführt. Somit handelte er auch in Tateinheit diesbezüglich zu dem versuchten illegalen Verlassen der DDR. Er war auch nach § 2 Abs. I und II des Gesetzes zum Schutze des innerdeutschen Handels in der Fassung vom 11.12.1957 strafrechtlich zur Verantwortung zu ziehen.

Von der Anklage, einen Diebstahl vom gesellschaftlichen Eigentum hinsichtlich der genannten Goldblätt-

chen und -ösen begangen zu haben, war er gem. § 221 Ziff. 3 StPO freizusprechen, da ihm nicht nachzuweisen war, daß er diese Gegenstände sich rechtswidrig im VEB (K) Görlitzer Schmuck- und Silberwarenindustrie angeeignet hat. Der Zeuge Domnick erklärte hierzu, daß es nicht möglich sei bzw. über einen großen Zeitraum hinweg nur möglich sei, diese Menge zu entwenden.

Die Handlungsweise beider Angeklagten zeigt, daß sich die Angeklagten sehr sorgfältig auf diesen Grenzdurchbruch vorbereitet haben. Am 13.8.1961 wurden seitens der Regierung der DDR Maßnahmen eingeleitet, um die Sicherheit unseres Staates herbeizuführen. Bis zu diesem Zeitpunkt wurde vielfältig bewiesen, daß von West-Berlin aus die DDR organisiert geschädigt wurde. Dies geschah durch Abwerbung qualifizierter Fachkräfte, durch den Schwindelkurs sowie durch Einschleusung von Agenten des westdeutschen Geheimdienstes sowie Geheimdienste westlicher Mächte. Alle diese verbrecherischen Anschläge hatten das Ziel, die sozialistische Gesellschaftsordnung in der DDR zu beseitigen. Die Angeklagten wollten unserem Arbeiter- und Bauernstaat, in dem sie die Möglichkeit hatten, einen Beruf zu erlernen und sich auch weiterzuqualifizieren, den Rücken kehren und wollten ihre Arbeitskraft dem Staat zur Verfügung stellen, dessen herrschende Kreise ganz offen zum Ausdruck bringen, die Deutsche Demokratische Republik gewaltsam in die Bundesrepublik einzubeziehen. Sie wollten die kapitalistischen Verhältnisse auf dem Gebiet der DDR wieder errichten.

Auf Grund der hohen Gesellschaftsgefährlichkeit wurde dem Antrag des Staatsanwaltes auf eine Gefängnisstrafe von 1 Jahr für den Angeklagten Stamer entsprochen.

Dies gilt auch im Prinzip hinsichtlich der Festsetzung der Strafe für den Angeklagten Haller. Die Strafkammer ist jedoch nicht der Meinung, eine Strafe von 1 Jahr und 3 Monaten für den letztgenannten Angeklagten auszusprechen. Die von diesem Angeklagten mitgeführte Goldmenge war mengenmäßig gering, deshalb wurde auf eine Freiheitsstrafe erkannt, die 1 Monat höher als die des Angeklagten Stamer liegt.

Die Untersuchungshaft konnte in vollem Maße den Angeklagten angerechnet werden, da sie in keiner Weise die Ermittlungen verzögerten (219 Abs. II StPO). Gem. § 40 StGB waren die Gegenstände einzuziehen, welche die Angeklagten zur Begehung der Tat bestimmt hatten, d. h., mit der Zange wollten sie entsprechende Drahthindernisse beseitigen, die Schwimmringe und die Riemen sollten den Angeklagten beim Durchqueren des Jungfernsees dienlich sein. Außerdem war das vom Angeklagten mitgeführte Edelmetall zu beschlagnahmen, da er dieses ausführen wollte. Die Kostenentscheidung beruht auf §§ 353, 354 StPO, i. V. m. § 8 StKVO.

Verurteilung des Anton Frenzel (geb. 1953) und Helmut Wilke (geb. 1956)

Im »Namen des Volkes« verkündet Richter Rabe auf Antrag von Staatsanwalt Enger am 15.12.1972 gegen die 16 bzw. 19 Jahre alten Angeklagten folgendes Urteil des Kreisgerichts Aue:

Wegen versuchten ungesetzlichen Grenzübertritts im schweren Fall (Vergehen gemäß §§ 213 Abs. 1 u 2 Ziff. 1 u 3 u Abs. 3, 65, 66 StGB) werden verurteilt:

154

Der Angeklagte Frenzel zu 2 Jahren Freiheitsstrafe
Der Angeklagte Wilke zu 1 Jahr und 3 Monaten Frei-
heitsstrafe.
Gemäß § 56 Abs. 1 StGB werden die 2 beschlagnahm-
ten Autokarten von Gebieten der ČSSR eingezogen.
Die Auslagen des Verfahrens haben die Angeklagten
als Gesamtschuldner zu tragen.

Die Gründe dieses Urteils gegen den 19jährigen Angeklagten Frenzel und den 16jährigen Angeklagten Wilke
lauten auszugsweise wie folgt:

Am 10.10.1972 beschlossen beide Angeklagten, am
14.10.1972 unter Ausnützung des visafreien Reisever-
kehrs in die ČSSR einzureisen, um dann entsprechend
ihres Planes die Grenze der ČSSR zur BRD im Raum
Ztar gewaltsam zu durchbrechen. Frenzel erteilte noch
Wilke den Auftrag, zwecks Beseitigung der Grenzsiche-
rungsanlagen einen Bolzenschneider einzukaufen. Die-
ser tat dies auch am 13.10.1972. Beide tauschten auf der
Bank noch das entsprechende Bargeld um und setzten
am 14.10.1972 ihr Vorhaben in die Tat um. Anhand des
Fluchtweges, den sie auf der Karte eingetragen hatten,
fuhren sie über Oberwiesenthal, Karlova Vary, Ma-
rianske Lazne, Plana Tachov Ztar, wo sie gegen 17.00
Uhr in einem Waldgrundstück in der Nähe der Grenze
der ČSSR/BRD ihr Moped abstellten. Es handelte sich
dabei um das Moped des Angeklagten Frenzel. Er über-
nahm schließlich die Führung in Richtung Grenze, und
als beide auf die Grenzsicherungsanlagen stießen, über-
wanden sie durch Überlegen eines Baumes einen geegg-
ten Streifen. Beide waren der Meinung, daß dieser Strei-

fen vermint war. Unmittelbar hinter diesem Streifen befand sich das erste Drahthindernis. Der Angeklagte Frenzel war es, der mittels Bolzenschneider eine Lücke in dieses Hindernis schnitt. Durch diese Öffnung krochen dann beide Angeklagte hindurch und rannten in Richtung Grenzpunkt. Zwischenzeitlich hatten Sicherungsorgane der ČSSR den versuchten Grenzdurchbruch entdeckt, und bevor beide Angeklagte das zweite Drahthindernis erreichten, wurden sie von den Sicherheitsorganen der ČSSR gestellt. Bei der Festnahme gab Frenzel dem Wilke noch zu verstehen, daß er den Bolzenschneider wegwirft, damit dieser nicht noch als belastendes Material verwendet werden kann. Dieser Aufforderung kam Wilke auch nach. Entsprechend dem Festnahmeprotokoll geschah die Festnahme am 14.12.1972 gegen 18.00 Uhr in einer Entfernung von ca. 300 Meter vor der Staatsgrenze der ČSSR/BRD unmittelbar innerhalb der Grenzsicherungsanlagen. Als Motiv gab der Angeklagte Frenzel bereits in seiner 1. Vernehmung und auch in der Hauptverhandlung an, daß er deshalb nach der BRD flüchten wollte, weil er der Meinung war, daß man dort besser leben kann als bei uns, und Wilke gab an, daß er diese Flucht mit unternahm, weil es Schwierigkeiten in der Schule gab und zu Hause eine Konfliktsituation bestand.

Dieser Sachverhalt wurde in der Hauptverhandlung festgestellt. Er beruht auf den Aussagen der Angeklagten, die geständig waren, weiterhin auf den Aussagen der Kollektivvertreter und der Mutter des Angeklagten Wilke. Zu Problemen der Erziehung des jugendlichen Angeklagten wurde die Vertreterin des Ref. Jugendhilfe Frau Bieler gehört.

Entsprechend den getroffenen Feststellungen waren beide Angeklagten unter Beachtung ihrer Schuld und des individuellen Tatbeitrages straffällig rechtlich zur Verantwortung zu ziehen. Die Schuldfähigkeit des jugendlichen Angeklagten war gemäß § 66 StGB zu bejahen. Er war sich, besonders unter Beachtung der vom Mitangeklagten Frenzel ihm gegebenen Hinweise, der Strafbarkeit dieser Handlungen völlig bewußt. Beide Angeklagte erfüllten durch ihr Handeln am 14.10.1972 den Tatbestand des versuchten ungesetzlichen Grenzübertritts im schweren Fall gemäß § 213 Abs. 1 und 2, Ziff. 1 und 3 StGB. Es war ihr geplantes Ziel, ohne staatliche Genehmigung das Gebiet der Deutschen Demokratischen Republik für immer zu verlassen. Der schwere Fall wird dadurch noch begründet, daß die Tat innerhalb einer Gruppe vorbereitet und auch durchgeführt wurde und daß im Ergebnis dessen nicht nur geeignete Werkzeuge zur Beschädigung von Grenzsicherungsanlagen mitgeführt wurden, sondern die Grenzsicherungsanlagen auch beschädigt wurden.

Die von beiden Angeklagten begangene Tat ist äußerst gesellschaftswidrig. Sie richtet sich gegen die Ordnung und Sicherheit an unserer Staatsgrenze und auch der Staatsgrenze der ČSSR. Im vorliegenden Fall wurde die Tat sogar noch unter Ausnutzung des visafreien Reiseverkehrs durchgeführt. Gerade hinsichtlich der Vorbereitung und Planung trat der Angeklagte Frenzel sehr aktiv und intensiv auf. Er war es nämlich, der den Fluchtweg nicht nur festlegte, sondern vordem auch auskundschaftete. Erst im Ergebnis dessen entschloß sich Wilke, unter dem Einfluß des Frenzel stehend, mit zu dieser Handlung. Diese planmäßige Vorbereitung auf den 14.10.1972 und das zielgerichtete Vorgehen auch am Tattage selbst beweisen die hohe Schuld beider Angeklagten.

Die erhebliche Tatschwere wird aber auch durch das objektive Tatgeschehen charakterisiert. Die Angeklagten schreckten nicht davor zurück, im unmittelbaren Grenzbereich Grenzsicherungsanlagen zu beschädigen. Insgesamt ergibt sich aus dem Tatverlauf eine erhebliche Tatschwere, wobei der Angeklagte Frenzel zweifelsohne einen weitaus höheren Anteil hatte als der Angeklagte Wilke. Deshalb konnte das Gericht auch dem Antrag des Verteidigers des Angeklagten Frenzel nicht stattgeben, der einen weitaus niedrigeren Antrag der Bestrafung befürwortete. Es mußte vielmehr davon ausgegangen werden, daß durch diese Handlungsweise beider Angeklagten im unmittelbaren Grenzgebiet es ohne weiteres zu einer erheblichen Provokation kommen konnte und daß dabei auch das Leben der Angehörigen der Grenzsicherungsorgane mitgefährdet werden konnte. Die Angeklagten brachten mit ihrem Handeln nicht nur sich selbst, sondern auch andere in Gefahr.

Die Tatschwere wird auch nicht dadurch gemindert, wie dies vom Verteidiger des jugendlichen Angeklagten Wilke dargelegt wurde, indem dieser diese Haltung aus einer Konfliktsituation beging. Insgesamt brachte die Hauptverhandlung zum Ausdruck, daß beide Angeklagte keine gefestigte Grundeinstellung zu unserer Republik besitzen und daß besonders der Angeklagte Frenzel stark dem westlichen Einfluß unterlag. Zum Zwecke der Umerziehung beider Angeklagten und zur strikten Einhaltung der Sicherheit an unserer Staatsgrenze und der Staatsgrenze der sozialistischen Länder, aber auch zum Zwecke der Vorbeugung gegenüber denjenigen Bürgern, die zu diesen Handlungen neigen, hielt das Gericht den Ausspruch von Freiheitsstrafen für erforderlich ...

Verurteilung des Bertold Starke (geb. 1953)

Am 8.5.1972 fährt Bertold Starke von Berlin-Ost mit dem Zug nach Prag. Während der Fahrt wird er auf dem Bahnhof Bad-Schandau im Zug von Grenzsoldaten der DDR überprüft. Da er nur eine einfache Fahrkarte nach Prag gelöst hat, also keine Rückfahrkarte besitzt, wird ihm unterstellt, daß er die DDR illegal verlassen will. Diese Absicht hat er schließlich eingestanden. Das Kreisgericht Potsdam-Stadt verurteilt ihn am 14.6.1972 wegen versuchter Republikflucht zu einem Jahr Freiheitsstrafe. Davon hat Starke neun Monate verbüßt. Die Reststrafe wird aufgrund einer Amnestie nach dem Tode von Walter Ulbricht (1.8.1973) erlassen.

Bertold Starke hat angegeben, er sei zur Untersuchungshaft zunächst in das Polizeigefängnis Dresden, Schießgasse, gebracht worden und habe dort 14 Tage Aufenthalt gehabt. Mit dem sogenannten »Otto-Grothewohl-Expreß«, einem umgebauten Personenwagen der Reichsbahn für Gefangenentransporte, sei er über Berlin, Brandenburg nach Potsdam in das dortige Untersuchungsgefängnis überführt worden. Dort sei er bis Ende August 1972 verblieben, dann habe man ihn der Strafvollzugseinrichtung Bitterfeld zugeführt. Er habe dort in Baracke A gewohnt und sei im Gleisbau des Braunkohlenkombinats Bitterfeld eingesetzt gewesen. In Bitterfeld sei er auch vom Aufsichtspersonal geschlagen worden, weil man mit seiner Arbeitsleistung nicht zufrieden war. Einmal habe man ihn an einem Heizkörperteil »quergeschlossen«. Dies bedeutete, daß er nur in gebückter Haltung vor dem Heizkörper stehen konnte. Der Grund dafür sei gewesen, daß er unberechtigterweise aus dem Fenster geblickt hatte.

Im Dezember 1988 hat Bertold Starke die Flucht nochmals versucht und dazu berichtet:

Am 12.12.1988 fuhr ich mit meinem PKW zunächst bis Teltow in Richtung Bahnhof. Dort endet das Gleis der Reichsbahn in Richtung Berlin. Ich kam am 12.12.1988 gegen 1.00 Uhr am genannten Ort an und habe mich dann eine Zeitlang versteckt. Ich versuchte dann über die dort vorhandenen Grenzzäune nach Berlin-West zu gelangen. Ich hatte bereits die Zäune im Vorfeld des hohen Streckmetallgitterzauns überwunden und wollte nun das letzte Hindernis nehmen. Ich hatte schon den letzten Zaun erreicht, es gelang mir aber nicht, die Oberkante zu ergreifen und mich hochzuziehen. Vorher war noch ein Wachhund der Grenzsoldaten auf mich aufmerksam geworden, als ich in der Nähe des Signalzaunes war. Er hat aber kaum gebellt. Als ich mich nun vor dem Zaun befand, kamen insgesamt acht Grenzsoldaten und nahmen mich fest. Ich hatte noch keinerlei Sachen über den Zaun geworfen. Ich wurde mehrfach angerufen, und es wurde auch geschossen. Ich habe aber nicht bemerkt, daß die Schüsse in meiner Nähe einschlugen.

Aufgrund dieses Fluchtversuches wird Bertold Starke am 24.2.1989 vom Kreisgericht Potsdam-Stadt zu einem Jahr und vier Monaten Freiheitsstrafe verurteilt. Nach Verbüßung von achteinhalb Monaten wird er von der Bundesrepublik freigekauft und abgeschoben.

Verurteilung des Dieter Reeder (geb. 1945)

Dieter Reeder aus Braunschweig ist ein großer, kräftiger Mann, geistig sehr beweglich und unternehmungslustig. Er weiß, »wo es langgeht«, und kann mit geduldiger Beharrlichkeit seine Ziele verfolgen. Das war im Jahre 1976 so wie heute. Dieter Reeder, der den Autoren persönlich bekannt ist, ist aber heute auch ein Verfolgter und Getriebener zugleich. Verfolgt wird er noch immer von den Alpträumen der Inhaftierung, getrieben von der Suche nach den für seine Inhaftierung Verantwortlichen. Er kommt nicht los von dem Gedanken, verraten worden zu sein. Er sucht die »Wahrheit« seit Jahren.

Im August 1976 fährt Dieter Reeder zu Verwandten eines Freundes nach Bernau bei Ost-Berlin und lernt dort im Hause eine junge Frau kennen. Seine Sympathie wird erwidert, und schon bald spricht man von einem Ausreiseantrag und für den Fall der Ablehnung: von Flucht. Dieter Reeder will sich das überlegen und warnt die junge Frau vorsorglich, darüber weder mit der Mutter noch der besten Freundin zu sprechen.

Drei bis vier weitere Besuche in Bernau folgen. Dieter Reeder und Vera Mang kommen sich näher, sind aber mit ihren Plänen nicht weitergekommen. Die Idee, seine Freundin in einem umgebauten PKW in den Westen zu bringen, hat er wegen der damit verbundenen Gefahren wieder verworfen. So stellt er nun Überlegungen an, ob er Vera möglicherweise mit einem gefälschten bundesrepublikanischen Paß und falschem Einreisevisum nach Polen reisen und von dort herausfliegen lassen kann. Er hat noch keine Vorstellung, wie man zu einem gefälschten Paß kommt, und schickt zunächst seinen Freund Artur Boll nach Polen. Dieser soll sich über die Modalitäten der dortigen Grenzabfertigung informieren. Schließlich fährt er selbst nach Kattowitz und trifft dort in einem Hotel mit seiner Freundin zusammen.

Über die Gedanken hinaus ist noch nichts Konkretes zur Umsetzung des Fluchtvorhabens geschehen. Wieder zu Hause, weiht er einen weiteren Freund in sein Vorhaben ein. Es könnte – so vermutet er noch heute – sein Fehler gewesen sein.

Am 23.12.1976 fährt D. Reeder erneut Richtung Kattowitz. Er möchte dort zusammen mit Vera Mang das Weihnachtsfest verbringen. In Nachtarbeit hat er zuvor noch letzte Aufträge seiner Kunden erledigt und ist schon 30 Stunden auf den Beinen, als er gegen 19.00 Uhr Frankfurt/Oder erreicht. Dort wird er ohne jede nähere Erklärung festgenommen und muß mehrere Stunden warten. Schließlich treffen drei Angehörige des MfS ein. Sie machen kein Hehl daraus, daß sie ihn – wie es tatsächlich seine frühere Absicht war – am Grenzkontrollpunkt Görlitz erwartet hatten. Dieter Reeder wird bis morgens fünf Uhr ununterbrochen vernommen.

Er berichtet:

Die Vernehmer wußten alles über meine Fluchthilfeabsichten. Sie spielten gleichsam mit verteilten Rollen: einer drohend, einer besänftigend, einer die Entlassung versprechend, wenn ich auspacken würde. Ich sollte mich des »staatsfeindlichen Menschenhandels« nach § 105 StGB/DDR schuldig gemacht haben. Mir wurde erklärt, daß »die Tat bereits als vollendet zu betrachten ist, sobald man mit einem Gedanken daran gerührt hat«. Wegen einer Unklarheit habe ich dann die Unterschrift unter das 21seitige Vernehmungsprotokoll verweigert.

Am 24.12.1976 verkündete mir die Haftrichterin in Frankfurt/Oder einen Haftbefehl, und ich wurde in Untersuchungshaft gebracht. Dort bin ich zunächst in den Hungerstreik getreten, was mir zusätzlich Probleme einbrachte.

Als ich einen Tag nach Weihnachten einen Rechtsanwalt sprechen oder an die ständige Vertretung der Bundesrepublik in Ost-Berlin schreiben wollte, antwortete man, das habe noch Zeit. Schließlich erhielt ich Papier und schrieb an die »Ständige Vertretung der Bundesrepublik Deutschland« in Ost-Berlin. 14 Tage später wurde mir mein Brief von einem Gefängnisbeamten zurückgegeben mit dem Hinweis: »Das heißt ›BRD‹ und nicht ›Bundesrepublik Deutschland‹.« Ich sollte die Adresse entsprechend berichtigen. Ich weigerte mich. Der Brief ist dann mit erheblicher Verzögerung doch noch angekommen.

Die von mir dagegen eingelegte Beschwerde, daß ich noch keinen Anwalt bekommen hatte, wurde nicht bearbeitet. Man ließ mich schmoren.

Auch in der Untersuchungshaft wurde ich außer an den Wochenenden an jedem Vor- und Nachmittag jeweils drei bis vier Stunden verhört. Das dauerte etwa acht Wochen. Jeder Sachverhalt war Gegenstand von wenigstens drei Vernehmungen. Am Ende habe ich die Unterschriften unter die Protokolle wieder verweigert und habe über Kleinigkeiten stundenlange Diskussionen verursacht.

In der Untersuchungshaft befand ich mich in einer Zweimannzelle. Die Betten mußten nach dem Aufstehen hochgeklappt und durften tagsüber nicht benutzt werden. Die Zelle war völlig überheizt und nicht belüftbar. Allein dies wirkte sich zur Qual aus. Ich forderte Lesestoff und erhielt ständig sozialistische Literatur, bis ich sie nicht mehr sehen konnte. Das Essen war mangelhaft und vitaminarm, die Folge war ein massiver Zahnfleischschwund. Um diesen zu bekämpfen, erhielten wir vom Sanitäter eine Salbe, mit der Anweisung, sie ins Zahnfleisch zu massieren. Ich hatte bereits nach zwei Monaten eine schwere Vereiterung an den Schneidezähnen.

Zum täglichen Ausgang wurden wir einzeln in eine Art Zwinger geführt, der nach oben eine Metallgitterabdeckung hatte. Eines Tages schrie ich während meines Auslaufs »Scheißladen« und wurde sofort auf meine Zelle gebracht. Man hatte wohl seine Erfahrungen und merkte, daß ich kurz vor dem Zusammenbruch stand. Gegen 19.00 Uhr kam der OvD (Offizier vom Dienst), den ich »Provokateur vom Dienst« nannte, und fragte, ob alles in Ordnung sei. Ich schmiß ihm meine Tomate, welche ich zum Abendessen erhalten hatte (nach vielen Tagen ohne vitaminhaltige Kost erschien mir diese Tomate wie reiner Hohn) an den Kopf, packte ihn an Jacke und Hose und warf ihn in die Ecke.

In der Nacht glaubte ich nun, Gas ausströmen zu hören. Stimmen sprachen zu mir und ich zu ihnen. Ich versuchte, meine Lippen festzuhalten, um mich zu beherrschen. Es gelang mir nicht. In einem »offenen Traum« zogen an mir in einer apokalyptischen Art Bilder vorbei, von der Kindheit, meiner Festnahme usw. usw. Ich glaube, daß ich vor Angst und Wahnsinn schrie ... Am nächsten Morgen brachte man mich in eine andere, besser ausgestattete Zelle. Dann erschien der Anstaltsarzt. Er wollte mir eine Beruhigungsspritze verabreichen. Ich hatte diesen Arzt schon einmal abgelehnt, weil er zu mir geäußert hatte, daß ich schließlich wisse, warum ich »hier« sei, und darum müsse ich gewisse Dinge hinnehmen. Ich hatte ihm damals entgegnet, er solle sich auf seine medizinische Tätigkeit beschränken. Nun wollte ich mit ihm nichts mehr zu tun haben und lehnte es ab, mir eine Spritze geben zu lassen. Schließlich überwältigten mich acht Wärter, weil ich tobte und die Spritze nicht wollte. Meine vereiterten Vorderzähne schlugen sie mir ein. Eine zahnärztliche Behandlung habe ich nicht erhalten. Ich trage heute eine Prothese. Nach meinem Zusammenbruch verbrachte ich 14 Tage auf der Krankenstation.

Unbeeinträchtigt von meinem Zusammenbruch, habe ich zu verschiedenen Zeiten Kinder nach ihren Eltern schreien hören. Offenbar waren jeweils beide Eltern inhaftiert und von ihren Kindern getrennt worden.

Etwa zwei Monate nach meiner Verhaftung hatte ich Besuch von Rechtsanwalt Heyn, der in Untervollmacht des von mir gewünschten Rechtsanwalts Vogel kam. Ich gewann Vertrauen zu ihm, er sagte aber ganz deutlich, daß er wenig für mich machen könne. Gleich zu Anfang hatte er mir ganz leise zugeflüstert: »Wir müssen vorsichtig sein, in der Sprechzelle sind Wanzen.«

Meine Verhandlung fand am 21.4.1977 vor dem Bezirksgericht Frankfurt/Oder statt. Schon im Flur vor dem Sitzungssaal raunte mir mein Verteidiger zu, daß gegen mich ein Strafmaß von drei Jahren und vier Monaten verhängt würde. Er hatte zwei Stunden vor dem Termin Akteneinsicht erhalten und wohl noch mit dem Staatsanwalt gesprochen.

Tatsächlich beantragte Staatsanwalt Rau diese Strafe, und Richter Schmidt entsprach dem Antrag. Gestützt wurde das Urteil auf »staatsfeindlichen Menschenhandel« gem. § 105 StGB. Dabei legte man mir eine Art bandenmäßige Tatbegehung zur Last, weil ich meinen Freund Artur Boll nach Polen geschickt hatte.

Ich hatte nicht vor, gegen das Urteil Berufung zu erheben. Jedoch riet mir mein Rechtsanwalt einige Tage später dazu, und ich willigte ein. Angeblich war er von Rechtsanwalt Vogel beauftragt worden, die Berufung einzulegen, da sie Erfolg versprach.

Zu meinem Erstaunen erhielt ich etwa im Juli 1977 die Mitteilung, das Oberste Gericht habe mein Urteil auf zwei Jahre und acht Monate gekürzt und meine Straftat als »Vorbereitung zur Beihilfe zum ungesetzlichen Grenzübertritt« ausgelegt.

Ich wurde anschließend in die Strafanstalt Rummelsburg verlegt und bereits Ende Oktober 1977 per Sammeltransport in die Bundesrepublik abgeschoben.

Vermutlich verdanke ich die frühe Entlassung meinem nervlichen Zustand, mit dem ich in der Vollzugsanstalt immer wieder Schwierigkeiten bereitet hatte. Wenig später erfuhr ich, daß Vera Mang schon einen Tag vor mir verhaftet worden und danach zu einer Freiheitsstrafe von zwei Jahren und zwei Monaten verurteilt worden war. Auch sie wurde vorzeitig in die Bundesrepublik abgeschoben.

Beeinträchtigung staatlicher oder gesellschaftlicher Tätigkeit

§ 214 lautet:

(1) Wer die Tätigkeit staatlicher Organe durch Gewalt oder Drohungen beeinträchtigt oder in einer die öffentliche Ordnung gefährdenden Weise eine Mißachtung der Gesetze bekundet oder zur Mißachtung der Gesetze auffordert, wird mit Freiheitsstrafe bis zu 3 Jahren oder mit Verurteilung auf Bewährung, Haftstrafe, Geldstrafe oder mit öffentlichem Tadel bestraft.

(2) Ebenso wird bestraft, wer gegen Bürger wegen ihrer staatlichen oder gesellschaftlichen Tätigkeit oder wegen ihres Eintretens für die öffentliche Ordnung und Sicherheit mit Tätlichkeiten vorgeht oder solche androht.

(3) Wer zusammen mit anderen eine Tat nach den Abs. 1 oder 2 begeht, wird mit Freiheitsstrafe bis zu 5 Jahren bestraft.

(4) Ist die Tatbeteiligung von untergeordneter Bedeutung, kann der Täter mit Verurteilung auf Bewährung, Haftstrafe oder Geldstrafe bestraft werden.

(5) Der Versuch ist strafbar.

Verurteilung des Emil Redecker (geb. 1943)

Emil Redecker hat ausgesagt:

Ab Januar 1984 stellte ich zusammen mit meiner Ehefrau in regelmäßigen Abständen Ausreiseanträge. Durch den Rat des Kreises, Abteilung Inneres, wurden wir mehr-

mals auf die Dienststelle einbestellt. In Gesprächen teilte man uns mit, daß unsere Anträge abgelehnt seien. Trotz dieser Ablehnung stellten wir weitere Anträge.

Im beruflichen und privaten Leben hatten wir danach immer mehr Schwierigkeiten. Selbst gute Bekannte zogen sich von uns zurück.

Ab Mai 1985 stellten wir täglich einen Ausreiseantrag an die Behörden. Insgesamt waren dies 61 Anträge.

Im März 1984 traten wir dann aus allen öffentlichen Organisationen der DDR aus. Ab diesem Zeitpunkt hatte ich im Rückfenster meines PKWs ein Schild mit dem Buchstaben »A« angebracht. Aus dem westdeutschen Fernsehen war mir bekannt, daß der Buchstabe »A« das offizielle Zeichen der Ausreisewilligen ist. Von seiten der Behörden kam keinerlei Reaktion auf das Anbringen dieses Schildes. Ich glaube, daß ein Großteil der Bevölkerung das Schild als Anfängerzeichen auslegte.

Nachdem auf unsere Anträge keinerlei Reaktion kam, wollte ich mit unserem Problem in die Öffentlichkeit gehen. Zu diesem Zweck befestigte ich zwei Schilder mit dem Buchstaben »A« an unserem Wohnungsfenster. Diese Schilder waren so angebracht, daß sie von Passanten gut gesehen werden konnten.

Am 21. Juni 1985 gegen 18.45 Uhr klingelte es an unserer Wohnungstür. Als ich die Wohnungstüre öffnete, standen vier Männer vor der Türe. Sie stellten sich als Beamte der Staatssicherheit vor und baten mich, »zur Klärung eines Sachverhaltes« mit auf ihre Dienststelle zu kommen. Im Fahrzeug der Staatssicherheit fuhren wir nach Schwerin. Noch am Abend des 21. Juni 1985 begannen die Vernehmungen. Diese Verhöre erstreckten sich auf unsere Beziehungen zu Bekannten und Verwandten innerhalb und *außerhalb der DDR. Sie wurden von mehreren Beamten durchgeführt.*

In den Vernehmungen wurde immer auf Verstöße gegen § 214 StGB abgehoben. Man warf uns vor, durch das Anbringen der »A-Schilder« versucht zu haben, die Behörden der DDR zu beeinträchtigen.

Die Verhandlung gegen mich und meine Ehefrau fand am 4.8.1985 vor dem Kreisgericht Schwerin statt. Vorsitzender Richter war Herr Drews. Als Staatsanwalt fungierte Herr Poikat.

Ich wurde gemäß § 214 StGB wegen »Beeinträchtigung staatlicher oder gesellschaftlicher Tätigkeit« zu 15 Monaten Haft verurteilt. Meine Ehefrau erhielt 3500,— Mark Geldstrafe. Die Verhandlung fand unter Ausschluß der Öffentlichkeit statt.

Dokument 17 zeigt hierzu ein Muster einer Vernehmungsanweisung des Staatssicherheitsdienstes zur »Erarbeitung eines Persönlichkeitsbildes«, das der Erfassungsstelle nach der Wende zugespielt wurde.

Verurteilung des Thomas Schmied (geb. 1967)

Thomas Schmied hat bereits im Juli 1986 einen Ausreiseantrag gestellt. Die Entscheidung wurde jedoch von Monat zu Monat aufgeschoben. Am 7.10.1987 schließlich will Thomas Schmied dies nicht mehr hinnehmen. Er hängt aus seinem Wohnungsfenster ein Plakat mit der Aufschrift: »Wenn Recht zu Unrecht wird, wird Widerstand zur Pflicht!« Nach zwei Stunden erscheinen drei Angehörige des Staatssicherheitsdienstes, entfernen das Plakat und nehmen ihn fest.

Thomas Schmied wird bei seiner Vernehmung vorgeworfen, mit dem Plakat den Staat rechtswidrig genötigt zu haben. Erstaunlicherweise wird er nach der Vernehmung wieder nach Hause entlassen.

Schließlich erhält er am 15.12.1987 die Genehmigung zur Ausreise für den 18.12.1987.

Thomas Schmied muß vor Verlassen der DDR seinen Wehrpaß abgeben. Als er dies am 16.12.1987 auf dem Wehrkreiskommando Karl-Marx-Stadt tun will, wird er erneut festgenommen und in die Untersuchungshaftanstalt des Staatssicherheitsdienstes in Karl-Marx-Stadt eingewiesen. Der Haftbefehl stützt sich auf den Vorwurf, durch das Aushängen des Plakates einen Verstoß gegen § 214 StGB begangen zu haben. Im Februar 1988 wird Thomas Schmied vom Kreisgericht Karl-Marx-Stadt/Süd dem Antrag des Staatsanwalts gemäß zu 20 Monaten Freiheitsentzug verurteilt. Er muß seine Strafe voll verbüßen, ehe er nach West-Berlin abgeschoben wird.

Verurteilung des Werner Schell (geb. 1952)

Der 1952 geborene Werner Schell ist seit 1980 verheiratet und hat zwei Kinder. 1986 stellt er im Namen seiner Familie seinen ersten Ausreiseantrag, da alle seine Angehörigen in der Bundesrepublik wohnen. Der Antrag wird vom Rat des Kreises, Abteilung Inneres, abgelehnt. Auch mehrere weitere Anträge erleiden das gleiche Schicksal.

Am 9.12.1988 hängt Werner Schell in den Morgenstunden ein großes Plakat an die Straßenfront seines Hauses. Auf diesem Plakat steht zu lesen.

Wir wollen ausreisen.
Man läßt uns nicht.

Das Plakat hängt circa drei Stunden, bis die Kriminalpolizei kommt und es entfernt. Werner Schell wird festgenommen und schließlich von Beamten des Staatssicherheitsdienstes nach Potsdam gebracht. Dort muß er sich nackt ausziehen, seine Kleider werden durchsucht, und er erhält Anstaltskleidung. Er wird stundenlang verhört und schließlich am nächsten Morgen dem Haftrichter zugeführt. Dieser ordnet die Untersuchungshaft wegen »Beeinträchtigung staatlicher und gesellschaftlicher Tätigkeit« an.

Am 24.1.1989 wird Werner Schell vom Kreisgericht Potsdam unter Ausschluß der Öffentlichkeit zu 16 Monaten Freiheitsstrafe verurteilt.

Verurteilung des Frank Dormeyer (geb. 1962), Peer Depner (geb. 1961) und der Yvonne Depner (geb. 1964)

Frank Dormeyer hat bei seiner Vernehmung im Januar 1990 u. a. folgende Angaben gemacht:

Wenn ich mich zurückerinnere, kann ich sagen, daß ich schon als Junge vom Wohlstand im Westen wußte und schon immer die Absicht hatte, die DDR zu verlassen. Mit dem dortigen System war ich absolut nicht einverstanden, und man war außerdem erheblich in seiner persönlichen Freiheit eingeschränkt. Gemeinsam mit meinem Freund Peer und seiner Ehefrau Yvonne habe ich schon seit Jahren Fluchtpläne geschmiedet. Beide sind jetzt auch hier in West-Berlin.
So haben wir versucht, Ende 1987/1988 ein Flugzeug zu bauen, mit welchem wir fliehen wollten. Wir konnten uns jedoch nur Einzelteile beschaffen, mit welchen es

nicht möglich war, ein solches Gerät herzustellen. Aus diesem Grunde mußten wir von diesem Vorhaben Abstand nehmen. Im Sommer 1988 wollten wir dann mit einem Boot in der Nähe der Elsenbrücke die Spree überqueren. Das Boot nebst Motor hatten wir bereits. Dieses Vorhaben erschien uns zu einem späteren Zeitpunkt zu risikoreich, zumal wir nicht wußten, ob dort im Wasser irgendwelche Grenzhindernisse vorhanden waren.

Die nächste Flucht planten wir dann mit einem Heißluftballon. Dazu kann ich erklären, daß wir im Westfernsehen die »Ritter-Sport-Werbung« gesehen hatten. Wir machten uns sofort an die Durchführung des Vorhabens. Im Verlauf der nächsten Zeit konnten wir uns schrittweise sämtliche Einzelteile, wie Stoff für die Ballonhülle, Brennerutensilien, Propangasflaschen und Schnüre, besorgen. Ich muß dazu angeben, daß diese Gegenstände von uns käuflich erworben wurden, wobei sich der Kauf recht schwierig gestaltete, da niemand auf unser Vorhaben aufmerksam werden sollte. Ich selber hatte schon im Sommer 1988 aus vorgegebenen gesundheitlichen Gründen meine Arbeitsstelle gekündigt. Somit hatte ich genügend Zeit, mich mit unserer Flucht zu befassen.

In der Wohnung des Ehepaars Depner haben wir dann im Verlauf von etwa zwei Monaten eine Ballonhülle gefertigt. Dies konnten wir mit einer elektrischen Nähmaschine durchführen, welche wir ebenfalls gekauft haben. Am 24.1.1989 war es dann soweit. Wir machten den ersten Fluchtversuch. Zu diesem Zweck mieteten wir uns ein Fahrzeug mit Hänger, und es gelang uns, den Ballon nebst Utensilien unbeobachtet zu verladen.

Wir sind dann beide mit Yvonne nach Güterfelde gefahren, dies liegt im Kreis Potsdam. Von dort aus wollten wir über die Grenze in Richtung Zehlendorf/Wannsee starten. Gegen 19.00 Uhr hatten wir eine entsprechende Stelle gefunden, und alle Vorbereitungen, wie das Aufblasen des Ballons, klappten auch wie geplant. In den Morgenstunden gegen 5.00 Uhr mußten wir allerdings feststellen, daß sich die Schnüre, welche um die Ballonhülle geknüpft waren, total verschlungen hatten, so daß ein Start unmöglich war. Wir haben von diesem Vorhaben dann Abstand genommen, da der Morgen graute und wir Angst vor Entdeckung hatten. Es ist uns noch gelungen, sämtliche Utensilien wieder einzuräumen. Auch dies nahm einige Zeit in Anspruch, da es sehr lange dauerte, eine aufgeblasene Ballonhülle von 20 Meter Höhe und 67 Meter Umfang wieder zusammenzufalten und einzuräumen.

Am 26.1.1989 sind wir nach Mahlow gefahren. Dort haben wir noch Mittag gegessen, und anschließend suchten wir uns erneut einen Startplatz, da der Wind gedreht hatte von Südwest auf Süd. Hierbei wurden wir gegen 13.00 Uhr von Vopos aufgegriffen. Da wir uns schon im Grenzbereich befanden, wurden wir befragt. Es kam zu Widersprüchen, und so kam es wenig später zu unserer Festnahme.

Bei der Gerichtsverhandlung am 26.6.1989 vor dem Stadtbezirksgericht Berlin-Pankow war Herr Miehe der Vorsitzende Richter. Ankläger war ein Herr Bergbauer. Ich wurde zu drei Jahren und zwei Monaten Freiheitsstrafe, mein Freund Peer zu drei Jahren und acht Monaten und Yvonne zu zwei Jahren und sechs Monaten wegen Republikflucht verurteilt.

Ungesetzliche Verbindungsaufnahme

§ 219 lautet:

(1) Wer zu Organisationen, Einrichtungen oder Personen, die sich eine gegen die staatliche Ordnung der Deutschen Demokratischen Republik gerichtete Tätigkeit zum Ziele setzen, in Kenntnis dieser Ziele oder Tätigkeit in Verbindung tritt, wird mit Freiheitsstrafe bis zu 5 Jahren, Verurteilung auf Bewährung oder mit Geldstrafe bestraft.

(2) Ebenso wird bestraft,

1) wer als Bürger der Deutschen Demokratischen Republik Nachrichten, die geeignet sind, den Interessen der Deutschen Demokratischen Republik zu schaden, im Ausland verbreitet oder verbreiten läßt oder zu diesem Zweck Aufzeichnungen herstellt oder herstellen läßt;

2) wer Schriften, Manuskripte oder andere Materialien, die geeignet sind, den Interessen der Deutschen Demokratischen Republik zu schaden, unter Umgehung von Rechtsvorschriften an Organisationen, Einrichtungen oder Personen im Ausland übergibt oder übergeben läßt.

(3) Der Versuch ist im Falle des Abs. 2 Ziff. 2 strafbar.

Verurteilung des Rainer Löhr (geb. 1952)

Im November 1986 hat Rainer Löhr mit seiner Familie einen Ausreiseantrag beim Rat des Kreises in Hoyerswerda gestellt. Dieser Antrag wird im Mai 1988 abgelehnt. Nun wendet sich Rainer Löhr an einen in der Bundesrepublik lebenden Freund der Familie und bittet ihn, ihn bei seinen Ausreisebemühungen zu unterstützen. Der Freund nimmt seinerseits Verbindung mit der Internationalen Gesellschaft für Menschenrechte in Frankfurt/Main und einer Rechtsanwältin in Berlin auf.

Im Sommer 1988 stellt die Familie Löhr einen Antrag auf Erteilung eines Visums für eine Reise in die Volksrepublik Ungarn. Ein Besuch in der Vertretung der Bundesrepublik in Ost-Berlin folgt. Dort will die Familie die Ausreise durch eine Besetzung der Botschaft erreichen. Nach Gesprächen mit den zuständigen Beamten verlassen sie die Vertretung einige Stunden später.

Dem Freund in der Bundesrepublik schildert Rainer Löhr seine Sorgen und Probleme in Briefen und Telefonanrufen. Kurz vor seiner Verhaftung schickt er noch einen Brief an den Staatsratsvorsitzenden Erich Honecker, in dem u. a. der Mauerbau und der Schußwaffengebrauch an der Grenze kritisiert wird.

Im Oktober 1988 wird Rainer Löhr festgenommen und am 12.5.1989 vom Bezirksgericht Cottbus zu vier Jahren Freiheitsstrafe verurteilt.

Zu den Urteilsgründen hat er folgendes angegeben:

– Die Kontaktaufnahme seines Freundes zu der Internationalen Gesellschaft für Menschenrechte und einer Rechtsanwältin in Berlin sei als »landesverräterische Nachrichtenübermittlung« gewertet worden.

– Den Antrag auf Erteilung eines Visums zur Einreise in die Volksrepublik Ungarn habe man als »versuchte Republikflucht« abgeurteilt.

– Der Besuch bei der ständigen Vertretung der Bundesrepublik in Ost-Berlin sei als »Beeinträchtigung staatlicher oder gesellschaftlicher Tätigkeit« (§ 214) gewertet worden;

– Die schriftlichen und telefonischen Kontakte zu dem Freund in der Bundesrepublik habe man als »ungesetzliche Verbindungsaufnahme« (§ 219) geahndet.
– In dem Brief an Erich Honecker habe man eine »öffentliche Herabwürdigung« (§ 220) gesehen.

Rainer Löhr verbüßt einen Teil seiner Strafe und wird aufgrund der Anfang November 1989 beschlossenen Amnestie entlassen.

Zusammenrottung

§ 217 lautet:

(1) Wer sich an einer die öffentliche Ordnung und Sicherheit beeinträchtigenden Ansammlung von Personen beteiligt und sie nicht unverzüglich nach Aufforderung durch die Sicherheitsorgane oder andere zuständige Staatsorgane verläßt, wird mit Freiheitsstrafe bis zu 2 Jahren oder mit Verurteilung auf Bewährung, mit Haftstrafe oder mit Geldstrafe bestraft.

(2) Wer eine Zusammenrottung organisiert oder anführt (Rädelsführer), wird mit Freiheitsstrafe von 1 Jahr bis zu 8 Jahren bestraft.

(3) Der Versuch ist strafbar.

Öffentliche Herabwürdigung

§ 220 lautet:

(1) Wer in der Öffentlichkeit die staatliche Ordnung oder staatliche Organe, Einrichtungen oder gesellschaftliche Organisationen oder deren Tätigkeit oder Maßnahmen herabwürdigt, wird mit Freiheits-

strafe bis zu 3 Jahren oder mit Verurteilung auf Be-
währung, Haftstrafe, Geldstrafe oder mit öffentli-
chem Tadel bestraft.

(2) Ebenso wird bestraft, wer Schriften, Gegenstände
oder Symbole, die geeignet sind, die staatliche oder
öffentliche Ordnung zu beeinträchtigen, das soziali-
stische Zusammenleben zu stören oder die staatliche
oder gesellschaftliche Ordnung verächtlich zu ma-
chen, verbreitet oder in sonstiger Weise anderen zu-
gänglich macht.

(3) Ebenso wird bestraft, wer in der Öffentlichkeit Äu-
ßerungen faschistischen, rassistischen, militaristi-
schen oder revanchistischen Charakters kund tut
oder Symbole dieses Charaktes verwendet, verbrei-
tet oder anbringt.

(4) Wer als Bürger der Deutschen Demokratischen Re-
publik die Tat nach Abs. 1 oder 3 im Ausland begeht,
wird mit Freiheitsstrafe bis zu 5 Jahren, Verurteilung
auf Bewährung oder mit Geldstrafe bestraft.

Verurteilung des Gerhard Neubert (geb. 1940)

Mit der Anklageschrift vom 18.4.1973 wirft Staatsanwalt Markner dem Gerhard Neubert vor,

mehrfach handelnd Straftaten gegen die staatliche Ord-
nung durch Staatsverleumdung begangen zu haben.
Er hat in der Zeit vom Juni 1972 bis Februar 1973 wieder-
holt in der Öffentlichkeit die staatliche Ordnung, staatli-
che Organe, Einrichtungen und gesellschaftliche Orga-
nisationen sowie deren Tätigkeit und Maßnahmen ver-
ächtlich gemacht bzw. verleumdet, indem er in seinem
Kollegenkreis im Konstruktionsbüro der MTW Wismar

wiederholt unsere Deutsche Demokratische Republik als »Scheißstaat« und die Deutsche Volkspolizei als »Scheißladen« bezeichnete, Maßnahmen der Werftleitung als »faschistische Methoden« charakterisierte, Solidaritätsaktionen der Bürger gegenüber dem vietnamesischen Volk als Maßnahmen zur Verlängerung des Krieges verunglimpfte und durch sogenannte Witze den visafreien Reiseverkehr mit der Volksrepublik Polen und der ČSSR in Mißkredit gesetzt hat. Darüber hinaus äußerte er anläßlich der Aufnahme seines Sohnes als Mitglied in die Pionierorganisation, daß in unserer sozialistischen Schule »in die Kinder nur Politik hineingepreßt würde«.

Die Strafkammer des Kreisgerichts Wismar-Stadt verkündet am 14.5.1973 durch den Richter Klostermann folgendes Urteil:

Der Angeklagte wird wegen mehrfacher Staatsverleumdung (Vergehen gemäß § 220 Abs. 1, Ziff. 1, 63, 64 StGB) unter Freispruch im übrigen zu einer Freiheitsstrafe in Höhe von 7 Monaten verurteilt.
Die Auslagen des Verfahrens hat der Angeklagte zu tragen.

In den Gründen heißt es u. a. wie folgt:

Der Angeklagte ist im FDGB organisiert, tritt aber gesellschaftlich nicht in Erscheinung. In seiner Freizeit verfolgt der Angeklagte häufig Sendungen der westlichen Kommunikationsmittel.
Im Zeitraum vom Juni 1972 bis Februar 1973 hat der Angeklagte wiederholt innerhalb seines Arbeitskollektivs

im Konstruktionsbüro des VEB Mathias-Thesen-Werft Wismar die DDR als »Scheißstaat« bezeichnet. Im Zusammenhang mit der Ablehnung des BRD-Besuches eines Arbeitskollegen im Herbst 1972 brachte der Angeklagte zum Ausdruck, daß die DVP ein »Scheißladen« sei.

Anläßlich einer Maßnahme der Werftleitung zur Erhöhung der Arbeitsproduktivität, bei der alle Kollegen ihren Werftausweis beim zuständigen Abteilungsleiter zur Unterbindung des unkontrollierten Verlassens der Werft hinterlegen sollten, brachte der Angeklagte vor seinen Kollegen zum Ausdruck, daß die Werft-Angehörigen überhaupt keine Rechte mehr hätten und »es bei uns beinahe wie im Faschismus sei«.

Im Zusammenhang mit den Spenden und Solidaritätsmaßnahmen für das um seine Freiheit kämpfende vietnamesische Volk brachte er Anfang Februar 1973 bei einer Abteilungsversammlung, aber auch in Gesprächen mit Kollegen zum Ausdruck, daß »diese Spendenmaßnahmen nur dazu dienen, den Krieg in Vietnam zu verlängern« ...

Der Angeklagte hat mehrmals mit seinen Äußerungen, daß die DDR ein »Scheißstaat« sei, bewußt unseren souveränen Staat und seine Errungenschaften verächtlich gemacht und dadurch gleichzeitig die staatliche Ordnung in infamer Weise herabgewürdigt.

Der Ausdruck »Scheißladen« in bezug auf die Arbeit der Deutschen Volkspolizei ist gleichfalls eine Verächtlichmachung und Herabwürdigung eines Organs, das pflichtbewußt seine Aufgaben zur Aufrechterhaltung der Ordnung und Sicherheit innerhalb unseres Staates erfüllt.

Mit der Bemerkung »bei uns ist es fast wieder wie im Faschismus« hat der Angeklagte in bewußter grober diskriminierender Art und Weise unseren Staat und die gewissenhafte Arbeit all seiner Organe, Einrichtungen oder Organisationen verleumdet.

Durch die Äußerung, »die Spendenaktionen dienen nur dazu, den Krieg in Vietnam zu verlängern‹, hat der Angeklagte die Friedenspolitik unseres Staates verleumdet und bewußt unwahre diskriminierende Tatsachen und Behauptungen aufgestellt. Diese gesellschaftswidrigen Handlungen beging der Angeklagte in dem Bestreben, die gesellschaftliche Entwicklung, die staatliche Ordnung sowie die gewissenhafte Pflichterfüllung der Organe der Deutschen Volkspolizei zu diskriminieren bzw. verächtlich zu machen, und stellen somit eine mehrfache Staatsverleumdung im Sinne von § 220 Abs. 1, Ziff. 1 StGB dar. Diese staatsverleumderischen Äußerungen wurden durch den Angeklagten vor seinen Arbeitskollegen in einer Weise begangen, daß sie einem unbestimmten Personenkreis galten und somit die Öffentlichkeit gegeben war.

Dem Angeklagten wurde durch Anklageschrift und Eröffnungsbeschluß weiterhin zur Last gelegt, eine Staatsverleumdung dadurch begangen zu haben, daß er im Arbeitskollektiv einen Witz erzählte, der die Maßnahmen des visafreien Verkehrs mit der Volksrepublik Polen verächtlich gemacht haben soll. In Übereinstimmung mit der Verteidigung vertritt das Gericht die Auffassung, daß dieser Witz nicht dazu diente, die staatliche Ordnung oder staatliche Organe, Einrichtungen etc. verächtlich zu machen oder zu verleumden, und somit die objektive Seite einer Staatsverleumdung nicht gegeben war.

Der Angeklagte war des weiteren hinreichend verdächtig, sich vor seinen Kollegen damit gebrüstet zu haben, daß er das Pionierhalstuch seines Sohnes in die Ecke »gepfeffert« habe und zum Ausdruck brachte, daß den Kindern in der Schule kein Anstand mehr beigebracht, sondern nur Politik in sie hineingepreßt würde. Da in der Beweisaufnahme auch dieser Tatverdacht nicht bestätigt wurde, war der Angeklagte in bezug auf diese Handlungen gemäß § 244 Abs. 1 StPO freizusprechen.

Der Angeklagte hatte mehrfach eine Gesetzesverletzung begangen. Deshalb hatte das Gericht gemäß § 64 StGB eine Hauptstrafe auszusprechen, die dem Charakter und der Schwere des gesamten strafbaren Handelns angemessen war.

In Übereinstimmung mit dem Antrag der Staatsanwaltschaft verurteilte das Gericht den Angeklagten zu einer Freiheitsstrafe in Höhe von 7 Monaten. Die Verteidigung hatte beantragt, den Angeklagten zur Bewährung zu verurteilen, da er das Falsche seines Handelns eingesehen habe und die gewissenhafte Pflichterfüllung im Arbeitsprozeß und seine Einsätze im Wohngebiet beweisen, daß der Angeklagte nicht aus einer negativen Einstellung zu unserer Gesellschaftsordnung, sondern aus einer Verbitterung, die durch seinen schweren Unfall im Jahre 1964 entstand, handelte. Dem Angeklagten wurde nach schwerem Betriebsunfall jegliche soziale Unterstützung seitens unserer Gesellschaft gewährt; man war des weiteren darum bemüht, ihm ein Betätigungsfeld zu schaffen, das ihn trotz Einschränkung seiner körperlichen Fähigkeiten beruflich ausfüllt, und daß ihm die Arbeit wieder Freude bereitet. Bei der Einarbeitung in sein neues Aufgabengebiet wurde der Angeklagte durch das Kollektiv unterstützt. *Obwohl der Angeklagte gewissenhaft seine Arbeitspflichten erfüllte, brachte er in politischen Diskussionen eine negative Einstellung zur Politik unseres Staates zum Ausdruck. Der Angeklagte hatte keinerlei Anlaß, unseren Staat so schwerwiegend zu verleumden und die Errungenschaften der Arbeiterklasse, für die viele Menschen ihr Leben in harter Konfrontation mit faschistischen und imperialistischen Kräften lassen mußten, in infamer Weise verächtlich zu machen und zu diskriminieren. Unser Staat, der wegen seiner konsequenten Friedenspolitik, seinem humanistischen Handeln und seinen Errungenschaften zum Wohle der Bevölkerung in der ganzen Welt immer mehr Achtung und Anerkennung findet, wurde durch den Angeklagten verleumdet, daß seine Ideen des proletarischen Internationalismus und die Maßnahmen der Hilfe für das heldenhaft für seine Freiheit kämpfende Volk dazu dienen würden, den Krieg, somit analog die Qualen in Vietnam zu verlängern. Eine schwerwiegende Verleumdung ist des weiteren die Äußerung des Angeklagten, »bei uns ist es beinahe wieder wie im Faschismus«. Gerade gegen den Faschismus und seine menschenverachtende Politik kämpfen alle fortschrittlichen Kräfte, an ihrer Spitze die Arbeiterklasse mit ihrer Partei in unserem Staat, da es der deutsche Faschismus war, der Millionen Menschen ermordete und Elend in der ganzen Welt verbreitete. Diese schwerwiegenden Verleumdungen sind auch darauf zurückzuführen, daß der Angeklagte dazu neigte, sich überwiegend durch westliche Kommunikationsmittel zu informieren, in deren Sendungen unsere Politik, die staatliche und gesellschaftliche Tätigkeit verfälscht, verächtlich gemacht und verleumdet wurde.*

Unter Beachtung der Tatschwere, als entscheidende Grundlage der Strafzumessung, der gesellschaftsschädigenden Handlungsweise des Angeklagten und der Schuldschwere war bei Beachtung der Täterpersönlichkeit durch das Gericht der Ausspruch einer Freiheitsstrafe gerechtfertigt. Eine Verurteilung zur Bewährung würde ein ungenügendes Erkennen der Tatschwere und daraus resultierend eine unrichtige Einschätzung des Verhältnisses von Tatschwere und Persönlichkeitswerten darstellen.

Unter Berücksichtigung der sonst gewissenhaften Pflichterfüllung des Angeklagten im Arbeitsprozeß und seiner Hilfsbereitschaft im Wohngebiet, aber auch unter Beachtung, daß in der Hauptverhandlung zu erkennen war, daß der Angeklagte das Verwerfliche seines strafbaren Handelns weitgehend erkannte, ist der Ausspruch einer Freiheitsstrafe von nur 7 Monaten möglich.

Der Angeklagte muß erkennen, daß unsere Gesellschaft nicht gewillt ist, solche massiven Verleumdungen zu akzeptieren, zu verniedlichen oder ihre Gesellschaftsgefährlichkeit zu unterschätzen, und daß gegen all diejenigen strenge erzieherische Maßnahmen ergriffen werden, die unsere sozialistischen Errungenschaften im Sinne des Imperialismus in den Schmutz treten und Straftaten gegen die staatliche Ordnung begehen …

Die »VEB Mathias-Thesen-Werft Wismar« entläßt Gerhard Neubert mit Schreiben vom 2.8.1973 fristlos. Zur Begründung ist angeführt:

Wie uns das Kreisgericht Wismar-Stadt mitteilte, wurden Sie wegen mehrfacher Staatsverleumdung zu einer Freiheitsstrafe von 7 Monaten verurteilt.

Aufgrund dieser schwerwiegenden Verletzung der staats-
bürgerlichen Pflichten sehen wir uns veranlaßt, nach
§ 22 des Arbeitsgesetzbuches Sie mit sofortiger Wirkung
fristlos zu entlassen.
Die Zustimmung der BGL zu Ihrer fristlosen Entlassung liegt vor.

Verurteilung des Klaus-Dieter Vortisch (geb. 1955)

Klaus-Dieter Vortisch veröffentlicht am 26.5.1985 das
nachfolgende Gedicht.

Fernes Licht

Noch bin ich jung, die Rente fern,
Paris und Rom sah ich noch nie.
Ich darf auch nicht nach Hamburg fahren –
Bin ich da frei? so sagt mir wie.

Ich darf auch nicht nach Argentinien,
Nach Holland fahren darf ich nicht.
Und sollte ich es doch versuchen,
Zerrt man mich vor ein Gericht.

Vom Richter kenn ich wohl den Namen,
Den Namen auch des Staatsanwalts –
Dem Volk blieb das Gericht verschlossen,
Das Urteil lautet Strafanstalt.

Nie war ich frei, stets nur Besitz,
Ihn möchtet ihr euch retten.
Denn wie ihr über Freiheit denkt
Spür ich an meinen Ketten.

In Helsinki habt ihr versprochen,
Daß ihr die Menschenrechte achtet.
Das Volk, es hat euch blind vertraut,
Wofür es in den Kerkern schmachtet.

Ich seh die Mauer an der Grenze,
Seh Gewehre und den Zaun
Und die vielen toten Menschen,
Für sie war Freiheit nur ein Traum.

Millionen Tränen in den Augen
Der Mutter, die den Sohn beweint,
Deuten auf das Leid im Volke
Und den Kampf, der sie vereint.

Höher noch als Wolken ziehen
Können eure Mauern stehen,
Und werden jedoch nie verhindern,
Daß viele noch die Freiheit sehen.

So könnt ihr fesseln und auf uns schießen,
Der Kampf – er ist schon heut entschieden
Und wird geführt von all den Menschen,
Die wie ich die Freiheit lieben.

Denn eure Macht ist angeschlagen
Und findet Halt nur noch auf Krücken.
Das Recht auf Freiheit niedertreten,
Wird auch in Zukunft euch nicht glücken.

Am 29.5.1985 wird er festgenommen, im Juni 1985 vom
Kreisgericht Potsdam-Stadt wegen »öffentlicher Herabwürdigung« zu einer Freiheitsstrafe von einem Jahr
und vier Monaten verurteilt, die er in der Strafanstalt
Cottbus verbüßt.

Im März 1988 schickt Klaus-Dieter Vortisch ein von ihm und seiner Ehefrau verfaßtes Protestschreiben an den Staatsrat. Darin beschwert er sich über das Vorgehen der Sicherheitskräfte bei der Demonstration vom 17.1.1988 in Berlin und prangert die Verfolgung der Andersdenkenden in der DDR an.

Ende April 1988 wird Klaus-Dieter Vortisch erneut festgenommen. Am 8.7.1988 verurteilt ihn das Kreisgericht Potsdam-Stadt wegen seines Briefes an den Staatsrat zu einem Jahr und sechs Monaten Freiheitsentzug. Seine Ehefrau wird als Mitunterzeichnerin ebenfalls zu 18 Monaten Freiheitsentzug verurteilt. Ihre Strafe wird jedoch zur Bewährung ausgesetzt. Klaus-Dieter Vortisch hat auch seine zweite Strafe bis auf den letzten Tag verbüßt. Zu seiner Haftsituation hat er angegeben:

Bei der zweiten Verurteilung, d. h. im Strafvollzug Cottbus, wurde ich körperlich mißhandelt. Ich wurde zweimal von den Aufsehern Schulz (Spitzname »Arafat«) und Sommer gehangen und getreten. Mit Handschellen wurde ich 16 Stunden am Gitter angeschlossen, ich mußte dabei auf den Zehenspitzen stehen, so daß sich die Handschellen tief in meine Handgelenke eindrückten. Medizinische Behandlung gab es keine, es wurde mir lediglich gesagt, daß die Verletzungen wieder zueitern. Ich hatte tiefe Wunden an beiden Handgelenken und kam später doch noch in das Haftkrankenhaus nach Bautzen.
Grund der Mißhandlung war: Ich hatte mich über das Zurückhalten meiner Post beschwert. Die Tatzeit war Ende März 1989.

1 Friedrich Höse (24.11.1961 bis
28.3.1965)

2 Gerhard Morich (29.3.1965 bis
8.9.1968)

3 Carl Hermann Retemeyer
(9.9.1968–22.4.1988)

4 Heiner Sauer
(1. 8. 1988–31. 12. 1991)

1–4 Die Leiter der Zentralen Erfassungsstelle Salzgitter seit 1961.

5 *Geschäftsleiter Hans-Otto Plumeyer vor der 80000 Namen umfassenden Zentral-kartei der Erfassungsstelle.*

6–7 *Nach dem Bau der Mauer entwickelte sich zwischen Ost und West ein regelrechter Plakatkrieg.*

8   Vom kommunistischen Umgang mit der Wahrheit: Wenige Wochen, nachdem die SED-Führung jede Absicht zur Grenzschließung vehement zurückgewiesen hatte, machten sich die Maurer an die Arbeit.

9 (Bild rechts)   Schattenspiele am häßlichsten Bauwerk Europas.

10–11   Bilder einer geteilten Stadt.

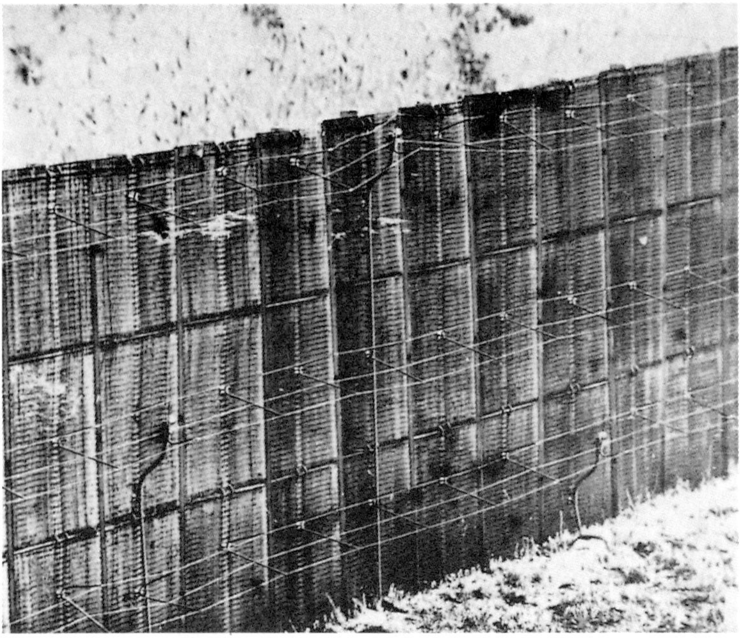

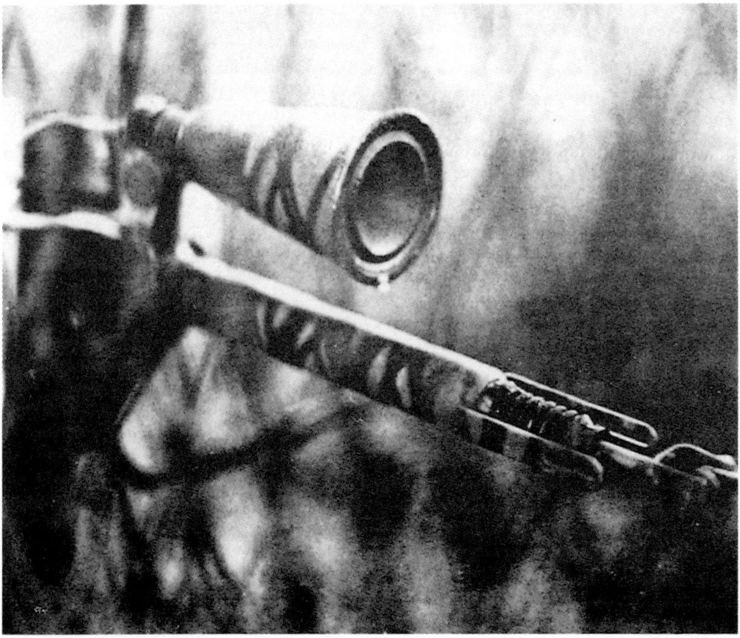

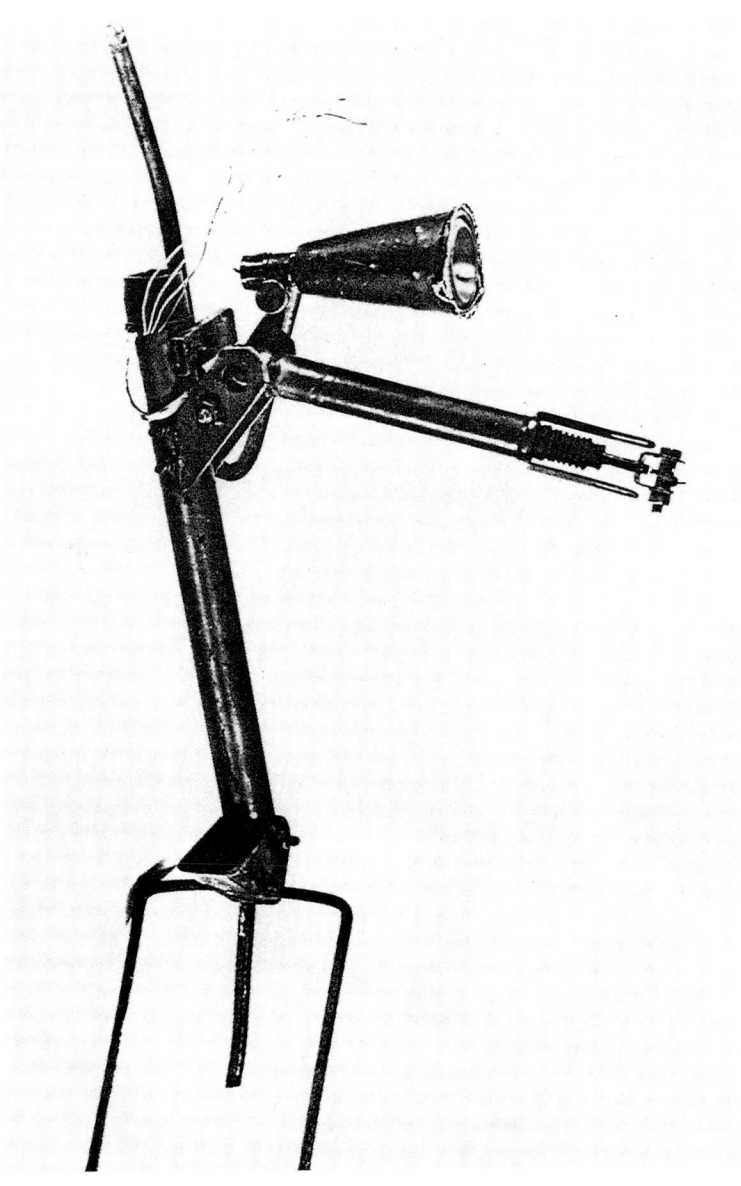

12, 13 u. 14   Metallgitterzaun (drei Meter hoch) an der innerdeutschen Grenze. Am Zaun sind in drei Reihen die Selbstschußanlagen (SM 70 = Splittermine 70) angebracht. Die Schußtrichter waren mit ca. 100 g TNT gefüllt, die ca. 110 scharfkantige Stahlwürfel hinausschleuderten.

17 *Tunnelfluchten. Je unüberwindlicher die Mauer, desto einfallsreicher die Versuche, sie zu überwinden.*

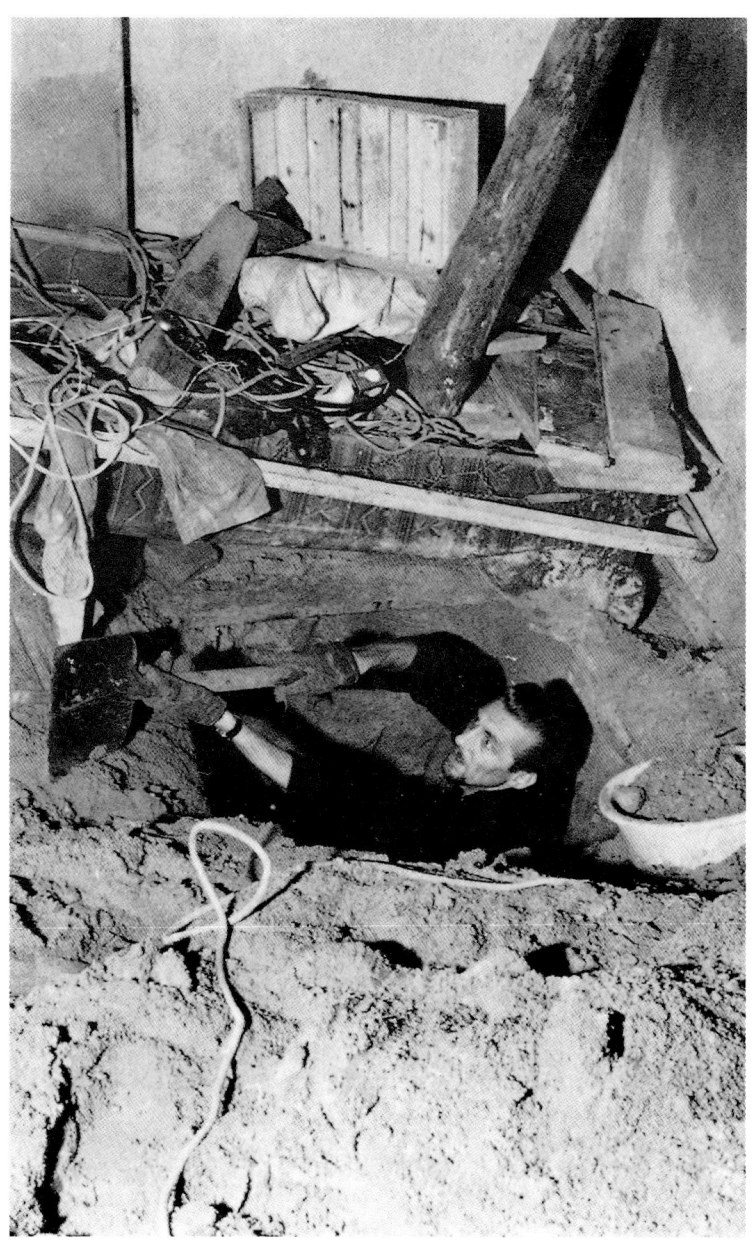

18 Nach unendlichen Strapazen und ständiger Furcht vor Entdeckung ist es ge-
schafft.

19 Gescheiterter Versuch, mit einem Bus die massiven Grenzbefestigungen zu durchbrechen.

20 Geschafft! Erfolgreich sind alle Grenzhindernisse überwunden. Im Westen warten
schon die Helfer.

21　Peter Fechter, am 17. August 1962 vor den Augen der Weltöffentlichkeit ermordet.

22 *Minenopfer. Karl-Heinz Fischer starb am 28.3.1971 an der innerdeutschen Grenze. Ihm wurde beim Fluchtversuch durch eine Mine der linke Fuß abgerissen.*

Verurteilung des Wilfried Rasch (geb. 1944)

Auch Wilfried Rasch aus Dresden will die DDR verlassen. Seit 1984 schreibt er an Politiker in der Bundesrepublik, u. a. das Bundeskanzleramt, die Ministerin für Innerdeutsche Beziehungen, Frau Wilms, und den Regierenden Bürgermeister von Berlin, um sie um Unterstützung zu bitten. Außerdem fertigt er aus einem Bettlaken ein Transparent mit der Aufschrift: »Vernichtet nicht die Menschenrechte wie einst Dresden!« Dieses Transparent soll am 13.2.1988, dem 43. Jahrestag der Bombardierung Dresdens, an der Frauenkirche aufgehängt werden. Dort trifft er sich mit etwa 500 weiteren Ausreisewilligen, um symbolisch Kerzen aufzustellen und die Ausreiseabsicht zu dokumentieren.

Wilfried Rasch wird am 13.2.1988 festgenommen und über Nacht in Gewahrsam einbehalten. Am 23.2.1988 erfolgt seine erneute Festnahme und der Erlaß eines Haftbefehls.

Nähere Angaben zur Anklage und späteren Verurteilung kann Wilfried Rasch nicht machen, da die Verhandlung unter Ausschluß der Öffentlichkeit stattfindet und ihm keinerlei Unterlagen überlassen werden. In der Hauptverhandlung vor dem Bezirksgericht Dresden-Ost fordert die Staatsanwältin vier Jahre Freiheitsstrafe wegen »illegaler Kontaktaufnahme« und jeweils drei Jahre wegen »öffentlicher Herabwürdigung« und wegen »Rädelsführerschaft« im Sinne von § 217 Abs. 2. Der Antrag der Staatsanwältin soll insgesamt auf zehn Jahre Freiheitsstrafe gelautet haben.

Das Gericht verhängt am 5.5.1988 eine Freiheitsstrafe von drei Jahren, die unmittelbar nach der Urteilsverkündung angetreten werden muß.

Zu seiner Inhaftierung und Haftsituation hat Wilfried Rasch u. a. ausgesagt:

Die Unrechtshandlungen begannen bereits mit meiner Festnahme vom 13.2.1988 gegen 23.30 Uhr bis zum 14.2.1988 gegen 7.00 Uhr. Sie entbehrte jeder Rechtsgrundlage. Ich hatte mir nichts zuschulden kommen lassen. In der zuvor erwähnten Nacht wurde ich mehrmals von der Polizei (grüne Uniformträger) zu unterschiedlichen Zeiten mit dem Schlagstock auf die linke Schulterseite geschlagen, ich muß sagen, es war die ganze linke Seite, wie Arm und Bein. Dazu mußte ich zwei Stunden lang mit erhobenen Händen, Gesicht zur Wand, gespreizten Beinen in einem langen Flur stehen (Schießgasse-Hundestaffel). Auf der Fahrt dorthin waren wir zuvor auf die LKWs geschmissen worden, in der Schießgasse wurden wir in Empfang genommen und von der Polizei unter Verteilung von Schlägen im dortigen Treppenhaus nach oben in den dritten Stock gejagt. Dort wurde ich bis zum nächsten Morgen durchgehend von verschiedenen Stasi-Leuten vernommen, ohne daß sich diese Beamten mir gegenüber namentlich vorstellten. Das ist dort auch nicht üblich.
Ich bestand darauf, daß die mir zugefügte körperliche Mißhandlung in Form von Schlägen mit ins Vernehmungsprotokoll aufgenommen wurde. Das lehnte der Vernehmungsbeamte lakonisch ab. Da ich dann letztendlich physisch und psychisch fix und fertig war, verzichtete ich meinerseits, auch aus Sorge um meine Familienangehörigen, auf die Aufnahme dieses Passus ins Vernehmungsprotokoll, worauf ich dann nach vorheriger Zusage des Vernehmungsbeamten hinsichtlich dieser Ver-

zichtserklärung nach Hause entlassen wurde. Angelastet wurde mir lediglich mein offizieller Auftritt bei der Demonstration am Abend des 13.2.1988, dabei handelte es sich doch um eine spontane Demonstration, die weder von mir noch von anderen Personen geplant bzw. organisiert worden war.

Als erschwerend wurde mir mein 1984 gestellter Ausreiseantrag vom Vernehmungsbeamten angelastet, der über meine persönlichen und familiären Verhältnisse in vollem Umfange informiert war.

Bei meiner zweiten Festnahme wurde ich morgens um 6.00 Uhr von sechs Beamten des MfS aus meiner Wohnung geholt, ein Haftbefehl wurde mir nicht vorgelegt. Als Begründung führten sie die erste Festnahme an. Man fuhr mit mir zur Bautzener Landstraße (Stasi-Gebäude), wo ich dann anschließend von zwei MfS-Beamten bis zum 27.4.1988 tagtäglich vernommen wurde (außer Samstag und Sonntag). Auch hier stellten sich die Vernehmungsbeamten nicht mit Namen vor, ich weiß nur noch, daß die beiden die Nr. 53 und 54 führten.

Die beiden Vernehmungsbeamten meldeten sich in meinem Beisein bei Telefongesprächen mit diesen Nummern, sonst wüßte ich die nicht einmal. Während dieser Inhaftierung wurde ich einmal für zwei Stunden in der sogenannten »Naßzelle« untergebracht. Dort wurde ich mit gestreckten Armen nach oben angekettet, bis zu den Knien stand ich im eiskalten Wasser, dabei zog ich mir eine starke Unterkühlung des Körpers sowie eine langwierige Erkältung zu.

Diese Methode war mir vorher auch schon mehrmals von den Vernehmungsbeamten 53 und 54 angekündigt worden, falls ich nicht meine Behauptung, daß ich geschlagen worden sei, zurücknehmen würde.

Als ich diese dann am 27.4.1988 zurücknahm, wurde ich zur Hauptverhandlung vorgeführt, welche vormittags stattfand.

In der Strafvollzugsanstalt Cottbus wurde ich abermals von dem dortigen Gefängnispersonal mißhandelt, auch hier sind mir keine Personen namentlich bekannt. Das Personal trug weder Namensschilder noch Nummern.

Wenn man z. B. beim Freigang nicht richtig in der Reihe marschierte oder die Arme bzw. Hände herunterhängen ließ, anstatt sie auf dem Rücken zu lassen, wurde man willkürlich vom Aufsichtspersonal mit dem Gummiknüppel geschlagen, und zwar am ganzen Körper. Dies war bei mir circa 15- bis 20mal der Fall. Die Wunden sind bei mir bis heute allerdings wieder verheilt, ich hatte aber sehr oft Platzwunden und Blutergüsse. Das Personal schlug auch so geschickt, daß Folgeschäden nicht sichtbar waren.

Unterlassung der Anzeige

§ 225 lautet:

1) Wer von dem Vorhaben, der Vorbereitung oder der Ausführung …

2) eines Verbrechens gegen die Deutsche Demokratische Republik (§§ 96 bis 105, 106 Abs. 2, 107, 108, 109 Abs. 2, 110); …

5) eines Verbrechens oder Vergehens gegen die allgemeine Sicherheit oder gegen die staatliche Ordnung (§§ 185, 186, 190, 198, 213 Abs. 3); …

vor dessen Beendigung glaubwürdig Kenntnis er-

langt und dies nicht unverzüglich zur Anzeige bringt,
wird mit Freiheitsstrafe bis zu 5 Jahren oder mit Ver-
urteilung auf Bewährung, Geldstrafe oder mit öf-
fentlichem Tadel bestraft.
(4) Die Anzeige ist bei einer Dienststelle der Sicherheits-
organe oder der Staatsanwaltschaft der Deutschen
Demokratischen Republik zu erstatten.
Die Anzeige kann erforderlichenfalls auch bei einem
anderen staatlichen Organ erstattet werden.

Gemäß § 226 Abs. 1 Ziff. 3 *kann* »von Maßnahmen der
strafrechtlichen Verantwortung abgesehen werden,
wenn der Täter die Anzeige gegen einen nahen Angehörigen erstatten müßte«.

Verurteilung des Reinhard Biernath (geb. 1955)

Reinhard Biernath hat ausgesagt:

Im April 1974 habe ich mit einem Freund in Wernigerode
einen Kneipenbummel unternommen. Im Laufe des
Abends erklärte mir mein Freund spontan, daß er in die
Bundesrepublik flüchten wolle. Er ging zum Busbahn-
hof und kaufte sich eine Fahrkarte in Richtung Ben-
neckenstein. Ich ging nach Hause und legte mich schla-
fen. Als ich am nächsten Tag von der Arbeit zurückkam,
erwarteten mich mehrere Stasi-Angehörige und nahmen
mich fest.
Im Laufe des ersten Verhöres erfuhr ich, daß der Flucht-
versuch meines Freundes gescheitert war. Mir wurde der
Vorwurf gemacht, ich hätte von dem Fluchtversuch ge-
wußt und nicht die Behörden darüber informiert.
Drei Monate später wurde ich vom Bezirksgericht Mag-

deburg wegen »Unterlassens der Anzeige« zu einer Freiheitsstrafe von zwei Jahren und einem Monat verurteilt.
Mein Freund, der ebenfalls mit mir vor Gericht stand, erhielt wegen versuchter Republikflucht vier Jahre Freiheitsstrafe. Erschwerend wurde uns zur Last gelegt, daß
mein Freund bei seinem Fluchtversuch ein feststehendes
Messer mitführte, mit dem er den gewaltsamen Grenzdurchbruch hätte erzwingen können.

**Verurteilung der Eheleute Herbert (geb. 1943)
und Inge Nowack (geb. 1947)**

Mit ihrer Anklageschrift vom 19.12.1988 zum Kreisgericht Frankfurt/Oder wirft die Staatsanwältin Binding
den Eheleuten Nowack folgendes vor:

*Den Anlageningenieur Herbert Nowack und die Erzie-
herin Inge Nowack klage ich an, vorsätzlich und gemeinschaftlich handelnd die ordnungsgemäße Tätigkeit staatlicher Organe beeinflußt sowie eine Straftat gegen die sozialistische Rechtspflege begangen zu haben.*
*Die Beschuldigten erhielten im August 1988 glaubhaft
Kenntnis von der bestehenden Verbindung des Ehepaa-
res Hans und Britt Handtke zur verbrecherischen Organisation »Hilferufe von drüben« und dessen Mitarbeiter
Ernst Duda und brachten dies nicht unverzüglich zur
Anzeige. Darüber hinaus vervielfältigte der Beschuldigte Nowack mehrere Schreiben dieser Organisation an
das Ehepaar Handtke mit darin enthaltenen Aufforde-
rungen an DDR-Bürger, die Gesetze der DDR zu miß-
achten, und leitete diese Schreiben mindestens drei weiteren DDR-Bürgern zu.*
Mit dem Ziel, die ordnungsgemäße Tätigkeit der staatli-

chen Organe der DDR zu beeinflussen und sie zu einer ihnen genehmen Entscheidung ihres Übersiedlungsersuchens zu veranlassen, fertigte die Beschuldigte Nowack auf Vorschlag des Beschuldigten Nowack und nach gemeinsamer Absprache mit diesem am 5.9.1988 eine Eingabe an den Staatsrat der DDR und brachte diese zum Versand, in der für den Fall der Nichtgewährung ihres Ersuchens öffentlichkeitswirksame Maßnahmen durch sie angedroht werden.
Alles strafbar gemäß § 225 Abs. 1 Ziff. 2, § 214 Abs. 1 StGB.

Herbert Nowack hat dazu ausgesagt:

Am 22.12.1986 habe ich für mich und meine Familie einen Ausreiseantrag gestellt. Die Folge war, daß meine beiden Töchter sofort ihre Studienplätze aufgeben mußten. Meine Frau bekam ein Berufsverbot. Sie war vorher Lehrerin in einer Oberschule. Meine Töchter wurden für niedrigere Arbeiten wie Reinigungsarbeiten im Krankenhaus oder Hilfe im Kindergarten verwendet. Meine Frau mußte im Kindergarten arbeiten. Ihr wurde dann wieder gekündigt, und erst nach einer Eingabe beim Gericht konnte sie weiterarbeiten. Im September 1988 erhielt sie jedoch die endgültige Kündigung.
Aufgrund dieser Vorkommnisse haben wir verstärkt versucht, durch die Anfertigung von Schriftstücken die Ausreise zu erlangen.
So schrieben wir z. B. an Erich Honecker und an das Ministerium für Innere Angelegenheiten in Berlin. Wir erhielten jedoch keine Antworten. Darauf schickten wir ein weiteres, verschärftes Schreiben, in dem wir ankün-

digten, daß wir bei weiterer Mißachtung unserer Ausreisewünsche mit unserem Anliegen und dem Verhalten der Behörden an die Öffentlichkeit gehen würden.

Darauf wurden meine Frau und ich am 28.9.1988 von der Staatssicherheit festgenommen. Meine Frau wurde nach Vernehmung freigelassen, ich kam in Untersuchungshaft. Am 20.1.1989 wurden wir verurteilt. Ich bekam ein Jahr und zehn Monate Freiheitsstrafe. Meine Frau ein Jahr und zwei Monate Freiheitsstrafe.

Die Verhandlung fand statt am Kreisgericht Frankfurt/ Oder. Die Staatsanwältin war eine Frau Binding. Das war eine ganz scharfe.

Aufgrund des Gesundheitszustandes meiner Frau wurde ihr Haftaufschub gewährt. Ich habe meine Strafe bis zum 2.6.1989 in der Strafvollzugsanstalt Jugendhaus Halle verbüßt. Untergebracht war ich im Schuhkommando. Wir mußten dort Schuhe nähen.

Verurteilt wurden wir wegen Verstoßes gegen § 225 Abs. 1 Ziff. 2 StGB und nach § 214. Begründet wurde die Verurteilung damit, daß wir die Familie Handtke nicht angezeigt hatten, als diese Kontakte zur westlichen Organisation »Hilferufe von drüben« aufgenommen hatte. Diese Organisation wird von der DDR als Verbrecherorganisation eingestuft.

Die Eheleute Handtke wurden unseres Wissens zu je drei Jahren Freiheitsstrafe verurteilt. Was aus denen geworden ist, weiß ich nicht.

Der zweite Paragraph bezieht sich auf unseren Brief an die Behörden, in dem wir gedroht hatten, an die Öffentlichkeit zu gehen ...

Wie ich jetzt letztendlich in die Bundesrepublik kam, kann ich nicht sagen. Ich wurde eines Tages aufgerufen *und nach Karl-Marx-Stadt gebracht. Dort wurden wir dann zu mehreren auf den Abtransport und die Ausweisung vorbereitet.*

Wir mußten notarielle Dinge klären und die Ausbürgerungsurkunde unterschreiben. Am 2.6.1989 wurden wir zum Zug gebracht und fuhren nach Gießen. Meine Frau kam dann mit meiner Tochter vier Wochen später nach. Sie hatte einen Antrag auf Ausreise wegen Familienzusammenführung gestellt.

MISSHANDLUNGEN IM GEWAHRSAM DES STAATSSICHERHEITSDIENSTES UND DER VOLLZUGSANSTALTEN

Die Mehrzahl der politischen Gefangenen war in den großen Strafvollzugseinrichtungen für Männer in Bautzen, Berlin-Rummelsburg, Brandenburg, Cottbus, Leipzig, Nauenburg, Torgau und Waldheim sowie für Frauen in Görlitz, Halle, Stollberg-Hoheneck inhaftiert. Daneben gab es etwa 30 Strafvollzugskommandos, früher Haftarbeitslager genannt, und die Jugendhäuser Dessau, Gräfentonna, Ichtershausen sowie Luckau für jugendliche Verurteilte (s. Karte mit den Strafvollzugseinrichtungen der DDR im Anhang).

Im Mittelpunkt des Vollzuges stand die gesellschaftlich nützliche Arbeit. Der Strafgefangene sollte durch die Verwirklichung des »Rechts auf Arbeit« erzogen werden. Da die Taten der politischen Häftlinge grundsätzlich als Verbrechen gewertet wurden, erfolgte im Vollzug keine Trennung zwischen »allgemein Kriminellen«

und »politischen Häftlingen«. Seit 1961 sind in den Statistiken der Erfassungsstelle 625 Körperverletzungen erfaßt, die zuverlässig als Ausdruck des in der DDR bestehenden Gewaltregimes gewertet werden können. Zusätzlich sind über 2000 Mißhandlungen an politischen Häftlingen in den Strafvollzugseinrichtungen der DDR registriert, die keine erkennbare politische Motivation hatten.

Die Registrierung erfolgte in der Weise, daß für jede Strafvollzugseinrichtung ein Ordner angelegt war, in dem die betreffende Sachverhaltsschilderung abgeheftet wurde. Zusätzlich wurden die als Täter in Betracht kommenden Personen in einer alphabetischen Namenskartei erfaßt.

Die Zahl der Mißhandlungen war nicht so hoch, daß sie den Schluß rechtfertigen würde, Tätlichkeiten von Vollzugsbeamten gegenüber Gefangenen seien in der DDR alltäglich gewesen. Das war nicht der Fall. Aber der Zustand der Recht- und Wehrlosigkeit gerade des im Polizei- und Vollzugsgewahrsam befindlichen politischen Gefangenen war alltäglich, er war die eigentliche – mit juristischen Mitteln nicht greifbare – seelische Mißhandlung. Ein falsches Wort, eine Beschwerde waren oft der Anlaß zu tage- oder wochenlanger strenger Isolierung, zu verschärftem Arrest unter menschenunwürdigen Bedingungen und Schikanen wie z. B. der zeitweiligen Unterbringung in einer Stehzelle oder ständiger Unterbrechung der Nachtruhe durch Einschalten des Lichts.

Mißhandlung des Helmut Busch (geb. 1960)

Helmut Busch hat ausgesagt:

*Im Jahre 1977 versuchte ich, mit einem Freund von Pots-
dam aus an der Glienicker Brücke die Havel zu durch-
schwimmen. Unsere Flucht wurde jedoch bemerkt, und
wir wurden von einem Schnellboot aus unter Feuer genommen. Die Kugeln schlugen rechts und links von uns
im Wasser ein. Getroffen wurde jedoch keiner von uns.
Wir wurden an Bord geholt und ans Ufer in eine Unter-
kunft der Grenzer gebracht. Es handelte sich dabei um
eine Art Bunker. Dort war ich bereits von meinem
Freund getrennt worden. In einer Zelle wurde ich an Rin-
gen, welche sich an der Wand befanden, angekettet. Zwischenzeitlich waren drei Männer in Zivil erschienen und
forderten mich in barschem Tone auf, die Namen meiner
Mittäter zu nennen. Sie glaubten nicht, daß ich nur mit
einem Freund zusammen flüchten wollte. In diesem an-
geketteten Zustand wurde ich auch geschlagen. Man
schlug mich teilweise mit den Fäusten, aber auch mit
einem Knüppel. Ich erlitt Verletzungen im Gesicht. Es
wurden mir auch Finger gebrochen. Ärztlich versorgt
wurde ich nicht. Anschließend kettete man mich von den
Wandringen los. Meine Hände waren noch weiterhin auf
dem Rücken gefesselt. Jetzt führte man mich auf einen
Gang. Plötzlich drückte mir einer von den dreien eine Pistole an den Hals und drohte mich zu erschießen, wenn
ich nicht endlich meine Mittäter nenne. Auch während
der Vernehmungen bei der Stasi wurde ich wiederholt angekettet und auch in Stehzellen untergebracht, die teilweise bis zum Kinn geflutet wurden. Die Mißhandlungen gingen in der Strafanstalt Brandenburg weiter. Es*

kam zu körperlichen Mißhandlungen und zu Erzie-
hungsmaßnahmen in Form von Einzelhaft und Dunkel-
haft. Mir wurde der Halswirbel und die Kniescheibe ge-
brochen sowie die Lunge schwer verletzt. Die Lungen-
verletzung erlitt ich dadurch, weil man mich bewußt in
einen Stapel Stahlgeflecht geschubst hatte. Zeugen für
diese Mißhandlungen sind mehrere meiner ehemaligen
Mitgefangenen. Auch die Täter kann ich namentlich be-
nennen.

Mißhandlung des Gerd Weferling (geb. 1947)

Der politische Häftling Gerd Weferling weigerte sich, in
der Haftanstalt Volkstedt im Winter 1981 schwere Ki-
sten zu tragen. Er war körperlich erschöpft. Zur Bestrafung seiner »Arbeitsverweigerung« wurde er 18 Tage in
eine nicht beheizte Arrestzelle gesperrt. Die ersten 24
Stunden mußte er nackt verbringen. Zeitweilig wurde
er mit Handschellen so an einem Gitter angeschlossen,
daß er nur auf den Zehenspitzen stehen konnte.

Mißhandlung des Klaus Gerold (geb. 1950)

Klaus Gerold hat ausgesagt:

Meine politische Strafhaft habe ich in der Strafvollzugs-
einrichtung Cottbus verbüßt. Dort wurde ich dem Ar-
beitsbereich Optik zugewiesen. Mein Erzieher war der
unter dem Spitznamen »Roter Terror« bekannte Ober-
meister. Zu Beginn meiner Strafhaft habe ich die Arbeits-
aufnahme verweigert, da ich für diesen Staat nicht mehr
arbeiten wollte. Daraufhin wurde ich zu 14 Tagen Sitz-
Dunkelhaft verurteilt, die ich am 11. August 1984 antre-
ten mußte. Der Haftablauf bestand darin, daß ich im

Dunkeln meiner Zelle saß und zu kurzen Unterbrechungen künstlichem grellem Licht ausgesetzt wurde. Die Verpflegung bestand aus Wasser und Brot. Es wurden zunächst drei, danach zwei und zum Schluß eine Mahlzeit am Tag verabreicht. Nach diesen zwei Wochen wurde ich zur Vernehmung zum »Roten Terror« gebracht und von diesem gefragt, ob ich denn nun gewillt sei zu arbeiten. Ich habe erneut eine Arbeitsaufnahme abgelehnt, worauf der »Rote Terror« sagte, daß er nun zur nächsten Maßnahme greifen werde. Diese Maßnahme bestand darin, daß ich in einen Duschraum geführt und dort mit erhobenen Händen an die Decke gebunden wurde. Dies geschah so, daß meine Fußspitzen noch gut den Fußboden berührten. Daraufhin wurde heißes Wasser aufgedreht. Dies sollte verhindern, daß die Schläge, die ich nun vom »Roten Terror« und seinen beiden Stellvertretern bekam, sich sichtbar auf der Haut abzeichneten. Die Schläge mit Gummiknüppeln dauerten circa eine halbe Stunde. Danach wurde ich bewußtlos. Als ich wieder zu mir kam, mußte ich Blut spucken und mich erbrechen. Ich stellte zahlreiche Blutergüsse am ganzen Körper fest. Anschließend habe ich vier Wochen im Haftkrankenhaus gelegen.

Mißhandlung des Jörg Passauer (geb. 1960)

Jörg Passauer war in der Zeit vom 5.1. bis 5.9.1988 aus politischen Gründen Häftling in der Strafvollzugseinrichtung Karl-Marx-Stadt. Während seiner Haftzeit beschwerte er sich in einem Brief an den Anstaltsleiter über das schlechte Essen. Für diese »Ungebühr« wurden ihm zehn Tage Arrest in einer Kellerzelle auferlegt. Als »Einführung« fesselte man ihn an ein Eisenrohr derart, daß er nur auf den Fußspitzen stehen konnte. Dann goß man ihm kaltes Wasser über die Waden. Diese Mißhandlung hatte zur Folge, daß Jörg Passauer das Gefühl in den Beinen verlor und nur noch an den Handfesseln hing.

Mißhandlung der Karin Seibold (geb. 1950)

Karin Seibold hat ausgesagt:

Ich wurde in der Strafvollzugseinrichtung Hohenleuben mehrmals ohne Grund geschlagen. Dies fand meistens auf dem Flur vor der Zelle statt. Die Erzieherinnen benutzten hierbei Gummiknüppel. Sie schlugen wahllos auf uns ein. Am schlimmsten war es am Wochenende, nach meiner Meinung geschah es nach Lust und Laune der Erzieherinnen. Man hat uns als politische Staatsfeinde betrachtet. Mir wurden von der Aufseherin Kaiser morgens gegen 6.30 Uhr, als ich mich zur Toilette abmelden wollte, mit der Faust sechs Zähne eingeschlagen. Sie kam mir entgegen und schlug ohne Grund zu. Ich hatte noch gar nichts gesagt. Ich war zunächst ohnmächtig. Als ich in meiner Zelle aufwachte, habe ich festgestellt, daß mir vorne die Zähne fehlten. Meine Zellkumpanin war abwesend. Als ich losschrie, kam die gleiche Erzieherin wieder in die Zelle und versetzte mir noch einen Schlag auf die rechte Gesichtsseite. Ich fragte, wo meine Mitgefangene sei. Daraufhin wurde ich angefahren, und mir wurde erklärt, daß mich dieses überhaupt nichts anginge.
Nach circa zwei Stunden hörte ich auf dem Flur ein schleifendes Geräusch. Kurz darauf wurde die Türe aufgeschlossen, und meine Zellengenossin Ute wurde von

zwei Erzieherinnen wie ein nasser Sack in die Zelle gezo-
gen. Sie war zunächst nicht ansprechbar. Später sagte sie
mir, sie habe mir helfen wollen, daraufhin sei sie von
zwei Aufseherinnen in eine Baracke, in die sogenannte
Folterbaracke, gebracht worden.
Diese Baracke befindet sich auf dem Hof der Anstalt. In
einem dunklen Raum habe sie sich die Schuhe und
Strümpfe ausziehen müssen. Danach wurde sie aufgefor-
dert, sich in einen Raum mit kniehohem Wasser zu stel-
len. Hierbei wurden die Füße am Erdboden und die
Arme an der Decke angekettet. Daraufhin hat man auf
sie eingeschlagen, bis sie besinnungslos wurde.
Ich selbst kannte diese Baracke, da ich dort zum Sauber-
machen eingesetzt war. Meine Verletzungen wurden in
der Anstalt nicht behandelt. Es wurde mir gesagt, daß es
dort keinen Arzt gebe. Erst im Bundesnotaufnahmela-
ger in Gießen konnte eine provisorische Behandlung er-
folgen.

Mißhandlung des Thomas Bauer (geb. 1967)
Thomas Bauer hatte schon längere Zeit beabsichtigt,
zusammen mit seiner Ehefrau Nena die DDR zu verlassen. Da er von seiner beruflichen Position her als Nach-
richtentechniker Geheimnisträger war, kam ein Ausreiseantrag nicht in Frage. Er wäre abgelehnt worden. Das
Ehepaar mußte daher notgedrungen nach »illegalen«
Wegen zum Verlassen der DDR suchen. Zunächst
schien aber noch der 78. Geburtstag der Großmutter
von Nena Bauer eine günstige Möglichkeit, die Genehmigung zu einer gemeinsamen Besuchsreise nach West-
Berlin zu erhalten. Die Genehmigung wurde jedoch
nur Nena Bauer erteilt und von ihr am 29.6.1989 zur

Fahrt nach West-Berlin genutzt, um nicht wieder zurückzukehren. Das war so mit dem Ehemann abgesprochen. Thomas Bauer hatte die Absicht, über Ungarn in die Bundesrepublik Deutschland zu gelangen. Ein entsprechendes Visum für Ungarn war ihm ausgestellt worden. Er wurde jedoch am 20.7.1989 auf dem Flughafen Berlin-Schönefeld kurz vor dem Antritt des Fluges festgenommen. Den Angehörigen des MfS war bekannt geworden, daß Nena Bauer nicht zurückgekommen war. Man vermutete daher auch bei Thomas Bauer Fluchtabsichten. Diese mußte er im Rahmen seiner Vernehmungen schließlich einräumen.

Am 28.9.1989 findet vor dem Stadt-Bezirksgericht Lichtenberg die Hauptverhandlung statt. Thomas Bauer wird wegen »versuchten ungesetzlichen Grenzübertritts« zu einem Jahr Freiheitsstrafe mit Strafaussetzung zur Bewährung und 500 Mark Geldstrafe verurteilt. Nach der Urteilsverkündung wird er aus der Haft in die DDR entlassen. Thomas Bauer fährt am 4.11.1989 nach Prag und findet dort in der Botschaft der Bundesrepublik Deutschland Zuflucht. Wenig später kann er in die Bundesrepublik ausreisen.

Zur Situation in der zweimonatigen Untersuchungshaft hat Thomas Bauer angegeben:

Während meiner ersten Vernehmungszeit in der Keibelstraße wurde ich über 60 Stunden lang körperlich mißhandelt. So wurde ich, nachdem ich zunächst meine Fluchtabsicht ableugnete, bis auf Unterhemd und Unterhose ausgezogen. Bei circa zehn Grad Celsius mußte ich die gesamte Zeit in der Zelle stehend verbringen. Nur während der Vernehmungen durfte ich mich ab und zu setzen. Liegen durfte ich überhaupt nicht. Während der 60 Stunden bekam ich lediglich eine Suppe, ein trockenes Stück Brot und eine Tasse Kaffee gereicht. Von einem sogenannten Schließer wurde ich in der Zelle mehrmals ohne Gründe mit der Faust ins Gesicht und auf andere Körperteile geschlagen, dabei verlor ich einen Backenzahn. Erst nachdem ich meine Fluchtabsicht zugegeben hatte, wurden die Mißhandlungen eingestellt.

Mißhandlung der Monika Uhlen (geb. 1944)
Monika Uhlen hat ausgesagt:

Nach meiner Verurteilung wegen Republikflucht zu 22 Monaten Freiheitsstrafe war ich im Jahr 1989 in der Frauenhaftanstalt Markkleeberg inhaftiert. Zusammen mit 33 weiteren Strafgefangenen, darunter auch wegen allgemein krimineller Delikte verurteilte Frauen, war ich dort in der Waschhalle eingesetzt. Im Oktober 1989 kam es in der Haftanstalt zu einer Auseinandersetzung zwischen insgesamt 25 Frauen und dem Aufsichtspersonal. Anlaß war, daß wir uns mit einer kranken Mitgefangenen solidarisiert hatten, um ihr eine angemessene ärztliche Versorgung zu ermöglichen. Die Erkrankung unserer Mitgefangenen konnte in Markkleeberg nur äußerst unzureichend behandelt werden. Nach unserer Vorstellung hätte die Frau durch einen Arzt außerhalb der Haftanstalt behandelt werden müssen. Dies war auch der Wunsch der Erkrankten. Nachdem dies abgelehnt worden war, haben wir, das heißt die 25 Frauen unseres Erziehungsbereichs, die Arbeitsaufnahme in der Waschhalle verweigert. Wir mußten in unseren Zellen bleiben, und wenig später erschien die Anstaltsleiterin zusammen mit zwei anderen Aufseherinnen. Nachdem sich die Beamtinnen unsere Forderungen angehört hatten, erklärten sie in einer ironischen Bemerkung, daß wir nichts zu fordern hätten, schlugen die Zellentüre zu und verriegelten sie. Kurze Zeit darauf wurde die Tür geöffnet, und draußen stand ein »Rollkommando«, bestehend aus etwa zehn bis zwölf Bediensteten der Haftanstalt, darunter ein Major, angeblich Leiter der Strafvollzugsanstalten im Raum Leipzig. Alle trugen Schlagstöcke in ihren Händen und schüttelten diese drohend in unsere Richtung. Daraufhin setzten wir uns auf den Zellenboden, um damit zu zeigen, daß wir friedlich ein Gespräch suchten. Auf keinen Fall wollten wir es zu Handgreiflichkeiten oder einer Schlägerei kommen lassen. Plötzlich stürmte das »Rollkommando« in die Zelle und schlug mit den Schlagstöcken um sich. Die Mitgefangene Petra wurde durch heftige Schläge auf den Kopf getroffen und anschließend wehrlos aus der Zelle heraus über den Boden geschleift. Dabei schlug eine der Beamtinnen noch weiter auf ihren Hinterkopf ein. Petra hat sich nicht mehr gerührt. Eine andere Bedienstete schlug der Annette mit den Handkanten in den Nierenbereich. Annette wollte kriechend die Zelle verlassen. Ich wurde ebenfalls mit Handkantenschlägen von hinten traktiert. Bei einer späteren ärztlichen Untersuchung, die nur kurz und oberflächlich durchgeführt wurde, stellte man an meinem Körper Prellungen mit Blutergüssen fest. Während des wilden Dreinschlagens rief der Major den übrigen Angehörigen des »Rollkommandos« zu: »Nun haut nochmals richtig zu!« Der Major hat auch selbst mit der Hand zugeschlagen. Die Namen der meisten Schläger sind mir bekannt.

Die immensen Bemühungen des DDR-Regimes, seine Macht gegen alle Widerstände zu festigen, gipfelten im Inneren in einen Überwachungsapparat Orwellscher Dimension. 105000 Mitarbeiter des seit 1957 von Erich Mielke geleiteten Ministeriums für Staatssicherheit (MfS, auch Staatssicherheitsdienst – SSD – genannt) kontrollierten Behörden, Betriebe, Universitäten und Schulen, Sportler ebenso wie den Kleingärtner, der schon deshalb verdächtig sein konnte, weil er sich aus »seinem Staat« zurückzog. Kein Postamt blieb von den Schnüfflern verschont, kaum eine Telefonleitung unangezapft. Ja selbst auf den Campingplätzen der »Bruderländer« hatten sie tatsächlich ihre Zelte aufgeschlagen, um Gespräche zu belauschen, Fluchtabsichten zu entdecken. Das MfS war eine, wenn nicht *die* Macht im Staate, es operierte verdeckt und ohne jede demokratische Kontrolle.

Seine personellen Möglichkeiten erweiterte es ständig durch »nebenamtliche Mitarbeiter« und bezahlte oder nur willfährig angepaßte Zuträger, deren Zahl auf mehrere hunderttausend geschätzt wird.

Im Gegensatz zu der in der DDR verbreiteten und auch in der Bundesrepublik teilweise vorhandenen Meinung, hat die Erfassungsstelle das Wirken des MfS nicht systematisch beobachtet und aktenkundig gemacht. Sie war eben keine irgendwie geartete Spionagezentrale, sie war kein Instrument der Ausforschung.

Zu den Aufgaben der Erfassungsstelle gehörte allerdings die Registrierung von Fällen »politischer Verdächtigung«.

Dieser Tatbestand des § 241 a StGB lautet in der Bundesrepublik folgendermaßen:

(I)   Wer einen anderen durch eine Anzeige oder eine Verdächtigung der Gefahr aussetzt, aus politischen Gründen verfolgt zu werden und hierbei im Widerspruch zu rechtsstaatlichen Grundsätzen durch Gewalt- oder Willkürmaßnahmen Schaden an Leib oder Leben zu erleiden, der Freiheit beraubt oder in seiner beruflichen oder wirtschaftlichen Stellung empfindlich beeinträchtigt zu werden, wird mit Freiheitsstrafe bis zu fünf Jahren oder mit Geldstrafe bestraft.

(II) Ebenso wird bestraft, wer eine Mitteilung über einen anderen macht oder übermittelt und ihn dadurch der in Absatz 1 bezeichneten Gefahr einer politischen Verfolgung aussetzt.

(III) Der Versuch ist strafbar.

(IV) Wird in der Anzeige, Verdächtigung oder Mitteilung gegen den anderen eine unwahre Behauptung aufgestellt oder ist die Tat in der Absicht begangen, eine der in Absatz 1 bezeichneten Folgen herbeizuführen, oder liegt sonst ein besonders schwerer Fall vor, so kann auf Freiheitsstrafe von einem Jahr bis zu zehn Jahren erkannt werden.

Das Gesetz bestraft mithin den vorsätzlichen »Verrat«, namentlich dann, wenn seine Folge die politisch motivierte Inhaftierung eines Menschen ist.
Leider gehörte es zu einem der Charakteristika des SED-Staates, den Verrat des Bürgers am Bürger nicht nur politisch zu fordern, sondern ihn über § 225 StGB/

DDR zur gesetzlichen Pflicht zu machen. Die gegen die Deutsche Demokratische Republik gerichteten Delikte waren bis hin zum »schweren Fall des ungesetzlichen Grenzübertritts« überwiegend als »Verbrechen« mit Strafe bedroht. Bedenkt man die schon geschilderte extensive Auslegung dieser Straftatbestände, so war praktisch jeder zur Anzeige verpflichtet, der auch nur von der Planung eines solchen »Verbrechens« hörte. Das Gesetz machte auch vor den engsten Angehörigen nicht halt. Die Parallelen zum Dritten Reich waren unverkennbar.

Es bedarf sicher keiner besonderen Vorstellungskraft, um sich die Folgen eines solchen Zustandes ausmalen zu können: das totale Mißtrauen eines jeden, der Zusammenbruch menschlicher Geborgenheit in Familie und Freundeskreis, der Ruin der Gedankenfreiheit.

Von der Erfassungsstelle sind etwa 3000 Fälle politischer Verdächtigung registriert worden. Sie hat dabei den Tatbestand des § 241 a StGB sehr eng ausgelegt und praktisch nur jene Berichte zur Statistik genommen, nach denen eine Inhaftierung die Folge der Denunziation war. Es lag in der Natur der Sache, daß viele Zeugen lediglich den Verdacht äußern konnten, einem Verrat zum Opfer gefallen zu sein. Handfeste Beweise konnten selten beigebracht werden. Um ihre Statistik nicht durch bloße Vermutungsfälle aushöhlen zu lassen, haben sich die Mitarbeiter der Erfassungsstelle auch hier bemüht, jeder Registrierung eine verständige Beweiswürdigung voranzustellen.

Die Denunziation war nicht nur die schreckliche Ernte einer vergifteten Saat, sie hat auch zahllose Menschen für Jahre der Freiheit beraubt, sie qualvoller Inhaftierung ausgesetzt und teilweise in den Selbstmord getrieben. Das wahre Ausmaß des geschehenen Unrechts wird sich uns erst eröffnen, wenn wir in die Aktenarchive des Staatssicherheitsdienstes Einblick nehmen werden.

Politische Verdächtigung des Albert Buchler (geb. 1955)

Albert Buchler hat ausgesagt:

Ich hatte schon seit mehreren Jahren den Wunsch, die DDR zu verlassen. Meine damalige Ehefrau Senta und mein Cousin Klaus wollten sich anschließen. Wir haben nie einen offiziellen Ausreiseantrag gestellt, weil wir die jahrelangen Repressalien seitens der Behörden der DDR fürchteten.

So planten wir Ende Februar 1982, gemeinsam über die Tschechoslowakei und Österreich in die Bundesrepublik Deutschland zu flüchten. Zu diesem Zweck buchten wir eine Flugreise nach Bratislava. Das Ganze sollte als Urlaubsreise getarnt werden. Von Bratislava wollten wir dann zu Fuß über die Grenze nach Österreich flüchten. Als mein Cousin Anfang März 1982 für uns drei die Flugtickets besorgt hatte, besprachen wir die näheren Fluchteinzelheiten. Das war der Zeitpunkt, als meine Frau erstmals Bedenken bekam, die sie auch äußerte. Ich habe diese Bedenken aber nicht ernst genommen, weil ich von dem Gelingen unseres Planes überzeugt war.

Am 15. März 1982 wurde ich um 11.50 Uhr von drei Beamten der Stasibehörde am Arbeitsplatz aufgesucht und »zur Klärung eines Sachverhaltes« nach Halle gebracht. Ein Grund für meine Inhaftierung wurde mir nicht ge-

nannt. Gegen 17.00 Uhr des gleichen Tages wurde ich das erstemal vernommen. Ich wurde gefragt, ob ich mir denken könne, weshalb ich inhaftiert wurde. Für mich stand nun fest, daß es wegen unserer geplanten Flucht war. Also versuchte ich auch nicht zu leugnen. Am nächsten Tag wurde für mich ein Haftbefehl erlassen. Nach Abschluß meiner Vernehmungen wurde mir eröffnet, daß meine Ehefrau unsere Fluchtabsichten der Staatssicherheit gemeldet hatte. Ich habe ihre Aussage selbst gelesen. Sie hat angegeben, daß sie mit uns flüchten wollte, jetzt aber Bedenken bekommen habe und deshalb die Anzeige gemacht habe.

Sie selbst wurde auch nicht verurteilt. Ich wurde wie mein Cousin am 18. Juni 1982 vom Bezirksgericht Halle zu einer Freiheitsstrafe von zwei Jahren und acht Monaten wegen »versuchter Republikflucht« verurteilt.

Politische Verdächtigung des Jürgen Döring (geb. 1950)

Jürgen Döring hat ausgesagt:

Ich habe in Ost-Berlin einen kirchlichen Arbeitskreis für Frieden und Gerechtigkeit gegründet. Eine Liste von Gruppenmitgliedern habe ich an westdeutsche Medien gesandt. Rias Berlin, Sender Freies Berlin, ARD und ZDF haben eine Liste erhalten, da wir uns von dort Unterstützung versprachen, wenn Gruppenmitglieder verhaftet werden sollten.

Am 21.11.1988 wurde ich verhaftet. Mir wurde ungesetzliche Verbindungsaufnahme (§ 219 StGB/DDR) vorgeworfen. Denunziert wurde ich durch ein Mitglied unserer Gruppe. Dieses hatte dem Staatssicherheitsdienst mitgeteilt, daß ich eine Liste der Gruppenmitglieder an die Westberliner Medien geschickt hatte. Die Denunziation habe ich von einem MfS-Angehörigen, einem Major, erfahren, der sie mir vorhielt. Denunziant war der Michael Müller, etwa 46 Jahre alt, jetzt in der Bundesrepublik wohnhaft. Für seinen Verrat an uns und mir persönlich wurde Michael Müller Straffreiheit und sofortige Ausreise mit der Familie zugesichert, was ja auch geklappt hat. Ich wurde am 2.2.1989 zusammen mit drei Mitverurteilten beim Stadtbezirksgericht Lichtenberg wegen »ungesetzlicher Verbindungsaufnahme« zu einem Jahr Freiheitsstrafe verurteilt. Meine Mitverurteilten bekamen ein Jahr und sechs Monate bzw. ein Jahr und zehn Monate Freiheitsstrafe.

Strafprozesse in der Bundesrepublik

Im Tätigkeitszeitraum der Erfassungsstelle ist es aufgrund ihrer Ermittlungen oder Mitwirkung lediglich zu vier Strafprozessen gekommen. Die Täter hatten sich in die Bundesrepublik begeben, und daraus folgte die Zugriffsmöglichkeit und eine Zuständigkeit der bundesdeutschen Strafverfolgungsbehörden. Diese ist u. a. am jeweiligen Wohnort oder dem Ergreifungsort des Beschuldigten begründet.

Die vier Strafprozesse werden im folgenden hauptsächlich mit den durch umfangreiche Beweisaufnahmen gesicherten Feststellungen der Gerichte geschildert. Mit Ausnahme des in der Öffentlichkeit weithin bekannten Falles Hanke mußten auch hier die Namen der Verurteilten und Zeugen aus Gründen des Persönlichkeitsrechts anonymisiert werden.

Strafprozeß gegen Walter Busch (geb. 1930) wegen Freiheitsberaubung und politischer Verdächtigung
(Staatsanwaltschaft Braunschweig 303 Js 6158/83)

Durch Urteil der Staatsschutzkammer des Landgerichts Braunschweig vom 25. August 1983 wurde Walter Busch wegen »schwerer Freiheitsberaubung in Tateinheit mit politischer Verdächtigung« zu sechs Monaten

Freiheitsstrafe mit Strafaussetzung zur Bewährung verurteilt. In den Gründen des Urteils heißt es u. a.:

Im April 1966 heiratete der Angeklagte die Zeugin Alma Busch. Im Oktober 1966 kam der Sohn Peter zur Welt. Etwa ab 1970 und verstärkt ab 1975/76 kam es wegen starker, jedoch unbegründeter Eifersucht des Angeklagten zu Schwierigkeiten in der Ehe, die auch zu tätlichen Auseinandersetzungen seitens des Angeklagten führten. Ein Teil der ehelichen Schwierigkeiten lag darin begründet, daß 1976 der Vater des Angeklagten verstarb und sich hiernach die Mutter des Angeklagten überwiegend in dessen Haushalt aufhielt und der Angeklagte sich weitgehend von ihr beeinflussen ließ. Die Zeugin hatte schon 1975 einen Anwalt mit der Einreichung der Ehescheidungsklage beauftragt, die Klageerhebung unterblieb jedoch, weil die Eheleute sich wieder aussöhnten. Diese Aussöhnung war aber nicht dauerhaft. Der Angeklagte ließ sich auch in der Folgezeit von seiner Eifersucht zu Unbeherrschtheiten bis zu Tätlichkeiten gegenüber seiner Ehefrau hinreißen.

Anfang 1977 besuchte das Ehepaar Köhler – die Schwester der Ehefrau Busch und deren Ehemann, die in Göttingen wohnen – den Angeklagten und dessen Ehefrau in Freital. Der Angeklagte wurde gefragt, ob er mit seiner Familie in die Bundesrepublik übersiedeln wolle. Ihm wurde eine Bedenkzeit eingeräumt, um den für ihn überraschenden Vorschlag zu überdenken. Nach Rücksprache mit seiner Mutter entschloß er sich, in der DDR zu bleiben.

Im Juli 1977 wollte der Angeklagte seine Ehefrau mit einer Bierflasche auf den Kopf schlagen, traf sie aber nur auf die Nase, wodurch sie eine blutende Verletzung erlitt. Sie verließ daraufhin mit Peter, der seine Mutter hatte bluten sehen, die Wohnung in Freital, zog zu ihren Eltern nach Dresden und erhob Scheidungsklage. Der Angeklagte versuchte in der Folgezeit mehrfach seinen Sohn zu sehen. Das gelang ihm nur einmal, als er etwa im Juli/August die Zeugin mit Peter an einer Bushaltestelle traf. Weitere Kontakte verweigerte sie, weil sie mit ihm nichts mehr zu tun haben wollte. Etwa Ende August/Anfang September 1977 begab sich der Angeklagte daher zur Rechtsberatungsstelle des Kreisgerichts in Freital, um dort in Erfahrung zu bringen, welche rechtlichen Möglichkeiten er habe, seinen Sohn zu sehen. Er äußerte hierbei den Verdacht, daß seine Ehefrau mit dem Sohn die DDR verlassen könnte. Ihm war hierbei die Strafbarkeit der sogenannten Republikflucht bekannt, und er nahm es billigend in Kauf, daß aufgrund seiner Äußerung ein Ermittlungsverfahren wegen Republikflucht gegen seine Ehefrau in Gang gesetzt und sie inhaftiert werden könnte. Dabei hatte er zu dieser Zeit keine konkreten Anhaltspunkte, daß seine Ehefrau tatsächlich beabsichtigte, mit Peter die DDR zu verlassen.

Er hoffte, daß die DDR-Behörden diese unwahren Angaben glaubten, deswegen gegen seine Ehefrau vorgehen würden und ihm dann ein Besuchsrecht für Peter verschafften, rechnete aber auch mit ihrer Inhaftierung, so daß er Peter dann für sich hätte. Zwei bis drei Tage nach seinem Besuch bei der Rechtsberatungsstelle wurde er zum Staatssicherheitsdienst vorgeladen. Er äußerte dort erneut seinen Verdacht und erzählte auch sämtliche Einzelheiten über das Gespräch Anfang 1977 zwischen ihm, seiner Ehefrau und den Eheleuten Köhler über eine etwa-

ige Republikflucht. Er nahm hierbei weiterhin in Kauf, daß seine Ehefrau aufgrund des jetzt eingeleiteten Ermittlungsverfahrens inhaftiert würde, damit sie das Sorgerecht nicht mehr ausüben könnte.

Auch in einer zweiten Vernehmung durch den Staatssicherheitsdienst wiederholte er kurze Zeit später seine Angaben. Diese Aussagen führten dazu, daß die Ehefrau des Angeklagten am 5.7.1977 morgens um 6.30 Uhr vor der Arbeitsstelle verhaftet wurde, in Untersuchungshaft kam und am 8.2.1978 vom Bezirksgericht Dresden zu zwei Jahren Freiheitsstrafe wegen Verstoßes gegen die §§ 100 und 213 StGB/DDR (»Staatsfeindliche Verbindungen« und »Ungesetzlicher Grenzübertritt«) verurteilt wurde. Am 5.9.1978 erfolgte nach Teilverbüßung ihre Abschiebung in die Bundesrepublik.

Die Ehe des Angeklagten, der ebenfalls Scheidungsklage eingereicht hatte, wurde am 28.12.1977 durch das Kreisgericht Freital geschieden, das Erziehungsrecht für den Sohn Peter wurde auf ihn übertragen. In dem am 17.3.1978 verkündeten Urteil des Bezirksgerichts Dresden, durch das die Berufung der Zeugin abgewiesen wurde, wurde zum Sorgerecht ausgeführt, daß die Ehefrau »aufgrund ihres Verhaltens, das die strafrechtliche Verantwortlichkeit nach sich zog, nicht als Erzieher eines heranwachsenden Menschen geeignet ist«. Peter befand sich beim Angeklagten. Ein Versuch der Zeugin Sigrun Römer (der 1959 in erster Ehe der Frau des Angeklagten geborenen Tochter), gemeinsam mit Peter am 22.8.1978 aus der DDR zu fliehen, endete mit deren Festnahme. Peter kam wieder zum Angeklagten, die Zeugin Sigrun Römer wurde am 14.12.1978 vom Bezirksgericht Dresden zu einer Freiheitsstrafe von drei Jahren und drei Mo-

naten verurteilt, die sie teilweise bis zu ihrer Abschiebung in die Bundesrepublik am 26.3.1980 verbüßte. Auch die Eheleute Römer und ein Herr Wegener, der die Kinder nach Berlin-Ost gefahren hatte, wurden zu Freiheitsstrafen verurteilt, die sie teilweise verbüßten.

Die Eheleute Römer leben seit dem 19.5.1981 in der Bundesrepublik. Die Kinder Sigrun und Peter waren in der DDR im Rahmen einer Großfahndung festgenommen worden, ausgelöst durch eine Vermißtenanzeige des Angeklagten mit dem Hinweis auf eine beabsichtigte Republikflucht.

Von der Bundesrepublik aus nahm die geschiedene Ehefrau des Angeklagten mit diesem Kontakt auf und stellte ihm ein weiteres gemeinsames Leben in Aussicht. Er kündigte sein Arbeitsverhältnis und stellte am 15.8.1980 einen Antrag zwecks Familienzusammenführung, der zunächst abschlägig beurteilt wurde. Auf einen weiteren Antrag erhielt er Anfang Mai 1981 die Ausreisegenehmigung, die auch die Ausreiseerlaubnis für den Sohn Peter beinhaltete.

Am 26.5.1981 verließ der Angeklagte mit seinem Sohn Peter die DDR und wurde in Göttingen von seiner geschiedenen Ehefrau erwartet. Diese eröffnete ihm, daß sie ihm lediglich vorgetäuscht habe, wieder mit ihm zusammenleben zu wollen, um den Sohn zu erhalten. Peter blieb dann bei seiner Mutter, während der Angeklagte in das Notaufnahmelager Gießen weiterfuhr. Etwa einen Monat später entschloß sich der Angeklagte, wieder in die DDR zurückzukehren. Er fuhr nach Gerstungen in die DDR, wurde aber nach sieben Wochen wieder in die Bundesrepublik zurückgeschickt. Er nahm nunmehr eine Wohnung in Helmstedt und erhielt von seiner Mut-

ter ein Schreiben, er möge sich im Ministerium des Innern der DDR einfinden, um ein neues Aufnahmeverfahren zu erwirken. Er kündigte seine Arbeitsstelle in Helmstedt, wo er als Tischler Anstellung gefunden hatte, und fuhr nach Marienborn. Dort wurde er abermals zurückgewiesen. Nunmehr ließ er sich in Helmstedt einen Reisepaß und einen Bundespersonalausweis ausstellen und fuhr eine Woche später nach Berlin.

Am Übergang Friedrichstraße versuchte er erneut, in die DDR zu kommen. Er wurde abermals zurückgewiesen.·

Diese Feststellung des Sachverhalts erfolgte aufgrund der glaubhaften Einlassung des Angeklagten. Sie wurde bestätigt von den ebenfalls glaubhaften Bekundungen der Zeugen und dem übrigen Ergebnis der Beweisaufnahme. Der Angeklagte hat sich dahingehend eingelassen, daß er aus Angst, seinen Sohn zu verlieren, gehandelt habe. Das vermag sein Handeln weder zu rechtfertigen noch zu entschuldigen ...

Gegen dieses Urteil haben sowohl der Angeklagte als auch die Staatsanwaltschaft Revision eingelegt. Mit seinem Urteil vom 7. März 1984 hat der Bundesgerichtshof (3 StR 550/83) für Recht erkannt:

1) *Auf die Revision des Angeklagten und der Staatsanwaltschaft wird das Urteil des Landgerichts Braunschweig vom 25.8.1983 dahingehend geändert, daß die tateinheitliche Verurteilung wegen politischer Verdächtigung (§ 241 a StGB) entfällt.*
Die weitergehende Revision des Angeklagten wird verworfen.

2) *Auf die Revision der Staatsanwaltschaft wird das be-*

zeichnete Urteil im Strafausspruch mit Feststellungen aufgehoben.

Im Umfang der Aufhebung wird die Sache zu neuer Verhandlung und Entscheidung, auch über die Kosten dieses Rechtsmittels, an eine andere, allgemein zuständige Strafkammer des Landgerichts zurückverwiesen ...

Die Aufhebung des Schuldspruchs wegen politischer Verdächtigung begründete der Bundesgerichtshof mit dem Verfahrenshindernis der Strafverfolgungsverjährung. Er führte aus, die politische Verdächtigung sei Ende August/Anfang September 1977 begangen worden. Zum Zeitpunkt der ersten zur Unterbrechung der Strafverfolgungsverjährung geeigneten Handlung, nämlich der am 24.2.1983 erfolgten Anordnung der ersten Vernehmung des Beschuldigten, sei die fünfjährige Verjährungsfrist bereits abgelaufen gewesen. Bei der Aufhebung des Strafausspruchs, der auf die Revision der Staatsanwaltschaft erfolgte, hat der Bundesgerichtshof im wesentlichen ausgeführt, daß das Landgericht ohne ausreichende Prüfung von einem minder schweren Fall ausgegangen sei.

Nach einer erneuten Hauptverhandlung hat das Landgericht Braunschweig den Angeklagten am 21.8.1984 »wegen Freiheitsberaubung« zu einer Freiheitsstrafe von einem Jahr und drei Monaten verurteilt und die Strafvollstreckung zur Bewährung ausgesetzt. Das Urteil ist rechtskräftig geworden.

Strafprozeß gegen Fritz Richard Hanke (geb. 1941)
(Staatsanwaltschaft Stuttgart 17 Js 150/63)

Fritz Hanke, der zuletzt in Drachhausen bei Cottbus gelebt hat, hatte sich im Januar 1959 zur Grenzpolizei gemeldet. Dort trat er bereits im Februar 1959 seinen Dienst an und wurde später nach seiner Beförderung zum Gefreiten in die 8. Reserve-Grenzkompanie in Schierke/Harz versetzt. Am 1.3.1962 wurde er zum Stabsgefreiten und wenig später zum Stellvertretenden Gruppen- und sogenannten Parteigruppenführer befördert.
Am 3.2.1963 floh Fritz Hanke während des Dienstes an der Grenze in voller Uniform in die Bundesrepublik. Am 29.3.1963 wurde er in Stuttgart verhaftet, weil er in dem Verdacht stand, im Juni 1962 als DDR-Grenzsoldat einen Flüchtling erschossen zu haben.
Nach viertägiger Hauptverhandlung wurde Fritz Hanke am 11.10.1963 vom Schwurgericht Stuttgart (Ks 10/63) »wegen eines Verbrechens des versuchten Totschlags« zu einer Gefängnisstrafe von einem Jahr und drei Monaten verurteilt. Das Urteil wurde rechtskräftig.
In den Gründen dieses Urteils heißt es u. a.:

Am 5.6.1962 war der Angeklagte als Führer einer Grenzstreife zusammen mit dem Soldaten Meier von 13.00 Uhr bis 21.00 Uhr an der Grenze im Raum Schierke/Braunlage (östliches Wurmberggebiet) eingesetzt. Sie versahen ihren Beobachtungsdienst vorwiegend von einer festen Stellung im Gelände aus, die innerhalb des Schutzstreifens von 350 bis 400 Metern hinter der Grenzlinie lag. Ir-

gendwelche Fahndungshinweise oder sonstige Anhaltspunkte für einen möglicherweise bevorstehenden Fluchtversuch lagen nicht vor. Gegen 18.30 Uhr tauchte die
Kontrollstreife, die von dem Unterfeldwebel Hübner
und dem Unteroffizier Voepel gebildet wurde, auf, und
der Angeklagte meldete, daß sich nichts Besonderes er-
eignet habe. Die Unteroffiziere entfernten sich darauf
wieder. Sie waren aber erst etwa seit fünf Minuten aus
dem Blickfeld der Grenzstreife verschwunden, als der
Angeklagte in einiger Entfernung aus der Richtung, welche die Kontrollstreife eingeschlagen hatte, mehrere Ein-
zelschüsse und zwei Dauerfeuerstöße fallen hörte. Darauf rannte er mit Meier sofort in diese Richtung.
Die Kontrollstreife hatte unweit ihres Weges eine Person
bemerkt, die sich im Gebüsch verborgen hielt. Es handelte sich um einen jungen Mann von 20 bis 25 Jahren,
der in der Gegend Magdeburgs gewohnt und gearbeitet
hatte.
Dieser war schon früher zeitweilig in der Bundesrepublik gewesen und wollte nun wieder, ohne daß er sich irgend etwas hatte zuschulden kommen lassen und etwa
deshalb Grund zur Flucht gehabt hätte, dorthin zurückkehren, weil er dort andere, seiner mutmaßlichen Vorstellung nach freiere und bessere Lebensbedingungen
finden konnte. Der junge Flüchtling lief, als er aufgespürt war, zur Grenze davon, um sich der Festnahme zu
entziehen. Deswegen eröffnete die Kontrollstreife das
Feuer, ohne ihn jedoch zu treffen. Erst einige Minuten
darauf geriet der Flüchtling in das Gesichtsfeld der heraneilenden Grenzstreife. Er kam direkt auf den Angeklagten zu.
Als der Angeklagte seiner ansichtig wurde, dachte er

sich, daß es sich um einen jener Flüchtlinge handele, die nichts verbrochen hatten, sondern lediglich, um andere Lebensbedingungen zu finden, die SBZ verlassen wollten. Auf eine Entfernung von 150 Metern nahm der junge Mann die Grenzstreife wahr und schlug darauf, vom Angeklagten aus gesehen, einen Haken nach rechts, so daß seine Fluchtrichtung nunmehr fast parallel zur Grenze auf ein dichtes Waldstück zulief. Hinter ihm tauchte auch alsbald die Kontrollstreife auf. Mittlerweile näherte sich der Flüchtling aber schon im Bereich des Schutzstreifens – durch hohes Gras und Heidekraut teilweise verdeckt – immer mehr seinem Ziel, dem Waldstück, welches ihm bis zur Grenze hin Sichtschutz gewährt hätte. Der Vorsprung zum Angeklagten betrug über 100 Meter.

In diesem Zeitpunkt rief der Führer der Kontrollstreife, der Unterfeldwebel Hübner, aus etwa 120 bis 150 Metern Entfernung: »Hanke! Schießen Sie!«

Der Angeklagte, der zwar durch das gesamte Geschehen etwas in Aufregung geraten, aber keineswegs unbesonnen geworden war, forderte den Flüchtling entsprechend seiner allgemeinen Dienstvorschrift zunächst jedoch nur durch Zuruf »Stehenbleiben! Grenzpolizei« zum Halten auf. Da dies wirkungslos blieb, setzte er seinem Zuruf sofort noch hinzu, daß er auf ihn (den Flüchtling) nicht schießen werde, wenn dieser stehenbleibe. Er hoffte, den Flüchtenden damit umzustimmen und es so vermeiden zu können, auf ihn schießen zu müssen.

Jedoch auch darauf reagierte dieser nicht, vielmehr lief er weiter dem Waldstück zu. Als den Angeklagten nunmehr der dringliche Befehl des immer noch 100 Meter entfernten Unterfeldwebels erreichte, doch endlich zu schießen, und als er selbst befürchten mußte, daß sich der Flüchtling alsbald in dem Wald der weiteren Beobachtung entziehen werde, gab er mit seiner auf Einzelfeuer eingestellten Maschinenpistole zunächst noch einen Warnschuß und gleich darauf, da der Flüchtling weitersprang, einen auf dessen rechte Schulter gezielten Schuß ab.

Dabei war er sich bewußt, daß der Schuß den jungen Mann, der in diesem Augenblick etwa 120 Meter von ihm entfernt war, auch in gefährlichere Körperpartien treffen und töten konnte. Gedanken darüber, ob und wie er dem Befehl hätte ausweichen können, machte sich der Angeklagte in dieser Zeit nicht mehr, weil es seiner inneren Einstellung und Überzeugung entsprach, den Befehl nunmehr rückhaltlos auszuführen.

Der Flüchtling stürzte, vom Schuß am rechten Hinterkopf getroffen, sofort zu Boden. Der Angeklagte eilte sogleich zu ihm hin, untersuchte ihn kurz und begann ihn zu verbinden. Er glaubte, in der Wunde nur einen Streifschuß zu erkennen. Sie blutete ganz frisch, schien etwa einen Zentimeter breit und vier bis fünf Zentimeter lang zu sein. Während des Verbindens meinte der Angeklagte den Verletzten zweimal sagen zu hören: »Ihr habt nicht geschossen«, ohne sich allerdings daraus einen Reim machen zu können. Dann verlor das Opfer die Besinnung.

Inzwischen war auch die Kontrollstreife hinzugekommen. Hübner befahl dem Angeklagten, einen Krankenwagen bei der Kompanie anzufordern. Der Angeklagte verständigte darauf von der nächstgelegenen Anschlußstelle der Telefonleitung aus die Kompanie von dem Vorfall. Anschließend wurde er von Hübner zur Kompanie nach Schierke zurückgeschickt. Nachdem sich der Angeklagte dort dem OvD der Kompanie gemeldet hatte, suchte er den Zeugen Reichelt auf, der sich als damaliger OvD des Bataillons im gleichen Gebäude befand. Ziemlich angegriffen berichtete er, er habe eben »einen erschossen«, und ließ sich dann, offensichtlich am Ende seiner Kräfte, auf ein Bett fallen.

Der Verletzte wurde alsbald mutmaßlich in das Kreiskrankenhaus Wernigerode abtransportiert. Mit allergrößter Wahrscheinlichkeit ist er einige Zeit später an den Folgen der Schußverletzung verstorben; völlig zweifelsfreie Feststellungen ließen sich in dieser Hinsicht jedoch nicht treffen.

Der Angeklagte selbst war fortan aufgrund der umlaufenden Gerüchte davon überzeugt, den Flüchtling getötet zu haben. Sein Schuldgefühl führte zu einem Wandel seiner inneren Einstellung gegenüber den politischen Verhältnissen in der SBZ und wirkte bei seinem späteren Entschluß zur Flucht mit.

Von der örtlichen militärischen Führung wurde der Vorfall zum Anlaß genommen, den Angeklagten als ein Beispiel vorbildlicher Pflichterfüllung herauszustellen und – im Hinblick auf die »schlechte« Schießleistung Hübners und Voepels, die dafür gerügt wurden – auf die Notwendigkeit einer verbesserten Schießausbildung hinzuweisen. Etwa drei Wochen nach dem Vorfall wurde der Angeklagte vor angetretener Kompanie vom Bataillonskommandeur belobigt und mit der Grenzdienstmedaille, verbunden mit einer Geldprämie von 200, – Ost-Mark, ausgezeichnet.

Durch eine Anfrage aus der DDR vom April 1990 wurde der Erfassungsstelle bekannt, daß es sich bei dem von Fritz Hanke angeschossenen Flüchtling um

Peter Reisch, geb. am 26.2.1943, handelte. Dies ist inzwischen zweifelsfrei festgestellt. Ein Verwandter hat im Juli 1990 nähere Angaben gemacht und u. a. mitgeteilt:

Bei seinem Versuch, die Grenze zu überschreiten, wurde Peter Reisch am 5. Juni 1962 gegen 18.50 Uhr im Wurmberg-Brocken-Gebiet von DDR-Grenzsoldaten angeschossen. Er wurde mit einer großflächigen Schädelfraktur lebensgefährlich verletzt. Ich wurde am 6. Juni 1962 aus Weringerode angerufen und unterrichtet, daß unser Neffe schwerverletzt im Krankenhaus Wernigerode, Ilse-Straße, eingeliefert worden sei, und es solle ihn jemand besuchen. Bei unserem Eintreffen dort fanden wir ihn vernehmungsfähig vor. Er berichtete uns, daß man ihn nach der Verletzung liegengelassen hätte und bei gelegentlichem Nachsehen festgestellt hätte, daß der »noch lebe«. So wurde er erst gegen 22.00 Uhr in das Krankenhaus eingeliefert. Ich muß noch bemerken, daß vor seiner Krankenzimmertüre ein bewaffneter Soldat stand! Da die Schwere der Verletzung keinen sofortigen Weitertransport zuließ, wurde er erst am 12. Juli in die Medizinische Akademie Magdeburg überführt, wo er am 13. Juli 1962 gegen 9.00 Uhr verstarb.

Das Schwurgericht Stuttgart wußte nicht, ob der ihm damals unbekannte Flüchtling verstorben war. Es erfolgte deshalb nur eine Verurteilung wegen »versuchten Totschlags«. Im übrigen hat sich das Schwurgericht Stuttgart in ausführlicher Weise mit allen in Betracht kommenden Rechtsproblemen auseinandergesetzt. Einige dieser Ausführungen bzw. Schlußfolgerungen lauten wie folgt:

... Ist es nicht möglich, wenn dem in der SBZ begange-
nen Tötungsdelikt ein Fall der sogenannten »Republik-
flucht« zugrunde liegt, die am Tatort formell gültigen
Rechtsvorschriften ... in der Bundesrepublik als recht-
mäßig und rechtsverbindlich anzuerkennen und bei der
strafrechtlichen Aburteilung zu berücksichtigen.

Zunächst schon deshalb nicht, weil diese Vorschriften
und alle auf sie gegründeten Verfolgungsmaßnahmen
wegen »Republikflucht« in unüberbrückbarem Wider-
spruch zu dem durch die Verfassung der Bundesrepublik
gewährleisteten Grundrecht der Freizügigkeit stehen ...

Jede generelle Einschränkung der Freizügigkeit für alle
Deutschen ist nach dem Grundgesetz unmöglich. Sie
käme einer völligen oder teilweisen Aufhebung des
Grundrechts gleich, würde dadurch dessen Wesensge-
halt antasten, mithin gegen Artikel 19 Abs. 2 des Grund-
gesetzes verstoßen und wäre deshalb verfassungswidrig
und somit rechtsunwirksam ...

Schließlich lassen sich diese Vorschriften, auch wenn
man nicht speziell auf das Grundgesetz der Bundesrepu-
blik Deutschland abhebt, ganz allgemein nicht mit
rechtsstaatlichen Prinzipien vereinbaren. Denn sie die-
nen nicht dem Rechtsgüterschutz aufgrund einer rechts-
staatlich vertretbaren Ordnungsaufgabe, sondern sollen
nur dem Zwangsregime in der SBZ förderlich sein. Es ist
offenkundig, daß die dem Regime in der SBZ Unterwor-
fenen durch das allgemeine Ausreiseverbot und alle son-
stigen Vorschriften und Maßnahmen, die auf die Verhin-
derung der »Republikflucht« hinzielen, gegen ihren Wil-
len und unter Mißachtung ihrer Entscheidungsfreiheit
gezwungen werden sollen, zur Aufrechterhaltung des
Zwangsregimes beizutragen.

Derartige, allein vom politischen Machtstreben getra-
gene gesetzliche Knebelungen des Einzelmenschen fin-
den sich in den Gesetzgebungen freiheitlich-demokrati-
scher Staaten nicht, und zwar nicht nur, weil dort keine
Notwendigkeit besteht, den Verlust eines großen Bevöl-
kerungsteils zu besorgen, sondern auch, weil sie
schlechthin gegen die Würde des Menschen verstoßen,
da sie ihn zum Gefangenen im eigenen Lande ma-
chen ...
Deshalb sind auch die Bewohner der SBZ, auf denen
kein Unrecht lastet, genötigt, »illegal« über die Grenze
zu gehen, sobald sie menschlich und rechtlich billigens-
werte Gründe zum Verlassen der Heimat haben. Sie rea-
gieren damit nur in unausweichlicher Art auf die Un-
rechtmäßigkeit ihres »Staates«. Dabei ist es offenkundig,
daß es sich bei der ganz überwiegenden Mehrheit der
Flüchtlinge um solche unbescholtene, lediglich die Frei-
heit suchende Menschen handelt. Derartige Verhältnisse
und Zwangslagen sind in Rechtsstaaten undenkbar. Des-
halb sind die in Rechtsstaaten gültigen Vorschriften über
den eventuellen Schußwaffengebrauch mit den hier erör-
terten Bestimmungen der SBZ ... mangels vergleichba-
rer Voraussetzungen überhaupt nicht zu messen.
Der Schießbefehl des Unteroffiziers war somit rechtlich
nicht vertretbar und gleichermaßen rechtswidrig wie der
spätere Schuß des Angeklagten auf den Flüchtling. Die
Tatsache, daß der Angeklagte auf Befehl handelte, ver-
mag ihn nicht zu rechtfertigen, da Gehorsam bei rechts-
widrigen Befehlen niemals einen Rechtfertigungsgrund
abgeben kann.
Daß die »Republikflucht« der SBZ als kriminelles Un-
recht deklariert wird, ändert nichts an diesem Ergebnis;

denn kriminelles Unrecht liegt, wie sich aus dem vorher Gesagten ergibt, in Wahrheit nicht vor.

Die Tat des Angeklagten ist vor dem Hintergrund eines unmenschlichen Systems zu sehen, das ihn mit allen Mitteln der Massenpsychologie zu einer blinden Einseitigkeit und einem beschränkten Weltbild erzogen hat. Er konnte im Gegensatz zu den eigentlichen Verantwortlichen in der SBZ die volle Tragweite seines Tuns nicht übersehen. Ihn trifft daher die geringste Schuld an seiner Tat. Sie fällt in um so höherem Maße den Machthabern des Sowjetzonen-Regimes zu. Nach seiner Meinung genügte der Angeklagte mit seinem willigen Gehorsam ... der Pflicht gegenüber seiner Partei und dem Volke. Dadurch glaubte er sich gerechtfertigt. So gesehen, war sein strafbares Handeln nicht von üblem und verächtlichem Denken getragen.

Strafprozeß gegen Karl Tietz (geb. 1902)
(Staatsanwaltschaft Berlin 1 P KLs 2/64 [25.64])

Die 2. Große Strafkammer des Landgerichts Berlin hat am 22. Mai 1964 gegen Karl Tietz folgendes Urteil verkündet:

Der Angeklagte wird wegen schwerer Freiheitsberaubung in zwei Fällen, davon in einem Fall in Tateinheit mit politischer Verdächtigung, zu einer Gesamtstrafe von zwei Jahren Zuchthaus verurteilt.

In den Urteilsgründen hat das Gericht zunächst auf die schwierige Kindheit des Angeklagten hingewiesen, in deren Folge er in schlechte Gesellschaft geraten war und straffällig wurde. Der Angeklagte habe zahlreiche Straftaten begangen und allein in der Zeit von 1917 bis 1943 etwa fünfzehn Jahre in Strafanstalten verbracht. In den Jahren 1953 bis 1959 habe sich der Angeklagte wieder zwecks Verbüßung einer mehrjährigen Zuchthausstrafe in dem Zuchthaus Brandenburg/Goerden befunden. Dort sei er alsbald bei seinen Mithäftlingen in den Ruf gekommen, ein Spitzel für den SSD (Staatssicherheitsdienst) zu sein. Zu den beiden der Verurteilung zugrunde liegenden Straftaten hat das Gericht im einzelnen ausgeführt:

1. *In dieser Anstalt befand sich im Jahre 1955 auch der Zeuge Wolf, der dort als politischer Häftling eine 15jährige Zuchthausstrafe, die später auf zwölf Jahre herabgesetzt wurde, zu verbüßen hatte. Bis zu seiner im Gnadenwege erfolgten Entlassung im November 1960 hat er ingesamt achteinhalb Jahre seiner Strafe verbüßt.*

In seiner Gemeinschaftszelle waren auch die Mithäftlinge Wilert und Vollmer untergebracht, die dort ebenfalls als politische Häftlinge eine mehrjährige Zuchthausstrafe zu verbüßen hatten. In ihrer Zelle befand sich auch vorübergehend der als SSD-Spitzel verrufene Häftling Warda, der jedoch im Mai 1955 in eine andere Zelle verlegt wurde.

Als kurze Zeit später, etwa Ende Mai 1955, der Angeklagte, der seinerzeit gerade an einer Kopffurunkulose litt, in diese Zelle eingewiesen wurde, schöpften der Zeuge Wolf und seine beiden Zellengenossen Wilert und Vollmer sofort Verdacht, daß dieser zur weiteren Bespitzelung in ihre Gemeinschaftszelle verlegt

227

worden sei. Sie beschlossen daher, keine politischen Äußerungen zu machen.

Im Laufe der nächsten Tage ließ es sich jedoch nicht verhindern, daß sie mit dem Angeklagten ins Gespräch kamen. Bei dieser Gelegenheit hatte der Zeuge Wolf auch einige abfällige Äußerungen über die »DDR« gemacht und u. a. erklärt, daß das FDJ-Pfingsttreffen ein propagandistischer Erfolg für den Westen gewesen sei, da ein großer Teil der FDJler sich Berlin (West) angesehen habe.

Nachdem diese Äußerungen gefallen waren, ließ sich der Angeklagte mehrmals bei dem zuständigen Kommandoleiter der Haftanstalt melden und berichtete dort, weil er sich davon persönliche Vorteile versprach, daß der Zeuge Wolf die vorerwähnten Äußerungen gemacht habe. Er war sich dabei darüber im klaren, daß sein Bericht eine über eine Woche andauernde verschärfte Inhaftierung des Zeugen Wolf zur Folge haben konnte. Diese Folge hat er bewußt in Kauf genommen und gebilligt.

Kurze Zeit darauf wurde der Zeuge Wolf zum Staatssicherheitsdienst bestellt. Ihm wurde vorgeworfen, daß er die vorerwähnten Äußerungen gemacht habe, und daher auch angedroht, daß er mit einem Nachverfahren rechnen müsse. Als der Zeuge Wolf dies energisch bestritt, wurde ihm von dem vernehmenden Angehörigen des SSD erklärt, daß er die ihm zur Last gelegten Äußerungen in Gegenwart des Angeklagten gemacht habe. Dabei wies der SSD-Angehörige auf ein in seinen Händen befindliches Protokoll.

Dieser Vorwurf hatte zur Folge, daß der Zeuge Wolf noch im Juni 1955 drei Wochen Einzelarrest erhielt.

Während dieser Zeit bekam er in den ersten vier Tagen überhaupt keine Nahrung und dann nur jeden dritten Tag normales Haftessen. Nach Verbüßung dieser drei Wochen kam er für weitere fünf bis sechs Wochen – bis etwa Ende August 1955 – in die sogenannte Absonderung. Während dieser Zeit befand er sich weiterhin in Einzelhaft. Die Absonderung war aber gegenüber der allgemeinen und normalen Einzelhaft insofern noch eine Verschärfung, weil während dieser Zeit der Häftling nicht arbeiten durfte und auch nichts zu rauchen und zu lesen bekam.

Nach Ablauf dieser Zeit kam der Zeuge Wolf wieder in die Gemeinschaftszelle zurück. Der Angeklagte wurde, nachdem er vorübergehend wegen seiner Kopffurunkulose in die Krankenanstalt eingewiesen war, als Werkstattältester bei der Anstaltstischlerei eingesetzt.

2. *In der Strafanstalt Brandenburg-Goerden hatte der Zeuge Kroll als politischer Häftling eine 25jährige Zuchthausstrafe zu verbüßen. Nachdem er zehn Jahre dieser Strafe verbüßt hatte, wurde er Ende 1960 im Gnadenwege entlassen. Dieser Zeuge war Ende Juli/Anfang August 1958 damit beschäftigt, die in der Anstaltswäscherei abgegebene schmutzige Wäsche zu sortieren und zu durchsuchen. Dabei fand er in der Tasche eines dieser Hemden einen Zettel, der seiner Ansicht nach von dem Angeklagten herrührte. Dieser Zettel war an den SSD gerichtet und enthielt die Namen von drei politischen Häftlingen mit dem Vermerk, daß diese sich der Sabotage und Republikhetze schuldig gemacht hätten. Diesen Zettel übergab der Zeuge Kroll dem Zeugen Müller, der sich bereit er-*

klärt hatte, die auf dem Zettel stehenden drei Häftlinge zu warnen. Kurze Zeit später erschien der Angeklagte bei dem Zeugen Kroll und forderte diesen auf, ihm sofort den gefundenen Zettel herauszugeben. Da dies der Zeuge ablehnte, schon weil er hierzu nicht mehr in der Lage war, erklärte ihm der Angeklagte sinngemäß, er habe für die Herausgabe des Zettels eine Viertelstunde Zeit, anderenfalls werde er schon sehen, was er davon habe.

Da der Angeklagte den Zettel auch nach Ablauf der Zeit nicht bekam, meldete er diesen Vorfall dem SSD, weil er sich davon einen persönlichen Vorteil versprach. Auch bei der Abgabe dieser Meldung war er sich darüber im klaren, daß diese für den Zeugen Kroll oder einen anderen an der Zettel-Aktion beteiligten Häftling eine über eine Woche andauernde verschärfte Inhaftierung zur Folge haben konnte. Diese Folge hat er bewußt in Kauf genommen und gebilligt.

Die Meldung des Angeklagten hatte zur Folge, daß der SSD sofort die in Verdacht stehenden Häftlinge heraus- und antreten ließ. Dann mußte der Zeuge Kroll vortreten und sollte den Häftling benennen, dem er den Zettel weitergegeben hatte. Da der Zeuge Kroll den Namen dieses Häftlings jedoch nicht nannte, trat schließlich der Zeuge Müller freiwillig hervor und händigte den Zettel dem SSD aus.

Wegen seines Verhaltens bekam der Zeuge Kroll zwei Tage Einzelarrest und daran anschließend zwei Wochen Absonderung. Während dieser Zeit war der Zeuge Kroll denselben Bedingungen unterworfen wie im Falle 1 der Zeuge Wolf. Danach lebte er wieder unter den normalen Haftanstaltsbedingungen.

Strafprozeß gegen Heinz Ploch und Gerd Schrader
(Staatsanwaltschaft Stuttgart 14 Js 379/77/LG Stuttgart
16 KLs 38/79)

Das Landgericht Stuttgart hat den Angeklagten Heinz
Ploch am 9. Juni 1980 »wegen dreier Vergehen der politischen Verdächtigung« zu Geldstrafen und »wegen Vortäuschung einer Straftat« zu einer Freiheitsstrafe von
drei Monaten verurteilt. Der Angeklagte Gerd Schrader wurde schuldig gesprochen, »drei Vergehen der Beihilfe zur politischen Verdächtigung« begangen zu
haben. Ihm wurde auferlegt, einen Geldbetrag von
400,– DM an eine gemeinnützige Einrichtung zu zahlen. Auf die Revision des Angeklagten wurde das Urteil
des Landgerichts Stuttgart im Schuldspruch dahin geändert, daß der Angeklagte Schrader wegen Beihilfe
zur politischen Verdächtigung in *zwei* Fällen verurteilt
wurde.
Zum Tathergang hat der Bundesgerichtshof in seinem
Urteil vom 26.11.1980 (3 StR 393/80 [S]) folgendes ausgeführt:

Nach den Feststellungen hat sich der Angeklagte Ploch
während seiner Inhaftierung in der Deutschen Demokra-
tischen Republik verpflichtet, für das Ministerium für
Staatssicherheit der DDR zu arbeiten. Zwischen Herbst
1975 und Mai 1976 teilte er in einem Bericht mit, der Mit-
gefangene Brese habe den Mitgefangenen Krüger zu
überreden versucht, einen Ausreiseantrag aus der DDR
zu stellen. In einem weiteren Bericht führte er aus, die
Mitgefangenen Brese und Schuster bezeichneten Gefan-
gene, die nach ihrer Haftentlassung nicht in die Bundes-

republik Deutschland überwechseln wollten, als minderwertig. In einem dritten Bericht bezichtigte er den Mitgefangenen Grimme, über seine Eltern versucht zu haben, Kontakt zu einer amerikanischen Schwimmfunktionärin aufzunehmen, um auf diese Weise seine Haftentlassung zu erreichen.

Die Berichte setzten, wie das Landgericht festgestellt hat, die Mitgefangenen der Gefahr aus, in der Vollzugsanstalt Cottbus, die als »Abschiebeanstalt« bekannt war, weiter festgehalten und nicht in die Bundesrepublik Deutschland abgeschoben zu werden oder wegen »subversiver Tätigkeit« oder »staatsfeindlicher Hetze« Haftverschärfungen oder Haftverlängerungen zu erleiden.

Der Angeklagte Schrader trug dazu bei, daß Ploch die Berichte ungestört abfassen konnte. Er ließ sich zusammen mit Ploch in eine Sonderzelle einschließen. Während dieser die genannten Berichte verfaßte, arbeitete er Verbesserungsvorschläge für seinen Arbeitsbereich in der Haftanstalt aus, um diese Aufzeichnungen den Zellengenossen als Begründung für den gemeinsamen Umschluß vorweisen zu können. Er wußte, daß er dadurch Ploch in seiner »wirklichen Tätigkeit« unterstützte, und war damit einverstanden, weil die Unterstützung des Ploch für ihn mit persönlichen Vorteilen verbunden war.

Die Berichtigung des Urteils des Landgerichts Stuttgart erfolgte in bezug auf den Angeklagten Schrader lediglich aus rechtlichen Erwägungen.

Mit diesem Urteil hat der 3. Strafsenat des Bundesgerichtshofes – nach dem Grundlagenvertrag aus dem Jahre 1972 – zu der Frage Stellung genommen, ob das Strafrecht der Bundesrepublik Deutschland auch für

eine in der Deutschen Demokratischen Republik begangene politische Verdächtigung zum Nachteil eines in
der DDR lebenden Bürgers gilt. Es hat diese Frage be-
jaht. Die Pressestelle des Bundesgerichtshofes hat das
Urteil hinsichtlich der Anwendung des bundesdeutschen Strafrechts folgendermaßen erklärt:

*Dem Schutzbereich des deutschen Strafrechts unterlie-
gen auch Bürger der DDR als Opfer von Straftaten der
politischen Verdächtigung. Daran hat der Grundlagenvertrag nichts geändert. Denn die Bundesrepublik
Deutschland wollte mit dem Grundlagenvertrag keineswegs ihren Anspruch aufgeben, allen Deutschen, auch
soweit sie in der DDR ansässig sind, Schutz zu gewäh-
ren. Das ergibt sich deutlich aus der von ihr im Zusatz-
protokoll abgegebenen Erklärung, wonach Staatsange-
hörigkeitsfragen durch den Vertrag nicht geregelt worden
sind. Sie geht danach weiterhin von einer einheitlichen
deutschen Staatsangehörigkeit mit den daraus folgenden, sie treffenden Schutzpflichten aus. Es besteht deshalb kein Grund, von der bei Einführung des § 241 a
StGB (politische Verdächtigung) eindeutig gewollten
Rechtslage abzugehen, daß auch Bürger der DDR durch
diese Vorschrift geschützt sind. Der in § 5 Nr. 6 StGB ver-
wendete Begriff »Inland« hat infolgedessen eine andere
Bedeutung als der gleichlautende Begriff in § 3 StGB.
§ 3 StGB beschränkt den räumlichen Geltungsbereich
des Strafrechts grundsätzlich auf die im Inland begangenen Straftaten. Jedenfalls nach dem Beschluß des
Grundlagenvertrages vom 21. Dezember 1972 ist es nicht
mehr vertretbar, das Territorium der DDR als »Inland«
im Sinne des § 3 StGB zu behandeln.*

Dem steht die den Grundlagenvertrag rechtsverbindlich auslegende Entscheidung des Bundesverfassungsgerichts (BVerfGE 36, 1), nach der die Deutsche Demokratische Republik im Verhältnis zur Bundesrepublik Deutschland nicht als Ausland angesehen werden kann, nicht entgegen. Denn das Bundesverfassungsgericht hat hervorgehoben, daß die DDR im Sinne des Völkerrechts ein Staat ist und sich die Staatsgewalt der Bundesrepublik Deutschland nur auf den Bereich der in Artikel 23 Grundgesetz genannten Länder, einschließlich Berlin, erstreckt.

Bilanz

MEDIEN UND ÖFFENTLICHKEIT

Die Arbeit der Zentralen Erfassungsstelle fand von Beginn an starke Beachtung in den Medien. In den 29 Jahren ihres Bestehens haben sich weit über 1000 in- und ausländische Journalisten über die Tätigkeit der Erfassungsstelle informiert. Zahlreiche Fernsehteams aus dem Inland, aber auch aus Japan, USA und aus dem europäischen Ausland haben über die Erfassungsstelle berichtet. Für die gleichgeschaltete SED-Presse in der DDR war die Erfassungsstelle Salzgitter jedoch ein »rotes Tuch« und Zielscheibe fortwährender Angriffe.

In der Bundesrepublik wurde die Arbeit der Erfassungsstelle bis Anfang der siebziger Jahre von einem breiten Konsens der politischen Parteien und Medien getragen. Ein erster Versuch der DDR am 17. Mai 1966, die Auflösung der Zentralen Erfassungsstelle zu fordern, blieb in der Bundesrepublik praktisch ohne jede Resonanz. Die Berichterstattung blieb hier in den sechziger Jahren noch stark geprägt von den Ereignissen des Mauerbaues. So kann man am 28. Januar 1965 in der »Freien Presse«, Bielefeld, nachlesen:

Der leitende Staatsanwalt Höse wies entschieden jede Vermutung zurück, daß Salzgitter etwa eine Art Sammelstelle für die Vorbereitung oder Nährung von Rachgefüh-

len wäre: »Es ist wichtiger, auch nur einen Flüchtling zu retten, als später zehn Zonensoldaten wegen vollendeter Tötung aburteilen zu lassen. Die Opfer kann man nicht wieder zum Leben erwecken.«

Als wichtigste Aufgabe sehen die Staatsanwälte der Zentralstelle von Salzgitter daher auch das »Hineinwirken« in die Zone an, um an das Gewissen und das Unrechtsempfinden der Zonensoldaten zu appellieren.

Das »Hamburger Abendblatt« berichtete am 7. August 1965:

... Eine Dokumentation des Grauens verbirgt sich hinter violetten Aktendeckeln bei der »Zentralen Erfassungsstelle der Landesjustizverwaltung in Salzgitter-Bad«.

Hier werden die Gewaltakte an der Zonengrenze und in Berlin erfaßt. In den ersten sechs Monaten dieses Jahres kamen 770 neue Fälle hinzu. Kürzlich wurde die Akte Nr. 4770 angelegt. Niemand hatte mit einer solchen Fülle grauenhafter Dokumente gerechnet, in denen sich die Tragödie des geteilten Deutschland widerspiegelt.

In die parteipolitische Auseinandersetzung geriet die Erfassungsstelle erstmals im Jahre 1970 durch die Forderung des damaligen niedersächsischen Justizministers Hans Schäfer (SPD), der eine Auflösung der Zentralen Erfassungsstelle forderte. Schäfer begründete seinen Vorstoß damit, daß die Stelle der politischen Entwicklung nicht förderlich sei.

Diese Auffassung, die auch bundesweit Anhänger fand, setzte sich jedoch in der niedersächsischen Landesregierung nicht durch.

In der Zwischenzeit hatte die DDR-Presse ihre Angriffe verstärkt. Das SED-Regime wähnte sich durch den am 21. Juni 1973 in Kraft getretenen Grundlagenvertrag zwischen der Bundesrepublik Deutschland und der DDR seiner uneingeschränkten staatlichen Anerkennung nahe. Um so heftiger attackierte es die vermeintliche »Spionagezentrale« in Salzgitter.

So ist im »Neuen Deutschland« vom 20. August 1974 zu lesen:

Über die Spionagezentrale der BRD in Salzgitter

Kürzlich gab ein Sprecher des Ministeriums für Auswärtige Angelegenheiten der DDR eine Erklärung zur Tätigkeit der sogenannten Zentralen Erfassungsstelle der BRD in Salzgitter ab. Diese BRD-Behörde führt »Untersuchungen und Ermittlungsverfahren« gegen Mitarbeiter staatlicher Organe der DDR, vor allem gegen jene, die kommerzielle Menschenhändler aus der BRD und aus West-Berlin ihrer gerechten Strafe zuführen. Der Sprecher erhob schärfsten Protest gegen diese grobe Einmischung in die inneren Angelegenheiten unserer Republik, gegen die frechen Drohungen gegenüber Staatsorganen und Bürgern der DDR. Er charakterisierte die Machenschaften der BRD-Stelle in Salzgitter als Verletzung des Vertrages über die Grundlagen der Beziehungen zwischen der DDR und der BRD und forderte die unverzügliche Auflösung der völkerrechtswidrigen BRD-Dienststelle.

In der BRD glaubt man offenbar bisher, diesen Protest überhören zu können. Jedenfalls wird, wie westliche Presseberichte jetzt bestätigen, die Tätigkeit dieser ver-

trags- und völkerrechtswidrigen Einrichtung in Salzgitter fortgesetzt.

Unter der Überschrift »Strikt nach dem Geetzbuch« wird folgendes ausgebreitet. Die »Zentrale Erfassungsstelle« wurde im Herbst 1961, das heißt als direkte Provokation gegen die Sicherung der Staatsgrenze der DDR gegenüber der BRD und gegenüber West-Berlin gegründet. Ihr derzeitiger Leiter ist der Oberstaatsanwalt Retemeyer. Bisher hat die Stelle 15 000 »Vorermittlungsverfahren« eingeleitet, »allein in der ersten Hälfte dieses Jahres 239«. Unter den »Angeklagten« sind Mitarbeiter des Justizwesens der DDR, Schöffen, Angehörige der Nationalen Volksarmee, der Volkspolizei sowie andere Bürger der DDR, die ihre staatsbürgerliche Pflicht gewissenhaft erfüllen. Auf diese Weise soll eine Einschüchterung, wörtlich heißt es: ein »Abschreckungseffekt«, gegenüber Staatsbürgern der DDR erreicht werden.

In dem Pressebericht wird auch angedeutet, wie die »Erfassungsstelle« in Salzgitter an das »einschlägige Material« für ihre Tätigkeit herankommt. Es handelt sich um Ausspähung und Zuträgerdienste – ohne Hemmung wird der Begriff Spionagezentrale benutzt. Der Pressebericht läßt keinen Zweifel offen, daß von der BRD-Behörde in Salzgitter u. a. auch Spionage zwecks Einflußnahme auf die Entwicklung der DDR betrieben wird. Unverblümt ist von Einflüssen auf die »große Politik« die Rede, von »politischen Zweckmäßigkeitserwägungen, über die natürlich in keinem Justizministerium und in keiner Partei laut nachgedacht wird«.

Trotzdem wird in unverschämter Weise der Versuch unternommen, den völkerrechtswidrigen Anschlägen gegen den Grundlagenvertrag, gegen Entspannung und

*friedliche Koexistenz eine »Rechts«-Grundlage zuzu-
sprechen. Diese Grundlage, so heißt es, bilde das Strafgesetzbuch der BRD, das bestimmt, »daß alle Deutschen, gleichgültig ob sie eine nach den Normen dieses
Gesetzbuches von Strafe bedrohte Handlung im Inland
oder im Ausland begangen haben, dem (west-)deutschen
Strafrecht unterliegen. Für die Bundesrepublik ist die
DDR nicht Ausland, und trotz der eigenen Staatsbürgerschaft der DDR sind Einwohner der DDR nach bundesdeutscher Rechtsauffassung Bürgern der Bundesrepublik gleichgestellt.«*

*Diese Ungeheuerlichkeit ist ein direkter Beweis dafür,
daß man in der BRD auch noch jetzt an der längst bank-
rotten »Obhutspflicht für alle Deutschen« festhält, daß
man von einer offen revanchistischen Konzeption aus-
geht, daß man die Staatsgrenze, die Souveränität und die
Staatsbürgerschaft der Bürger der DDR, eines der Nach-
barstaaten der BRD, vorsätzlich mißachtet und daß dort
eine sogenannte Rechtsauffassung vertreten wird, die in
schreiendem Widerspruch zum Völkerrecht steht.*

*Was die DDR und ihre Bürger betrifft, so versteht sich
von allein, daß sie sich von den Herausforderungen der
BRD nicht beeindrucken lassen. Die DDR wird so wie
bisher auch künftig die Interessen ihrer Bürger wahren
und für die strikte Einhaltung und volle Anwendung der
abgeschlossenen Verträge und Abkommen eintreten.
Dazu gehört, daß sie Verletzungen dieser Verträge und
Abkommen, so den Mißbrauch der Transitwege der
DDR zwischen der BRD und West-Berlin sowie Anschläge auf ihre Staatsgrenzen und ihre staatliche Sicherheit, nicht hinnimmt.*

Die Tätigkeit der BRD-Dienststelle in Salzgitter ist eine

grobe Einmischung in die inneren Angelegenheiten der DDR. Sie stellt eine vorsätzliche Verletzung von völkerrechtlich gültigen Verträgen und Abkommen der BRD mit der DDR dar. Sie ist ein permanenter juristischer und politischer Angriff gegen die mit dem Grundlagenvertrag angestrebte Normalisierung der Beziehungen zwischen den beiden deutschen Staaten. Diese Normalisierung verlangt, daß sich Bonn endgültig von den Überbleibseln aus der Zeit des kalten Krieges trennt – und die Spionagezentrale in Salzgitter ist eines der übelsten dieser Überbleibsel. Im übrigen: Es hat sich für die BRD noch nie ausgezahlt, Proteste der DDR in den Wind zu schlagen. Dr. H.

Auch die sowjetische Parteipresse hat sich mehrfach für eine Auflösung der Erfassungsstelle eingesetzt. So am 9. Januar 1975 in der »Iswestija«:

Die Deutsche Demokratische Republik tritt für die genaue und vollständige Anwendung der abgeschlossenen internationalen Abkommen und Verträge ein und erwartet das natürlich auch von den anderen. Deshalb ist ihre Forderung nach unverzüglicher Schließung der »Zentralen Erfassungsstelle« in Salzgitter – diese Forderung ist in einer Erklärung enthalten, die die Agentur ADN in diesen Tagen in Berlin veröffentlicht hat – vollauf gerechtfertigt. Denn es geht darum, sich von einem Gespenst zu befreien, das sich aus der Zeit des »kalten Krieges« erhalten hat und das versucht, die Entwicklung normaler Beziehungen zwischen der DDR und der BRD zu stören.

Der Höhepunkt der Pressekampagne wurde durch die sogenannte Geraer Rede Erich Honeckers im Oktober 1980 vor SED-Funktionären erreicht. Honecker erklärte damals, die Existenz der Zentralen Erfassungsstelle Salzgitter stehe in krassem Widerspruch zum Grundlagenvertrag, und machte weitere Fortschritte in den innerdeutschen Beziehungen von einer Auflösung der Erfassungsstelle abhängig.

Das »Neue Deutschland« meldete am 8. Januar 1981 unter der Überschrift: »›Erfassungsstelle‹ in Salzgitter treibt noch immer ihr Unwesen«:

In der BRD gibt es eine Stadt namens Salzgitter. Von Zeit zu Zeit spukt dort etwas, was dem Ort eine gewisse traurige Berühmtheit eingebracht hat. Es handelt sich um eine offizielle Behörde der BRD, die eigentlich gar nicht mehr existieren sollte. Das Amt nennt sich »Zentrale Erfassungsstelle der Landesjustizverwaltungen«. Sein Leiter hatte dieser Tage den Jahresrapport für 1980 erstattet …

Der Jahresbericht der »Zentralen Erfassungsstelle« ist eine bezeichnende Selbstentlarvung. Er verdeutlicht, daß Revanchismus in der BRD nicht nur von alten und neuen Nazis, sondern im trauten Verein mit ihnen, ganz offiziell, auch von Staats wegen betrieben wird. Erst kürzlich wurde die Einmischungspolitik in die Angelegenheiten der DDR durch einen Beschluß des Karlsruher Gerichtshofes zur Ausdehnung des BRD-Strafrechts auf Bürger unserer Republik juristisch belegt. Die Salzgitter-Behörde gesellt sich dazu als eine amtliche Institution des Revanchismus. Die bei BRD-Politikern verbreitete Fiktion des »Deutschen Reiches« in den Grenzen

241

von 1937 beschränkt sich also durchaus nicht nur auf Phantasie und Sprüche. Die großdeutschen Träume an BRD-Kaminen haben, wie man sieht, ein handfestes Instrumentarium. Es zielt gegen das Völkerrecht. Es dient dem kalten Krieg gegen Frieden und Sicherheit unseres Kontinents. Höchste Zeit also, die Einrichtung in Salzgitter abzuschaffen.

Diese Forderungen blieben in der Bundesrepublik nicht ohne Wirkung. Die Diskussion um eine Auflösung der Erfassungsstelle Salzgitter wurde zunehmend heftiger. So forderte der stellvertretende Vorsitzende der SPD-Bundestagsfraktion, Jürgen Schmude, im parlamentarisch-politischen Pressedienst vom 13. März 1984 mit Nachdruck die Auflösung der Zentralen Erfassungsstelle. Er bezeichnete die Stelle vor Journalisten in Bonn als »institutionalisierte Drohung gegenüber Bürgern der DDR, die die Vorschriften und Befehle der DDR-Regierung befolgen«. Die Verhinderung von Grenzübertritten auch mit Waffengewalt sei aus der Sicht der DDR-Bediensteten eine Amtspflicht, die durch bundesdeutsches Recht und bundesdeutsche Institutionen nicht in Schuld und Unrecht verwandelt werden dürfe. Die Erfassungsstelle stehe daher im Widerspruch zum Grundlagenvertrag mit der DDR, der von der Souveränität beider deutschen Staaten ausgehe.
Die westdeutsche Presse ließ sich von solchen Überlegungen wenig beeindrucken. Sie hielt die »Buchhaltung des Verbrechens« (»Weltbild« vom 8.6.1984) weiter für nötig, und die »Westfälischen Nachrichten« meldeten in ihrer Ausgabe vom 5. Mai 1984 einen »DDR-Sturmlauf gegen ›Erfassungsstelle‹«:

Die DDR hat eine neue Kampagne gestartet. Sie fordert die »bedingungslose Auflösung« der Zentralstelle Salzgitter. Dort werden seit 23 Jahren »die an der Zonengrenze und im Gebiet der DDR begangenen Gewaltakte« erfaßt, bearbeitet und aktenkundig gemacht. Allein 1983 waren das 1132 »Vorfälle«, insgesamt bisher 31 487. »Nach wie vor nützlich und notwendig« nennt die Bundesregierung die Zentralstelle. Honeckers SED-Organ »Neues Deutschland« hingegen wettert: »Ein Skandal ohnegleichen!«

Auch die »Stuttgarter Nachrichten« vom 21. August 1984 berichteten unter der Überschrift: »Dorn im Auge Ost-Berlins«:

Das Amt mit seinen insgesamt sieben Mitarbeitern ist, das weiß auch Retemeyer, der DDR ein Dorn im Auge. Die DDR betrachtet die Zentrale Erfassungsstelle als »völkerrechtswidrige Einrichtung, die unter Zugrundelegung der Alleinvertretungsanmaßung der westdeutschen Bundesrepublik und der Ausdehnung der westdeutschen Gerichtshoheit Bürger der Deutschen Demokratischen Republik wegen der Ausübung ihrer verfassungsmäßigen Staatsbürgerrechte widerrechtlich verfolgt«.
Retemeyer kontert mit Blick auf die Entscheidungen des Bundesgerichtshofes: »Nach unserer Rechtsauffassung sind die Gerichte der Bundesrepublik durchaus befugt, in der DDR vollzogene Hoheitsakte unter strafrechtlichen Gesichtspunkten zu würdigen.« Wie lange in Salzgitter die Akten noch gesammelt werden können, steht allerdings in den Sternen. Die SPD setzte sich schon vor Monaten für eine Schließung der Behörde ein.

Tatsächlich handelte es sich aber hier nur um eine nicht durchsetzbare Minderheitsmeinung in der Sozialdemokratie. So meldete die »Frankfurter Rundschau« in ihrer Ausgabe vom 29. Dezember 1984:

Auch SPD-Länder rütteln nicht an der »Erfassungsstelle«.

Ministerkonferenz legte Antrag zur Auflösung der Behörde zur Ahndung von »Unrechtshandlungen« in der DDR zu den Akten.

Dem Anliegen des Republikanischen Anwaltsvereins, die Erfassungsstelle aufzulösen, hatten sich in den vergangenen Monaten prominente sozialdemokratische Juristen und Politiker wie Jürgen Schmude, Horst Ehmke und Hans Jochen Vogel angeschlossen. Am 6. November hatte die SPD-Bundestagsfraktion zudem einstimmig beschlossen: »Die Zentrale Erfassungsstelle Salzgitter ist – selbst gemessen an den ihr gestellten Aufgaben – wirkungslos und überflüssig. Sie soll durch die Bundesländer aufgelöst werden.«

Nach Angaben des Staatssekretärs im niedersächsischen Justizministerium, Hans-Friedrich Rehwinkel, setzte sich in der Justizministerkonferenz jedoch kein einziges Bundesland dafür ein, die Behörde in nächster Zeit zu schließen, obwohl die Hamburger Bürgerschaft am 30. Mai dem Senat einen entsprechenden Auftrag erteilt hatte.

Entsprechend wurde alsbald sogar über eine Erweiterung des Auftrages der Erfassungsstelle nachgedacht. So meldete die »Süddeutsche Zeitung« am 7. Januar 1986:

Der Parlamentarische Staatssekretär im Bundesjustizmi-
nisterium, Benno Erhard (CDU), hat sich am Wochen-
ende für die Ausweitung des Auftrages der Zentralen Er-
fassungsstelle für Gewalttaten in der DDR ausgespro-
chen. In einem Interview der »Bild«-Zeitung sagte Er-
hard, die Frage sei nicht, ob die Erfassungsstelle in Salz-
gitter aufgelöst werden müsse, sondern wie ihr Auftrag
erweitert werde. Denn auch die unmittelbar politisch Ver-
antwortlichen für Gewaltakte an der Grenze müßten ak-
tenkundig gemacht werden. Der »kleine Volksarmist«,
der den Finger am Abzug habe, sei nur Erfüllungsge-
hilfe. Moralisch und auch juristisch seien diejenigen mit-
schuldig, die den Schießbefehl gäben.

Die Gegenstimmen blieben wiederum nicht aus. Der
hessische FDP-Vorsitzende Wolfgang Gerhardt, auch
stellvertretender Bundesvorsitzender der FDP, forderte die Schließung der Erfassungsstelle. In der
»Bild«-Zeitung nannte auch er die Behörde ein »Relikt
des kalten Krieges«. Er meinte, die Erfassungsstelle
könne große Probleme bringen, wenn es tatsächlich zur
Wiedervereinigung komme: »Deshalb sollten wir sie
zumachen.«
Je mehr man im Westen glaubte, realem politischem
Zwang nachgeben zu müssen, um so heftiger waren die
Töne aus Moskau. So meldete »Die Welt« am 26. Juni
1986:

Die Sowjetunion hat eine neue Kampagne gegen die Zen-
trale Erfassungsstelle in Salzgitter für Straftaten an der
innerdeutschen Grenze und menschenrechtswidrige
Handlungen in der »DDR« gestartet. In der Juni-Aus-

gabe der deutschsprachigen Moskauer Zeitschrift »Neue Zeit« wird der Bundesregierung Rechtsanmaßung und Mißachtung der Ergebnisse des Zweiten Weltkrieges vorgeworfen. Wörtlich heißt es in der Zeitschrift: »Ein Instrument dieser Politik ist die Zentrale Erfassungsstelle in Salzgitter. Was dort registriert wird? All das, was Bonn gegen den Strich geht. So, wenn DDR-Organe Grenzverletzer festnehmen. Überdies versucht die ›Stelle‹ jetzt bereits mehr als 20 Jahre, Ermittlungen in Fällen von DDR-Bürgern durchzuführen, die Vergehen auf ihrem Territorium begangen haben ... Ist die Ausdehnung der Strafrechtspflege auf Territorium und Bürger der DDR nicht eine Verletzung von Normen des Völkerrechts, für das sich Bonn verbal so stark macht?«

Mit der Ernennung von Staatsanwalt Dr. Hans-Jürgen Grasemann zum Pressesprecher im Juli 1988 erfuhr die Öffentlichkeitsarbeit der Erfassungsstelle eine erhebliche Aufwertung. Ihr Ziel war es, die fortdauernden Menschenrechtsverletzungen in der DDR offensiver anzuprangern und damit die Abschreckungswirkung zu verstärken. Das DDR-Regime hatte sich selbst zum »Bollwerk« gegen die Liberalisierung in der Sowjetunion, Polen und Ungarn ernannt. Es war nun rundherum belagert von den gewaltlosen Streitern für Freiheit und Recht.

Die Medien haben dies in eindrucksvoller Weise offengelegt und dabei vielfach auf das Wissen der Erfassungsstelle zurückgreifen können. Ohne »Glasnost« und »Perestrojka« wäre die friedliche Revolution in der DDR nicht denkbar gewesen; ohne Presse, Rundfunk und Fernsehen wären alle DDR-Bürger »Dresdner« geblieben.

Im Hinblick auf die Erfassungsstelle begann in der Bundesrepublik nach der Wende ein Umdenken bei vielen Politikern und manchen Medienvertretern, die ihr skeptisch gegenüberstanden. Denn in einem kaum für möglich gehaltenen Umfang wurden in der DDR Korruption und Vetternwirtschaft, Staatsterrorismus und Waffenhandel sowie das Siechtum psychisch kranker Menschen entdeckt, um nur einige Beispiele aufzuzählen.

Es verwundert nicht, daß die Medien dem Aktenbestand der Erfassungsstelle heute eine besondere Bedeutung beimessen. Schlagzeilen wie: »Honecker zittert, denn Salzgitter packt aus« (»Westfälische Nachrichten« vom 7. Dezember 1989) oder »Salzgitter – ein Archiv unserer Zeit« (»Die Welt« vom 10. Mai 1990) sind bezeichnend.

Die »Thüringische Landeszeitung« vom 15. Februar 1990 kommentierte die Tätigkeit der Erfassungsstelle mit den folgenden Worten:

> *Rotes Tuch der Mächtigen,*
> *Hoffnung der Entrechteten.*

FINANZIERUNG UND KOSTEN DER ERFASSUNGSSTELLE

Der Jahresetat der Zentralen Erfassungsstelle betrug in den letzten Jahren durchschnittlich ca. 250.000,– DM. Diesen Betrag teilten sich die Länder, anteilig gemessen ihrer Einwohnerzahl. Der Bundesanteil an der Finanzierung belief sich auf jährlich 50.000,– DM. Diese vergleichsweise geringen Kosten der Erfassungsstelle – ein Journalist meinte: »das Jahresgehalt eines mittelmäßigen Bundesligaspielers« – ergaben sich, weil die Mitarbeiter der Erfassungsstelle überwiegend als Halbtagskräfte tätig waren. Erst nach der Öffnung der Grenze und der damit zusammenhängenden Arbeitsbelastung wurde das Personal befristet auf fünf Ganztagskräfte aufgestockt.

Im Jahr 1988 hatten das Saarland, Bremen, Hamburg und Nordrhein-Westfalen ihre Zahlungen eingestellt. Diesem Schritt folgten im Januar 1989 Schleswig-Holstein und am 25. Mai 1989 auch Berlin.

Die entstandene Finanzierungslücke war relativ unbedeutend. So hatte der Anteil des Saarlandes im Jahre 1989 3.506,– DM betragen. Um die Arbeitsfähigkeit der Erfassungsstelle zu gewährleisten, hat die Bundesregierung ihren Jahreszuschuß auf 100.000,– DM angehoben.

Inzwischen haben die SPD-regierten Länder, die sich aus der Finanzierung zurückgezogen hatten, teilweise ihre Bereitschaft zum Ausdruck gebracht, die Erfassungsstelle zukünftig wieder unterstützen zu wollen. Das Land Hamburg hat die Wiederaufnahme der Zahlungen für das Jahr 1990 bereits beschlossen.

DIE ENTWICKLUNG NACH DEM 9.11.1989

Die Umgestaltungen in der DDR haben die Aufgaben der Erfassungsstelle grundlegend verändert. Politische

Gewaltakte gehören glücklicherweise der Vergangenheit an. Dennoch ist die Tätigkeit der Erfassungsstelle keineswegs beendet.

Die Erfassungsstelle war errichtet worden, um Vorermittlungen zur Beweissicherung zu führen und damit die Grundlagen einer erst im Falle der Wiedervereinigung möglichen Strafverfolgung der Täter zu schaffen. Die Beweise liegen vor. Sie sind allemal ausreichend zur Einleitung ordentlicher Ermittlungsverfahren. Der Bundesgesetzgeber und die demnächst zuständigen Justizbehörden auf dem Gebiet der ehemaligen DDR werden letztlich über die weitere Verwendung des hier gesammelten Materials und dessen rechtlichen Gebrauch zu bestimmen haben. Dabei wird einerseits zu klären sein, ob die festgestellten Unrechtshandlungen den rechtsstaatlichen Verjährungsvorschriften unterliegen. Würde man dies bejahen, ergäbe sich nach unserer Bewertung eine automatische Verfolgungsbeschränkung auf noch etwa 14 500 registrierte Gewaltakte, zu denen allein etwa 13 000 politische Urteile zählen. Zum anderen könnte Straffreiheit für bestimmte Tätergruppen im Sinne einer vorgezogenen Amnestie erklärt werden. Auch insoweit werden schließlich die Gerichte bzw. der Gesetzgeber die erforderlichen Entscheidungen treffen müssen. Eine Stellungnahme dazu soll hier nicht abgegeben werden. Zu berichten ist aber über das ungebrochene Interesse der Opfer des SED-Regimes an einer Registrierung der an ihnen verübten Gewaltakte und die damit vielfach erklärte Hoffnung auf eine gerechte Sühne.

Nach der Grenzöffnung vom 9.11.1989 haben bis September 1990 etwa 2000 DDR-Bürger der Erfassungsstelle geschrieben oder diese persönlich besucht. Die Mehrzahl war Opfer der rigiden Verurteilungspraxis der Gerichte. Da sie aus dem Gefängnis in die DDR entlassen worden waren, hatten sie keine Gelegenheit, der Erfassungsstelle ihr Schicksal mitzuteilen. Auf diese Weise ist ihr eine Vielzahl rechtsstaatswidriger Maßnahmen aus weit zurückliegender Zeit bekannt geworden und wurden ihr viele Originaldokumente übergeben.

In den Eingaben der DDR-Bürger kam häufig zum Ausdruck, daß noch wenig Vertrauen zu den eigenen Behörden besteht. Man will sichergehen und seinen Fall jedenfalls auch in Salzgitter zur Kenntnis bringen, um eine rechtsstaatliche Beweissicherung zu gewährleisten.

Im Juni 1990 haben die Regierungsparteien in Niedersachsen eine Koalitionsvereinbarung getroffen, in der es zur Erfassungsstelle heißt:

Unter Würdigung der deutsch-deutschen Entwicklung werden die Koalitionsparteien dafür sorgen, daß die Erfassungsstelle in Salzgitter aufgelöst wird. Ihre Aktenbestände werden in ein Archiv umgewandelt, das zur wissenschaftlichen Auswertung sowie für förmliche und konkrete Rechtshilfeersuchen zuständiger Behörden zur Verfügung steht.

Inwieweit diese Zielsetzung verwirklicht werden wird, erscheint derzeit noch unklar. Denn die Erfassungsstelle ist eine Einrichtung aller Landesjustizverwaltungen der alten Bundesländer, und es dürfte ein Gebot der Stunde sein, die neuen Bundesländer in die Entscheidungsfindung einzubeziehen.

Darüber hinaus werden sich die Unterlagen der Erfassungsstelle als äußerst bedeutsames Material für die Richter- und Staatsanwalts-Berufungsausschüsse in den neuen Ländern erweisen, erlauben sie doch in den meisten Fällen schnelle und verläßliche Rückschlüsse zur Prüfung der Frage, ob ein Bewerber für das Amt des Richters oder Staatsanwalts durch seine frühere Tätigkeit belastet ist oder nicht.

Auch bei den zu erwartenden Rehabilitations- und Entschädigungsverfahren dürften die Akten der Erfassungsstelle noch für viele Jahre unentbehrlich sein, zumal der Reißwolf als gefräßige Mißgeburt der Wende in die Fauna der DDR eingedrungen ist. Seine Fütterung dauert vermutlich immer noch an. Man nennt diesen Vorgang »verkollern«.*

Die Justiz der DDR hat sich nicht als Hüterin der Gerechtigkeit, sondern als Vollstreckerin »sozialistischer Gesetzmäßigkeit« verstanden. Sie ist darum schuldig und untragbar geworden. Ihre Gebeine sollten wir fröhlich zu Grabe tragen, das Interregnum geduldig hinnehmen.

Solange aber in den neuen Ländern noch keine neue Gerichtsbarkeit aufgebaut und funktionsfähig ist, wird die Erfassungsstelle ihre Existenzberechtigung behalten.

---

* (offenbar abgeleitet von: Kollergang = Mahlwerk)

Danksagung

Das Buch hätte ohne die tatkräftige Mitarbeit meiner Ehefrau Renée sicher nicht zeitgerecht fertiggestellt werden können. Ich möchte ihr daher in Liebe meinen besonderen Dank aussprechen.
Gedankt sei auch Herrn Staatsanwalt i. R. Martin Peterssen, der über ein Jahrzehnt in der Erfassungsstelle gewirkt hat und gern bereit war, das Manuskript noch einmal durchzuarbeiten und auf Mängel aufmerksam zu machen.

Heiner Sauer

Anhang

Nach dem Beitritt der ehemaligen DDR in die Bundesrepublik Deutschland am 3. Oktober 1990 wurde es
durch Einsichtnahme in die Archive der Nationalen
Volksarmee (NVA) und des Ministeriums für Staatssicherheit (MfS) möglich, die von der Zentralen Erfassungsstelle in 30jähriger Arbeit erstellten Daten zu
überprüfen. Dies ist nunmehr in erster Linie eine Aufgabe der zuständigen Strafverfolgungsbehörden, die
die Ermittlungen im Zusammenhang mit den Todes-
schüssen zu bearbeiten haben. Da sie von Amts wegen verpflichtet sind, allen Verdachtsmomenten im
Hinblick auf etwa begangene Tötungshandlungen
nachzugehen, werden sie wohl in absehbarer Zeit ein
vollständiges Bild des geschehenen Unrechts aufzeigen
können. Es bleibt allerdings offen, wann und wie die
Öffentlichkeit zu diesen Erkenntnissen Zugang erhalten wird.

Der Unterzeichner hat sich bemüht, die in der Erst-
ausgabe enthaltenen Verzeichnisse aus verschiedenen
Quellen heraus zu aktualisieren. Dabei ergab sich, daß
die Sachverhaltsschilderungen der Zentralen Erfassungsstelle weitgehend zuverlässig, wenn auch vielfach
lückenhaft waren. Die Vermutung, die Zahl der tatsächlichen Todesfälle werde den bisher bekannten Umfang
beträchtlich übersteigen, hat sich bedauerlicherweise
bestätigt. Hinter fast jedem der in Kürze geschilderten
Einzelfälle steht das Schicksal eines seine Freiheit und
sein Glück suchenden Menschen, ja ganzer Familien.

Die sog. Todeslisten bleiben ein erschütterndes Kennzeichen jenes Staatsgebildes, das sich Deutsche Demokratische Republik nannte, und vorgab, der wahre deutsche Rechtsstaat zu sein.

Abschließend sei auf das Buch »Opfer der Mauer – Die geheimen Protokolle des Todes« von Werner Filmer und Heribert Schwan, Verlag C. Bertelsmann, München 1991, hingewiesen. Es enthält die Wiedergabe zahlreicher Dokumente zu den hier nachfolgend verzeichneten Todesfällen. Seine Lektüre erscheint für das Verständnis der Vorgänge von größter Bedeutung.

Heiner Sauer

Verzeichnis der Todesfälle an der Demarkationslinie (innerdeutsche Grenze)

Nr.	Tatzeit	Geschädigte(r)	Vermutlicher Sachverhalt
01	11.01.1949	Adolf Wieczorek geb. 12.05.1910	W. wurde bei dem Versuch, die Zonengrenze in westlicher Richtung zu überschreiten, von einem sowjetischen Grenzposten erschossen.
02	29.01.1949	Dr. Hermann Hille aus Braunschweig	Gegenüber Wackersleben/SBZ erschossen.
03	24.06.1949	Werner Hofmann geb. 15.09.1917 in Gössnitz	H. und ein weiterer Mann versuchten, bei Bläckenroda mit einem Opel P 4 zu flüchten. Wegen der Nichtbeachtung von Stoppzeichen gaben die Grenzpolizisten Hentrich und Rogowski je einen gezielten Schuß auf den Fahrer des Fluchtwagens ab. H. wurde durch einen Kopf- und Bauchschuß tödlich verletzt.

Nr.	Tatzeit	Geschädigte(r)	Vermutlicher Sachverhalt
04	22.06.1949	Unbekannter Mann 20–25 Jahre	Im Volkspolizei-Kommandobereich Tastungen versuchten zwei Grenzpolizisten, zwei junge Männer am Überschreiten der Grenze zu hindern. Der VP-Wm Ambos gab zwei gezielte Schüsse ab, worauf einer der Flüchtenden zusammenbrach. Beide konnten noch Westgebiet erreichen. Der Verletzte verstarb an den Schußverletzungen.
05	26.07.1949	Brigitte Frauendorf geb. 18.12.1937 in Leipzig	Das 12jährige Mädchen befand sich in Begleitung ihrer Eltern. Diese und eine weitere Gruppe von Fluchtwilligen wollten die Grenze bei Kirchgandern überqueren. F. wurde durch einen Schuß des VP-Wm Paul Weilepp tödlich getroffen.
06	16.03.1950	Irmgard Stark geb. 26.03.1928	Frau Stark wurde bei dem Versuch, zwischen Philippsthal und Vacha nach Westdeutschland zu fliehen, von dem Volkspolizisten Manfred Gransky durch einen gezielten Schuß getötet.

Nr.	Tatzeit	Geschädigte(r)	Vermutlicher Sachverhalt
07	24.03.1950	Hermann Meyer geb. 14.10.1909 aus Groß-Briesen	Von dem Angehörigen des Bahnhofskommandos Drewitz, VP-Wm Dietrich, erschossen.
08	25.09.1950	Herbert Muhs geb. 27.11.1929	Muhs wurde beim Versuch, die Trave bei Lübeck in einem Schlauchboot zu überqueren, von einem Volkspolizisten erschossen.
09	27.10.1950	Gerhard Oelse	O. und ein weiterer aus Magdeburg stammender Mann befanden sich bei Beendorf mit ihren Fahrrädern auf dem Rückweg aus der Westzone, wo sie u.a. Lebensmittel beschaffen wollten. Bei dem Versuch, der Festnahme als »Grenzverletzer« zu entgehen, wurde O. von VP-Wm Josef Korn erschossen.
10	28.10.1950	Anneliese Walther geb. 19.04.1920 in Quedlinburg	W. und eine weitere Frau wurden als Grenzgänger beschossen. Beide erlitten Bauchschüsse. W. verstarb im Krankenhaus Osterwiek.

Nr.	Tatzeit	Geschädigte(r)	Vermutlicher Sachverhalt
11	28.01.1951	Richard Hillebrand aus Hohengandern	H. wurde im Bereich des VP-Kommandos Rimbach bei dem versuchten Überqueren der Demarkationslinie erschossen.
12	06.06.1951	Karl August Kratzin geb. 13.10.1897	K. wurde bei dem Versuch, einer Frau beim Grenzübertritt bei Stapelburg zu helfen, von einem Volkspolizisten angeschossen. Er erlag den Folgen des Bauchdurchschusses im Krankenhaus Osterwieck.
13	15.06.1951	Martin David geb. 25.11.1909 aus Gardelegen	Zwischen Gehrendorf und Lockstedt (bei Oebisfelde) als Grenzgänger bei dem Überschreiten der DL von West nach Ost von dem VP-Wm Gerhard Faust durch einen Zielschuß u.a. an der Wirbelsäule getroffen, verstarb D. im Krankenhaus Oebisfelde.
14	29.07.1952	Gerhard Palzer	Der westdeutsche Zollassistent P. überschritt bei Stedtlingen den sog. 10 m-Kontrollstreifen auf das Gebiet der SBZ, um mit ostzonalen Grenzpolizisten das Gespräch zu suchen. Als er festgenommen werden sollte, riß er

Nr.	Tatzeit	Geschädigte(r)	Vermutlicher Sachverhalt
(14 Forts.)			sich los und versuchte, zurück nach Westen zu entkommen. Er wurde beschossen und durch Kopfschuß tödlich getroffen. Als er niederstürzte, befand er sich bereits auf westlichem Gebiet.
15	09.11.1955	Max Grübner geb. 09.05.1911 in Lengefeld, Krs. Weimar	Bei Steinbach a. d. Haide / LKrs. Kronach erschossen. G. brach erst zusammen, als er sich bereits auf westlichem Gebiet befand.
16	23.07.1956	Unbekannte Person	In der Trave bei Schlutup erschossen.
17	Sommer 1959	Unbekannter Holzsammler	Im Kp.-Abschnitt Isenburg / Harz von Fw. Pilar erschossen.
18	September 1959	Stgefr. Braun	B. wurde in der Nähe des ehem. Sanatoriums »Jungborn« östl. von Bad Harzburg, von einem Kameraden erschossen, weil irrtümlich für einen Flüchtling gehalten.
19	Juli 1961	Unbekannter Mann	Fw. Klaus Breuger von der Kp. Sorge erschoß einen Mann, der auf Anruf nicht stehen blieb, Nähe »Weiße Brücke«.

Nr.	Tatzeit	Geschädigte(r)	Vermutlicher Sachverhalt
20	12. 10. 1961	Kurt Lichtenstein geb. 01. 12. 1911 in Berlin	Der Redakteur der »Westfälischen Rundschau« wurde beschossen und u. a. durch Brustschuß schwer verletzt, weil er sich auf ostzonales Gebiet begab, um dort arbeitende Landarbeiter zu filmen. L. verstarb im Krankenhaus Klötze.
21	April 1961	NVA-Olt. Fleischer	Im Raum Steimke erschossen.
22	Frühjahr 1962	Karl-Heinz Krüger Bad Liebenstein	Bei Fluchtversuch an den Folgen einer Minendetonation gestorben (Raum Wiesenfeld).
23	05. 06. 1962	Peter Reisch geb. 26. 02. 1943 aus Engeln, Krs. Staßfurt	R. wurde bei einem Fluchtversuch im Raum Schierke/Braunlage von dem NVA-Stabsgefr. Fritz Hanke beschossen und am Kopf getroffen. R. verstarb am 13. 07. 1962.
24	Juni 1962	Unbekannte Person	Bei Kronau/Elbe durch Schüsse tödlich verletzt.
25	10. 07. 1962	Joachim Weinhold geb. 11. 06. 1931 in Berlin-Wilmersdorf	Der Westberliner W. wurde an der Interzonenbahnstrecke südlich Helmstedt bei dem vermeintlichen Versuch, die Grenze in östlicher Rich-

Nr.	Tatzeit	Geschädigte(r)	Vermutlicher Sachverhalt
(25 Forts.)			tung zu überqueren, beschossen und in den Bauch getroffen. Er erlag im Krankenhaus Neindorf seinen Verletzungen.
26	13.07.1962	Unbekannte Person	An der Werrabrücke bei Lauchröden/Thür. erschossen.
27	14.07.1962	Hans-Peter Bachmura geb. 27.10.1940	Bei Fluchtversuch ertrunken.
28	05.08.1962	Gerd Köhnkamp geb. 1947 aus Schwerin	Beim Durchschwimmen der Elbe bei Hitzacker nach Beschießung ertrunken.
29	13.08.1962	Hans-Joachim Jankowiak geb. 11.05.1942 in Unzeburg	J. versuchte, gemeinsam mit Klaus Raabe bei Lauchröden/Werra, 300 m westlich Göringen, die Grenze zu überqueren. Bei der Verfolgung gab der NVA-Gefr. Herbert Hacker 41 Schuß aus seiner MP ab, wodurch J. am Rückgrat tödlich verletzt wurde. Der Grenzposten wurde zur Auszeichnung vorgeschlagen.

Nr.	Tatzeit	Geschädigte(r)	Vermutlicher Sachverhalt
30	17.08.1962	Edgar Winkler geb. 03.12.1943 in Schöngleina	Der NVA-Soldat W. wurde nach der Flucht eines Kameraden erschossen, wollte selbst nicht flüchten, Raum Rotheul.
31	27.08.1962	Werner Dobrick	Im Pötenitzer Wiek (SO Travemünde) bei Fluchtversuch ertrunken oder auf andere Weise ums Leben gekommen.
32	September 1962	Unbekannte Person	Bei Abbenrode/Krs. Wernigerode auf Mine gelaufen und tödlich verletzt.
33 34	September 1962	Karl-Ludwig Schulz 20 Jahre alt Günther Schulz 22 Jahre alt	Im Küstengebiet bei Boltenhagen (SBZ) angeblich erschossen, möglicherweise mit Jürgen Schulz und Hans-Georg Jacobs ertrunken, vgl. Nr. 35, 36.
35	September 1962	Jürgen Schulz	Bei Fluchtversuch ertrunken, vgl. Nr. 33f.
36	September 1962	Georg Jacobs	Bei Fluchtversuch ertrunken, vgl. Nr. 33f.
37	Nacht zum 14.10.1962	Unbekannte Person	In der Nähe der Straße Duderstadt/Bundesrep. – Ecklingerode/SBZ erschossen.

Nr.	Tatzeit	Geschädigte(r)	Vermutlicher Sachverhalt
38	Okt./Nov. 1962	Unbekannte Person	An der Straße Ischenrode/ Bundesrep.–Rohrberg/ SBZ nach Minenunfall verstorben.
39	November 1962	Klaus Körner, geb. 21.07.1939 in Arnstedt, wohnh. gew. in Bremerhaven	Zwei Grenzgänger gerieten im Abschnitt Untersuhl auf eine Mine und sind tödlich verletzt worden. Vgl. Nr. 40.
40	November 1962	Erich Janschke geb. 19.06.1941 in Dankmarshausen	Vgl. Nr. 39
41	November 1962	Günter Stieg	Im Raum Wernigerode bei Grenzübertritt durch Gewalteinwirkung (Mine oder Schußwaffe) ums Leben gekommen.
42	Dezember 1962	Unbekannte Person	Bei Kumlosen/Lütkewisch in der Elbe erschossen.
43	05.12.1962	Wendelin Haberl	An der Demarkationslinie zw. Vogtland und Bayern bei Fluchtversuch durch Gewalteinwirkung ums Leben gekommen.
44	24.12.1962	Peter Hecht	Ertrunken in der Elbe. Ursache unklar.

Nr.	Tatzeit	Geschädigte(r)	Vermutlicher Sachverhalt
45	13. 01. 1963	Helmut Breuer geb. 04. 06. 1944	B. wurde bei dem Versuch, die Elbe bei Boizenburg zu durchschwimmen, von NVA-Grenzposten erschossen.
46	Ende Febr./ Anf. März 1963	Unbekannte Person	Bei Posseck/Krs. Oelsnitz/Vogtl. durch Minendetonation tödlich verletzt.
47	April 1963	Lothar Heller geb. 17. 01. 1941	Am Elbufer (offenbar Gegend Krs. Hagenow) ums Leben gekommen.
48	14. oder 15. April 1963	Rolf Fülleborn	Im Raum Lenzen/Elbe in der Elbe erschossen.
49	Mitte April 1963	Fritz oder Erich Blank NVA-Angehöriger	Im Bereich Hasenthal/ Thür. bei Fluchtversuch erschossen.
50	29. 04. 1963	Unbekannter Mann	Bei Elb-Km 475,7 westl. Schnackenburg männliche Wasserleiche in Tauchausrüstung von swz. Grenztruppen geborgen. Der Unbek. wurde erschossen. Die Flucht zweier weiterer Männer mißlang. Zur Verhinderung der Flucht wurden 171 Schüsse abgegeben.

Nr.	Tatzeit	Geschädigte(r)	Vermutlicher Sachverhalt
51	17.06.1963	Klaus-Ullrich Kilian geb. 02.05.1944 aus Saalfeld	K. und Wilfried Hensel versuchten, südlich Probstzella die Grenze nach Westen zu durchbrechen. Durch einen Grenzposten wurde K. mit zwei Schüssen am Rückgrat verletzt. Er verstarb im Krankenhaus Gräfenthal.
52 53	06.07.1963	2 unbekannte junge Männer	Im Raum Zopten/Krs. Saalfeld erschossen.
54	01.08.1963	Helmut Kleiner geb. 14.08.1939 aus Quedlinburg	K. versuchte, gemeinsam mit Margit K. gegenüber Hohegeiß über die Grenze zu gelangen. Während Margit K. festgenommen wurde, wurde von dem NVA-Uffz. Ewald Schulz und einem weiteren Grenzsoldaten das Feuer auf den noch flüchtenden K. eröffnet, wobei die Soldaten insgesamt 60 Schuß abgaben. K. wurde getötet.
55	18.08.1963	Frieda Klein geb. 13.10.1944 hochschwanger	Im Gudersleber Wald/ SBZ bei Walkenried/ Bundesrep. an Hüftschuß gestorben.

Nr.	Tatzeit	Geschädigte(r)	Vermutlicher Sachverhalt
56	28. 10. 1963	Bernhard Simon geb. 31. 07. 1945 aus Leipzig-Markkleeberg	Bei dem Fluchtversuch mit seinem Bruder Siegfried geriet S. gegenüber Wirl auf eine Mine und wurde schwer verletzt. Der Bruder konnte ihn noch auf westdeutsches Gebiet bringen, wo S. verstarb.
57	03. 11. 1963	Unbekannte Person	Bergung eines Minentoten an der Wegsperre Gerthausen / Krs. Meiningen / Weimarschmieden.
58	03. 11. 1963	Bernd Ickler geb. 30. 06. 1945 aus Pfersdorf	I. versuchte, gemeinsam mit Dieter Helbig zwischen Pfersdorf/Thür. und Willershausen/Hessen die Grenze zu überqueren. Dabei lief I. auf eine Mine und wurde schwer verletzt. Er verstarb am folgenden Tag im Krankenhaus Eisenach.
59	November 1963	Dieter Fürneisen	Bei Zopten (Nähe Probstzella) auf eine Mine gelaufen.
60	16. 11. 1963	Unbekannter sowjetzonaler Grenzpolizist	Am Kutschenberg bei Ecklingerode/SBZ bei Fluchtversuch angeschossen und später verstorben.

Nr.	Tatzeit	Geschädigte(r)	Vermutlicher Sachverhalt
61	06.12.1963	Hans-Werner Piorek geb. 03.11.1929	Gegenüber Lübeck-Eichholz erschossen, nachdem er sich vom Westen her über die Grenze begeben hatte, dort festgenommen wurde und sich einer Durchsuchung durch Flucht in Richtung Westdeutschland entziehen wollte.
62 63 64	1963/1964	Gebrüder Albrecht und »Pepi« Zahn	Auf der Flucht über die Ostsee erschossen bzw. ertrunken.
65	15.01.1964	Unbekannte Person	Minenopfer.
66 67	März 1964	2 unbekannte Personen	Bei Gutenfürst/SBZ erschossen.
68	10.06.1964	Werner Krause geb. 27.07.1942	Erschossen.
69	14.06.1964	Peter Müller geb. 15.05.1944 in Gernrode	Gemeinsam mit Dieter Stadt versuchte M., bei Sorge/OT Wiedfeld ein Minenfeld kriechend zu überwinden. Dabei brachte er eine Mine zur Detonation und wurde tödlich verletzt.

Nr.	Tatzeit	Geschädigte(r)	Vermutlicher Sachverhalt
70	07.07.1964	Fritz Zapf geb. 26.08.1926 aus Lichte, Krs. Neuhaus-Rennweg	Z. versuchte, bei Neuenbau über die Grenzsperranlagen zu gelangen. Als er bereits bis zur Minensperre vorgedrungen war, wurden von einem NVA-Grenzposten 6 Warn- und 31 Zielschüsse auf ihn abgegeben. Z. erhielt einen Kopf- und Lungenschuß, an dessen Folgen er wenig später im Krankenhaus Gräfenthal verstarb.
71	15.07.1964	Unbekannte Person	Bei Wartha/SBZ erschossen.
72	02.08.1964	Karl Matz geb. 1915, aus Neuenbau, Krs. Sonneberg	M. wurde am Südausgang Neuenbau bei einem Fluchtversuch gestellt und in die Beine geschossen. Er verstarb im Krankenhaus Sonneberg.
73	04.08.1964	Unbekannte Person	Fluchtversuch bei Schlegel/SBZ, Flüchtling wurde schwer verletzt. Er verstarb auf dem Weg in das Krankenhaus.
74	05.09.1964	Adolf Mahler geb. 21.08.1943 aus Gera	Bei seinem mit zwei weiteren Personen unternommenen Fluchtversuch 300 m nordöstlich der Autobahnbrücke Hirschberg lief M. auf eine Mine und

Nr.	Tatzeit	Geschädigte(r)	Vermutlicher Sachverhalt
(74 Forts.)			verstarb wenig später. Todesursache laut Bericht der NVA: »Herz- und Kreislaufschwäche durch Explosionsamputation des linken Beines«.
75	05.09.1964	Gertrud Danke geb. 26.12.1933 aus Bömenzien, Krs. Seehausen (Sperrzone)	Im Grenzabschnitt 100 m westlich der Straße Bömenzien-Kapern wollte D. die Grenzsperren überwinden. Sie führte eine 3 m lange Stange bei sich und versuchte damit, die Minen aufzuspüren, indem sie die Stange vor sich auf den Boden schlug. Etwa 2 m vor Ende der Sperre trat sie auf eine Mine. D. konnte sich noch über die Grenze schleppen und von westlicher Seite geborgen werden. Sie verstarb an den Verletzungsfolgen.
76	05.09.1964	Unbekannter Jugendlicher aus Gera	Bei Fluchtversuch nahe Autobahnbrücke bei Hirschberg verwundet und später gestorben.
77	Oktober 1964	Rudolf Kreuter geb. 17.02.1941	Die Leiche des K. wurde am 07.04.1965 von Soldaten der NVA im Minengürtel westlich von Grevesmühlen entdeckt. Dem

Nr.	Tatzeit	Geschädigte(r)	Vermutlicher Sachverhalt
(77 Forts.)			Befund nach muß K. das Minenfeld von westlicher Seite betreten haben und rückwärts auf eine Mine gelaufen sein. Vom Zustand der Leiche wurde auf den Todeszeitpunkt geschlossen. K. soll Angehöriger der Bundeswehr gewesen sein.
78	05.05.1965	Klotz, Vnu.	Bei Fluchtversuch im Raum Rothesütte angeschossen, seinen Verletzungen erlegen.
79	Ende Mai 1965	Unbekannter Mann	Zwei Männer wurden bei dem Versuch, über Nacht in die Bundesrepublik zu fliehen, von dem Postenpaar eines B-Turmes im Gebiet der Kp. Eishausen beschossen. Einer der Flüchtlinge wurde getötet. Die Leiche soll 10–12 Einschüsse aufgewiesen haben.
80	Frühsommer 1965	Unbekannte Person	Von Angehörigen der Grenzkompanie Stapelburg bei Fluchtversuch erschossen.

Nr.	Tatzeit	Geschädigte(r)	Vermutlicher Sachverhalt
81	04.08.1965	Klaus Noack geb. 07.06.1940	Der NVA-Gefr. N., der im Grenzregiment Heiligenstadt als Postenführer eingesetzt war, beabsichtigte über den Kontrollstreifen in die Bundesrepublik zu flüchten. Sein Vorhaben wurde von dem ihm unterstellten Soldaten Kneschke bemerkt und zu verhindern gesucht. In einem Handgemenge gab K. mehrere Schüsse ab, verletzte N., glaubte, ihn getötet zu haben, und wollte Meldung erstatten. Als K. wenig später feststellte, daß N. nicht mehr am alten Ort lag, sondern trotz seiner Verletzungen in die Minensperre gekrochen war, eröffnete er nochmals das Feuer und tötet N.
82 83	September 1965	Peter Brückner Christian Block	Die beiden aus Schwerin stammenden Jugendlichen ertranken bei dem Versuch, über die Ostsee zu flüchten.
84	September 1965	Brudöhl, Vnu.	Sohn des Optikers Brudöhl aus Mühlhausen bei Fluchtversuch westlich Mühlhausen erschossen.

Nr.	Tatzeit	Geschädigte(r)	Vermutlicher Sachverhalt
85	Sommer oder Herbst 1965	Unbekannter NVA-Soldat	Der Uffz. Kliem von der Ausb.-Kp. Dingelstedt am Hug wurde bei Grenzeinweisung von einem Soldaten aufgefordert, den Weg zur Grenze zu zeigen, und dabei mit der Waffe bedroht. Kliem erschoß den Soldaten.
86	29./30. September	Hartmut Eisler geb. 13.04.1944	Der NVA-Soldat wurde bei der Postenkontrolle versehentlich erschossen.
87	29.12.1965	Erich Schmidt geb. 03.03.1939 aus Helmershausen	Der NVA-Leutnant S. war am 07.10.1965 fahnenflüchtig geworden und überquerte am 28.12.1965 die Grenze von West nach Ost. Vor seiner Festnahme brachte er sich mit seiner Dienstpistole eine schwere Kopfverletzung bei, an der er am 29.12. im Krankenhaus in Erfurt verstarb.
88	01.01.1966	Reinhard Dahms geb. 19.05.1944 aus Finofurt/Eberswalde	Vom Postenführer, Stabsgefr. Harald Jäger, bei Fluchtversuch während Streifenganges nördlich der Ortschaft Bömzien erschossen.

Nr.	Tatzeit	Geschädigte(r)	Vermutlicher Sachverhalt
89	01.01.1966	Alfred Lill geb. 11.03.1933 aus Gühlsdorf-Viehle	Ein NVA-Grenzposten-führer erschoß L. im Verlauf einer tätlichen Auseinandersetzung vor dessen Haus.
90	05.02.1966	Jürgen Büttner geb. 21.10.1951 aus Sonneberg III	Bei der mit Reinhardt Behr gemeinsam im Bereich Hönbach versuchten Flucht, wurde der Oberschüler B. durch Lungendurchschuß derart verletzt, daß er verstarb.
91	11.03.1966	Klaus Schaper geb. 05.06.1948	Bergung eines Minentoten im Bereich der Kp. Elend von westl. Seite beobachtet.
92	12.03.1966	Hans Kessel geb. 04.06.1947 aus Calbe/Saale	K. versuchte, mit einem präparierten Lkw die Sperre der Kontrollstelle Marienborn zu durchbrechen. Der Lkw fuhr auf die geschlossene Hauptsperre, wobei K. verletzt wurde und später in einem Krankenhaus in Magdeburg verstarb.
93	30.03.1966	Eberhard Schulze geb. 1946	Bei dem Versuch, in Höhe des Rudower Wäldchens zu flüchten, wurde S. aus der Nähe von dem NVA-Postenführer Ufw. Rolf Ludwig erschossen.

Nr.	Tatzeit	Geschädigte(r)	Vermutlicher Sachverhalt
94	Mitte Mai 1966	Unbekannter Jugendlicher, 16 Jahre alt	Die Soldaten Thalhöfer und Erich Matzke von der GKp. Geisa schossen auf den Jugendlichen, als dieser die Grenzhindernisse überklettern wollte, und verletzten ihn mit mehreren Schüssen tödlich. Matzke erhielt 10 Tage Urlaub, eine Geldprämie und eine Auszeichnung.
95	Juni 1966	18jähriger Flüchtling aus Sachsen	Grenzsoldat Manfred Schiffner, wohnhaft in Probstzella, hat den Flüchtling bei Probstzella erschossen.
96	18.08.1966	Werner Möhrer geb. 29.07.1945 aus Grabow	M. versuchte, gemeinsam mit seinem Bruder und dessen Verlobter bei Morsleben zu flüchten. Er wurde kurz vor Erreichen der Bundesrepublik erschossen.
97	19.08.1966	Dieter Reinhardt geb. 15.01.1945 NVA-Uffz. aus Schönebeck	Bei Fluchtversuch im Raum Hanum von dem Feldwebel Lutz Friebel erschossen.
98	11.10.1966	Walter Fischer aus Harras, Krs. Hildburghausen	Nördl. Ahlstedt, Krs. Coburg, 20 m vor Erreichen der Westgrenze erschossen.

Nr.	Tatzeit	Geschädigte(r)	Vermutlicher Sachverhalt
99	23.04.1967	Jürgen Kleesattl geb. 07.02.1944 aus Ziegenrück	Der NVA-Gefr. K. wurde bei einem Fluchtversuch während des Postendienstes von dem Uffz. Harald Gräfe (GK Dippach) nach einem Handgemenge erschossen. Der Uffz. Gräfe wurde auf persönliche Anordnung Erich Honeckers umgehend zum (Unter-) Leutnant befördert.
100	15.08.1967	Unbekannte Person (vermutl. NVA-Soldat)	Im Gebiet von Berka/ Thüringen erschossen.
101	10.10.1967	Erich Tesch geb. 20.07.1902 aus Köln	T. lief von westlicher Seite kommend über die Grenze und geriet bei Morsleben in ein Minenfeld. Er wurde schwer verletzt und verstarb am selben Tage.
102	22.04.1968	Peter Eck	E. lief bei dem Versuch, bei Oberweid aus der SBZ zu flüchten, auf eine Mine und erlag den durch die Detonation der Mine entstandenen Verletzungen.
103	Frühjahr 1968	Unbekannter Mann	Im Bereich der GKp. Nettgau wird eine stark verweste männl. Leiche gefunden, deren Beine – offenbar durch Mineneinwirkung – zersplittert waren.

Nr.	Tatzeit	Geschädigte(r)	Vermutlicher Sachverhalt
104	April/Mai 1968	Unbekannter Mann	Vopo Schäffler erschoß einen Mann, der im Bereich des Kontrollpunktes Marktgölitz die Flucht in die Bundesrepublik versucht hatte.
105	03.04.1969	Wirth, Vnu NVA-Uffz.	W. wurde nach einer Auseinandersetzung im Bereich der 9. Grenzkompanie von dem NVA-Ufw. Wetzel erschossen.
106	Frühjahr 1969	Pausch oder Pautsch NVA-Uffz.	Bereich der 7. Grenzbrigade Magdeburg. Uffz. Pausch oder Pautsch wurde bei dem Versuch, über die DL zu flüchten, von unbekannten NVA-Soldaten erschossen.
107	Frühjahr 1969	Unbekanntes Kind	Ein Kind, welches beim Spiel über die DL bei Steinach zu geraten drohte, wurde erschossen.
108	27.07.1969	Unbekannte Person	Minenopfer.
109	06.08.1969	Uwe Preußner geb. 09.01.1950	Im Bereich der Grenzkompanie Mundhausen gelang dem NVA-Pionier P. das Überschreiten der DL. Bereits auf westlichem Gebiet befindlich, wurde er von Hptm. Huck

Nr.	Tatzeit	Geschädigte(r)	Vermutlicher Sachverhalt
(109 Forts.)			und einem Sicherungsposten beschossen und schwer am Kopf verletzt. P. wurde von den Schützen auf das Gebiet der SBZ verschleppt, wo er wenig später im Krankenhaus Hildburghausen verstarb.
110	24.08.1969	Hans-Dieter Genau geb. 15.03.1951 in Treffurt	G. versuchte, mit einem anderen Jugendlichen die Werra im Bereich Eschwege zu durchschwimmen. G. wurde durch Kopfschuß getötet.
111	13.09.1969	Unbekannte Person	Als Flüchtling im Raum Hildebrandtshausen erschossen.
112	27.12.1969	Unbekannte Person	Kutschenberg bei Duderstadt: Angehörige der 9. GKp. Ecklingerode, schossen gegen 1 Uhr 30 einen Flüchtling nieder. Obwohl Frostwetter herrschte, wurde der Schwerverletzte nicht sogleich, sondern erst gegen 9.00 Uhr geborgen. Lebenszeichen gab er zu diesem Zeitpunkt nicht mehr von sich.

Nr.	Tatzeit	Geschädigte(r)	Vermutlicher Sachverhalt
113	Dezember 1969	Unbekannter Mann	Ein Mann, der in die Bundesrepublik flüchten wollte, wurde von Angehörigen der NVA-GKp. Blankenstein erschossen.
114	1969	Unbekannter Mann	DL im Raum Hildebrandtshausen: Ein namentlich nicht bekannter FDJ-Funktionär wurde bei dem Versuch, über die DL zu flüchten, von einem Angehörigen der NVA-GKp. Hildebrandtshausen erschossen.
115	05.02.1970	Hauck, Vnu NVA-Uffz.-Schüler	Bei Fluchtversuch erschossen.
116	Ende Januar/ Anf. Februar 1971	Unbekannter Mann	Ein Soldat der 5. GKp. Hönbach erschoß einen Unteroffizier derselben Einheit, als dieser versuchte, in die Bundesrepublik zu flüchten.
117	13.02.1971	Gerhard Rettinger geb. 19.07.1934 aus Arnstadt	R. geriet bei seinem Fluchtversuch im Grenzabschnitt Bad Salzungen auf eine Mine. Durch die Detonation wurden ihm beide Füße bis zum Knöchel angerissen. Er erlag seinen Verletzungen im Krankenhaus Vacha.

Nr.	Tatzeit	Geschädigte(r)	Vermutlicher Sachverhalt
118	17.02.1971	Frank Möller geb. 14.07.1946 Ichtershausen	Abschnitt der 6. GKp. Geisa: Grenzgänger West/Ost beim Schußwechsel mit 2 Grenzposten so schwer verletzt, daß er auf dem Transport ins Krankenhaus verstarb. Einer der Todesschützen war der Soldat Wolfgang Graner – vgl. Nr. 124.
119	24.03.1971	Bernhard Sperrlich geb. 1952 aus Jena	GKp. Probstzella: Der Betonbauer S. wurde bei dem Versuch, die DL am Nordabhang der »Thüringer Warte« zu überschreiten, von ihn verfolgenden NVA-Angehörigen beschossen und so schwer verletzt, daß er danach verstarb.
120	Nacht vom 28.03.1971	Karl-Heinz Fischer geb. 14.06.1934 aus Meiningen	Zonengrenze bei Sondheim/LKrs. Mellrichstadt: Der Arbeiter F. geriet beim Überqueren der Zonengrenze in Ost/West-Richtung auf eine Mine, welche explodierte und ihn so schwer verletzte, daß auf dem Gebiet der Bundesrepublik der Tod durch Verbluten eintrat.
121	29.03.1971	Unbekannte Person	Minenopfer.

Nr.	Tatzeit	Geschädigte(r)	Vermutlicher Sachverhalt
122	09.04.1971	Klaus Seifert geb. 1953 aus Bibra	Grenzabschnitt Schwikkershausen: Der Maurer S. geriet beim Überqueren der Zonengrenze in Ost/West-Richtung auf eine Mine, welche explodierte und ihn so schwer verletzte, daß er am 04.05.1971 in einem Krankenhaus der Bundesrepublik an den Folgen verstarb.
123	Mai 1971	Unbekannte Person	DL bei Probstzella: NVA-Ofw. Howagummenium beschoß in Grenznähe drei Flüchtlinge und tötete einen von ihnen.
124	31.05.1971	Wolfgang Graner geb. 17.09.1951 aus Radebeul II	DL bei Geisa: Der NVA-Gefreite Graner wurde bei dem Versuch, über die DL zu flüchten, von dem Gefr. Eberhard Cäzor erschossen.
125	22.06.1971	Hans-Erich Masur geb. 14.03.1924 aus Vorsfelde	M. widersetzte sich als Grenzgänger von West nach Ost nach seiner Festnahme nordöstlich der Straße Lochtum/Abbenrode der Durchsuchung und wurde erschossen.

Nr.	Tatzeit	Geschädigte(r)	Vermutlicher Sachverhalt
126	ca. Aug./ Sept. 1971	Unbekannte Person	Unbekannter Grenzgänger West/Ost wurde nach Überwinden der DL im Bereich des »Wenneröder Tunnels« südlich der stillgelegten Bahnlinie Vienenburg/Halberstadt von einer Grenzstreife der 1. GKp. Abbenrode, dem Gefr. Naumann und einem namentlich nicht bekannten Unteroffizier, gestellt und im Zuge der körperlichen Durchsuchung durch MP-Schüsse beider Posten tödlich verletzt.
127	07.11.1971	Klaus Becker	Erschossen.
128	23.02.1971	Görtzen, Vun NVA-Hptm.	Minenopfer im Bereich des NVA-Grenzregiments 24.
129	07.04.1972	Heide Schabitz geb. 19.01.1953, aus dem Bezirk Magdeburg	S. wurde im Bereich Gardelegen bei einem Fluchtversuch erschossen.
130	14.11.1972	Hans-Leo Hoffmann geb. 25.08.1941 aus Teistungen/ Worbis	Bereich der GKp. Teistungen: H. löste bei dem Versuch, die Grenzhindernisse in Richtung Ost/ West zu überwinden, die Selbstschußanlage SM 70 aus und blieb mit schwer-

Nr.	Tatzeit	Geschädigte(r)	Vermutlicher Sachverhalt
(130 Forts.)			sten Splitterverletzungen an beiden Beinen liegen. Er verstarb nach kurzer Zeit im Krankenhaus Worbis nach Amputation beider Beine.
131	16.01.1973	Hans Frank	DL bei Blütlingen: F. wurde bei dem Versuch, aus der SBZ zu flüchten, durch eine Selbstschußanlage SM 70 getötet.
132	21.04.1973	Fred Woitke geb. 16.10.1949 aus Eisenhüttenstadt	W. versuchte, mit Dieter Fritz und Günter Wojciechowski mittels eines Lkw die Grenzsperren in Marienborn zu durchbrechen. Sie prallten jedoch auf einen Betonklotz und wurden aus dem Fahrzeug geschleudert. Nunmehr eröffneten NVA-Angehörige das Feuer mit Maschinenwaffen. Woitke verstarb.
133	22.06.1973	Laszlo Balogh geb. 1951	Der 22jährige B. wude bei dem Versuch, aus der SBZ in de LKrs. Kronach zu flüchten, beim Überklettern des letzten Metallgitterzaunes von dem Gefr. Volker Engelbrecht (10. GKp. Spechtsbrunn) durch einen Schuß aus

Nr.	Tatzeit	Geschädigte(r)	Vermutlicher Sachverhalt
(133 Forts.)			dem MG tödlich verletzt. Die mit B. flüchtende Sieglinde Bunde geriet zuvor auf eine Mine und wurde am rechten Bein verletzt. Der Gefr. Engelbrecht wurde zur Auszeichnung mit der Verdienstmedaille der NVA in Bronze vorgeschlagen.
134	14.07.1974	Wolfgang Vogler geb. 08.09.1948 aus Parchim	DL bei Hohegeiß / Harz: V. versuchte, in den Westen zu flüchten. Er löste zwei Selbstschußapparate aus und wurde derart verletzt, daß er verstarb.
135	19.08.1974	Hans-Georg Lemme geb. 01.07.1953	L. versuchte, in Fluchtabsicht, die Elbe südöstlich von Lütkenwisch zu durchschwimmen. Als er sich bereits im Elbwasser befand, nahm ein herbeigeholtes Boot der Grenztruppe die Verfolgung auf und versuchte, seiner habhaft zu werden. Da das nach mehreren Versuchen nicht gelang, tötete die Besatzung des Bootes den Flüchtling, indem sie ihn mehrfach mit dem Boot überfuhr. Dabei wurde er durch die Schraube des Bootes tödlich verletzt.

Nr.	Tatzeit	Geschädigte(r)	Vermutlicher Sachverhalt
136	24.12.1975	Fey, Vun geb. 1956 aus Weilar	Fey löste bei dem Versuch, den Grenzzaun zu überklettern, eine Selbstschußanlage aus und wurde tödlich verletzt.
137	Winter 1975	Horst Lohse geb. 27.01.1934 in Radebeul	DL bei Rasdorf/Krs. Fulda: Lohse wurde bei dem Versuch, in die Bundesrepublik zu flüchten, durch Schußwaffengebrauch oder Mineneinwirkung getötet.
138	30.04.1976	Michael Gartenschläger geb. 13.01.1944	Gartenschläger wurde bei dem Versuch, von der Grenzbefestigung der DDR bei Bröthen einen Schußapparat abzumontieren, nach Verrat aufgelauert und erschossen.
139	10.06.1976	Walter Otte geb. 08.01.1936	Erschossen.
140	05.08.1976	Benito Corghi geb. 1938, Italiener	Corghi wurde im Bereich der Grenzübergangsstelle Hirschberg von NVA-Soldaten erschossen, als er, nachdem er die DDR mit einem Transit-Lkw bereits verlassen hatte, nochmals zur Grenzübergangsstelle Hirschberg zurückging, um dort liegengebliebene Papiere abzuholen.

Nr.	Tatzeit	Geschädigte(r)	Vermutlicher Sachverhalt
141 142	01.08.1977	2 DDR-Bürger aus Görlitz/ Krs. Schleitz 19 und 20 Jahre alt	Die Geschädigten versuchten, mit einem Lkw die Grenzübergangsstelle Hirschberg zu durchbrechen. Sie wurden beschossen und fuhren gegen eine Betonsperre. Beide verstarben.
143	30.06.1978	Michael Poppenhäuser	P. versuchte, mit einem Pkw den Kontrollpunkt Sülzfeld/Krs. Meiningen zu durchbrechen. Er zerbrach eine Schranke und fuhr gegen einen Baum. Möglicherweise auch infolge Schußwaffengebrauchs erlitt er so schwere Verletzungen, daß er verstarb.
144	06.07.1978	Unbekannte Person	Ein DDR-Bewohner, der bei Mattierzoll aus der DDR flüchten wollte, wurde beim Übersteigen des Metallgitterzaunes von Angehörigen der NVA-Grenztruppe mittels Maschinenpistole erschossen.

Nr.	Tatzeit	Geschädigte(r)	Vermutlicher Sachverhalt
145	12./13.08. 1978	Unbekannte Person	Der Geschädigte versuchte, bei Mattierzoll aus der DDR in die Bundesrepublik zu flüchten. Bei dem Versuch, den Metallgitterzaun zu übersteigen, löste er eine Selbstschußanlage aus und wurde tödlich verletzt.
146	vor 1981	Unbekannter Mann	Minenopfer bei Mechau.
147	08.12.1979	Heiko Runge geb. 29.04.1964	R. versuchte, gemeinsam mit dem ebenfalls 15jährigen Schüler Uwe F. bei Sorge/Krs. Werningerode die Grenze zu überwinden. Ein Bericht des Mfs lautet: »Die Täter versuchten, sich der Festnahme zu entziehen. Daraufhin wurde ein Warnschuß abgegeben und ca. 50 Schuß gezieltes Feuer.« Runge erlag den Schußverletzungen am Ereignisort.
148 149	07.08.1981	André Bauer geb. 07.10.1963 aus Leipzig Rene Seiptius geb. 23.06.1964 aus Leipzig	B. und S. lösten bei dem Versuch, im Gebiet Harz/Bode in die Bundesrepublik zu flüchten, eine Selbstschußanlage aus und erlitten so schwere Verletzungen, daß sie kurz darauf verstarben.

Nr.	Tatzeit	Geschädigte(r)	Vermutlicher Sachverhalt
150	29.03.1982	Heinz-Josef Große geb. 11.10.1947 wohnh. gew. in Thalwenden	Der Landwirt G. wollte im Raum Sickenberg/Bad Sooden-Allendorf mittels Übersteigens des Metallgitterzauns in die Bundesrepublik flüchten. Er wurde durch 8–9 Schüsse von Angehörigen der NVA-Grenztruppe getötet.
151	02.08.1982	Unbekannter Mann	Ein Reichsbahnbediensteter, der im Bereich der Übergangsstelle Gerstungen in die Bundesrepublik flüchten wollte, wurde von Angehörigen der NVA erschossen.
152	22.03.1984	Frank Mater geb. 01.05.1963	M. versuchte, die Grenze westlich von Wendehausen zu überwinden. Er wurde durch Auslösen einer Splittermine SM-70 tödlich verletzt.
153	02.07.1984	Unbekannter Mann ca. 60 Jahre alt	Die Leiche des Unbek. wurde im Grenzabschnitt der Späth-Straßenbrücke, Berlin-Treptow, gefunden. Todesursache unbekannt.

Nr.	Tatzeit	Geschädigte(r)	Vermutlicher Sachverhalt
154	1984	Unbekannter Mann	Am 30.09.1984 wurde am östlichen Elbufer westlich von Neu-Bleckede die Leiche eines jungen Mannes geborgen. Der Tod soll mindestens 6 Monate zuvor eingetreten sein.
155	Januar 1987	Unbekannter Mann	Erschossen.
156	10./11.11. 1988	Torsten Schallau geb. 10.01.1967	In der Ostsee ertrunken.
157	10./11.11. 1988	Dirk Glienke geb. 13.05.1967	In der Ostsee ertrunken.
158	08.05.1989	Jörg Martelok geb. 22.10.1969	In der Ostsee ertrunken.
159 160	Mai 1989	Unbekannt (Vater) Unbekannt (Kind)	Durch Grenzhubschraubereinsatz in der Ostsee ertrunken.

Verzeichnis der Todesfälle in Berlin
(Berliner Ring)

Nr.	Tatzeit, -ort	Geschädigte(r)	Vermutlicher Sachverhalt
01	19.08.1961 Bernauer Str. 1	Rudolf Urban geb. 06.06.1914 in Berlin	Mit anderen Personen seilte sich U. in Fluchtabsicht aus seiner Wohnung auf die vor seinem Wohnhaus befindliche Gehbahn in West-Berlin ab, kam zu Fall und erlitt einen Unterschenkelbruch, an dessen Folgen er am 17.09.1961 verstarb.
02	22.08.1961 Bernauer Str. 48	Ida Siekmann geb. 23.08.1902	In Fluchtabsicht sprang S. aus ihrer Wohnung auf die vor dem Haus befindliche Gehbahn in West-Berlin. Der Tod trat unmittelbar darauf ein.
03	24.08.1961 B.-Tiergarten Humboldthafen	Günter Litwin geb. 19.01.1937 in Berlin	L. versuchte, durch den Humboldthafen schwimmend, West-Berlin zu erreichen. Er wurde von Angehörigen der Transportpolizei entdeckt und erschossen.

Nr.	Tatzeit, -ort	Geschädigte(r)	Vermutlicher Sachverhalt
04	29. 08. 1961 B.-Lichter-felde Teltowkanal in Höhe Wupperstr.	Roland Hoff geb. 19. 03. 1934	H. wurde bei dem Versuch, durch den Teltow-kanal schwimmend nach West-Berlin zu gelangen, von Angehörigen der Volkspolizei und Betriebs-kampfgruppen erschossen. Die Bergung der Leiche erfolgte am 30. 08. 1961 im Ostsektor.
05	September 1961	Axel Brückner	B. soll Leutnant bei der Volkspolizei gewesen sein und wurde bei einem Fluchtversuch erschossen.
06	25. 09. 1961 Bernauer Str. 34	Olga Segler geb. 31. 07. 1881 in Prischt/ Ukraine	Wegen zwangsweiser Räu-mung ihrer im 2. Stock-werk gelegenen Wohnung sprang S. in ein auf der Gehbahn vor ihrem Wohngrundstück bereitge-haltenes Sprungtuch der West-Berliner Feuerwehr. Durch die dabei erlittenen inneren Verletzungen trat am folgenden Tag der Tod ein.
07	04. 10. 1961 Bernauer Str. 44	Bernd Lünser geb. 11. 03. 1939 in Berlin	L. und der zu 08 erwähnte Unbekannte wollten sich mit einer Wäscheleine vom Dach des Hauses auf die Gehbahn in West-Ber-lin abseilen. Nach Ent-deckung wurden beide

Nr.	Tatzeit, -ort	Geschädigte(r)	Vermutlicher Sachverhalt
(07 Forts.)			Personen von Angehörigen der Vopo beschossen. Um einer Festnahme zu entgehen, sprang L. vom Dach, verfehlte jedoch das Sprungtuch und fiel auf die Straße. Er verstarb unmittelbar darauf.
08	04.10.1961 Bernauer Str. 44	Unbekannter Mann	Der Unbekannte soll nach seiner Festnahme auf dem Boden des genannten Hauses (vgl. 07) durch Volkspolizisten zu Tode geprügelt worden sein.
09/ 10	05.10.1961 Spree in Höhe Gröbenufer	Udo Düllick geb. 03.08.1936 in Werder und ein Unbekannter	Durch die an dieser Stelle zum Sowjet-Sektor gehörende Spree versuchten D. und ein Unbekannter die zu West-Berlin gehörende Uferseite zu erreichen. Beide wurden in der Flußmitte von der Vopo beschossen. D. ertrank kurz vor Erreichen des West-Berliner Ufers, vermutlich durch Erschöpfung und Unterkühlung. Die Leiche wurde durch die West-Berliner Feuerwehr geborgen.

Nr.	Tatzeit, -ort	Geschädigte(r)	Vermutlicher Sachverhalt
11	12.10.1961 Zw. Potsdam und Babelsberg	Klaus-Peter Eich geb. 31.01.1941	Mit einem nach West-Berlin fahrenden Güterzug unternahm E. einen Fluchtversuch. Er wurde von einem Angehörigen der Transportpolizei entdeckt und erschossen.
12	14.10.1961 Spree in Höhe Schillingsbrücke	Werner Probst geb. 18.10.1939 in Berlin	P. wollte, durch die Spree schwimmend, West-Berlin erreichen. In der Flußmitte wurde er durch Angehörige der Volkspolizei erschossen.
13	18.10.1961 Zw. Potsdam und Babelsberg	Unbekannter Mann	Mit einem nach West-Berlin fahrenden Güterzug unternahm der Unbekannte einen Fluchtversuch. Er wurde von der Transportpolizei entdeckt und erschossen.
14	27.10.1961 B.-Reinikkendorf S-Bahnhof Wilhelmsruh	Gerhard Kayser geb. 14.10.1940	Bei seinem Fluchtvorhaben wurde K. nach Überwinden des ersten Stacheldrahtzauns von der Volkspolizei entdeckt und durch zwei von dem Wm. Schäfer (4. Kompanie, I. Abteilung) abgegebene gezielte Schüsse verletzt. Nach seiner Bergung wurde K. zum VP.-Krankenhaus überführt, wo er im November 1961 verstarb.

Nr.	Tatzeit, -ort	Geschädigte(r)	Vermutlicher Sachverhalt
15	31.10.1961 Eisenbahn- strecke zw. Potsdam und Babels- berg	Unbekannter Mann	Der Unbekannte wurde auf dem Bahndamm der Eisenbahnstrecke zw. Potsdam und Babelsberg bei einem Fluchtversuch entdeckt und von Angehö- rigen der Transportpolizei erschossen.
16	20.11.1961 Spree, Schillings- brücke	Unbekannter Mann	Der Unbekannte wollte an der Schillingsbrücke die Spree durchschwimmen. Nach Entdeckung und Verfolgung durch ein Boot der Wasserschutzpolizei, dessen Bootsführer Hwm. Knipsel ihn vergeblich zu überfahren versuchte, gab Hwm. Swederski 7 Schuß aus seiner Pistole und 23 Schuß Einzelfeuer aus sei- ner MP ab. Die lediglich mit einer Turnhose be- kleidete und einer Strumpfmaske versehene Leiche des Unbekannten wurde von West-Berliner Seite in der Spree trei- bend entdeckt und gebor- gen.

Nr.	Tatzeit, -ort	Geschädigte(r)	Vermutlicher Sachverhalt
17	November 1961 B.-Zehlendorf, Havel, in Höhe Sacrower Fähre	Lothar Lehmann	L. war Angehöriger der NVA und soll durch die Havel einen Fluchtversuch nach West-Berlin unternommen haben. Er verunglückte dabei und verstarb in einem Krankenhaus der SBZ.
18	09.12.1961 B.-Staaken, Bergstr./ Ecke Hauptstraße	Dieter Wohlfahrt geb. 27.05.1941 in Berlin	Mit anderen Personen wollte W. Bewohnern der SBZ die Flucht ermöglichen. Infolge Verrats wurden die Fluchthelfer entdeckt und durch Angehörige der Volkspolizei beschossen. W. wurde auf dem Gebiet der SBZ tödlich getroffen.
19	10.12.1961 B.-Tiergarten Spree in Höhe Marschallbrücke	Ingo Krüger geb. 31.01.1940 in Berlin	Versehen mit einer Taucherausrüstung wollte K. durch die Spree nach West-Berlin flüchten. Nach seiner Entdeckung durch Angehörige der III. Grenzabteilung der 1. Grenzbrigade gaben der Feldwebel Hoegner und der Gefreite Habenicht nach »mehrmaligem Anrufen und Abgabe eines Warnschusses insgesamt 22 Schüsse auf den Schwimmer ab. Die Person wurde ungefähr in der

Nr.	Tatzeit, -ort	Geschädigte(r)	Vermutlicher Sachverhalt
(19 Forts.)			Mitte des Kanals getroffen, gab einen ächzenden Ton von sich und sank unter«.
20	19.02.1962 B.-Wittenau, Wilhelmsruher Damm	Dorit Schmel geb. 25.04.1941 in Berlin	Mit vier anderen Personen wurde Sch. bei einem Fluchtversuch von Angehörigen der ostzonalen Grenzpolizei entdeckt und – weil sie nach Anruf und 1 Warnschuß nicht stehen blieben – von dem Gefr. Drews mit Dauerfeuer beschossen. Dorit Sch. erlitt einen Bauchschuß, an dem sie verstarb. Ein weiterer Flüchtling wurde unterhalb des rechten Schulterblattes getroffen.
21	27.03.1962 B.-Neukölln, Heidelberger Str. 35	Heinz Jercha geb. 01.07.1934 in Berlin	Bei der Schleusung von Flüchtlingen durch einen Tunnel nach West-Berlin wurden J. und seine Helfer von Angehörigen der bewaffneten Organe im Sowjetsektor – vermutlich MfS – entdeckt und beschossen. J. wurde dabei getroffen, gelangte noch nach West-Berlin und verstarb unmittelbar darauf.

Nr.	Tatzeit, -ort	Geschädigte(r)	Vermutlicher Sachverhalt
22	11.04.1962 Spree in B.-Osthafen	Philipp Held geb. 02.05.1942 in Worms	H. versuchte, die Spree im Berliner Osthafen zu durchschwimmen und ertrank aus unbekanntem Anlaß. Seine Leiche wurde am 22.04.1962 im Sowjetsektor geborgen.
23	15./16.04.1962 B.-Wannsee Kohlhasenbrücke	Peter Böhme geb. 1942	B., der Offiziersschüler an der Flakartillerie-Schule war, versuchte mit einem Kameraden unter Mitnahme zweier Pistolen und Munition nach West-Berlin zu gelangen. Nach ihrer Entdeckung kam es zu einem Schußwechscl, bei dem B. ebenso tödlich verletzt wurde wie der NVA-Gefr. Jörgen Schmidchen, der die Flucht verhindern wollte.
24	18.04.1962 Heinrich-Heine-Straße (Sektorenübergang)	Klaus Brueske geb. 14.09.1938 in Berlin	Mit einem von B. gesteuerten Lkw flüchteten insgesamt drei Personen nach West-Berlin. Bei der Durchfahrt durch das Kontrollgelände wurde das Fahrzeug von NVA-Soldaten beschossen und B. tödlich getroffen. Die anderen Personen erlitten Verletzungen.

Nr.	Tatzeit, -ort	Geschädigte(r)	Vermutlicher Sachverhalt
25	29.04.1962 B.-Reinik-kendorf, Klemkestr. (Bahn-damm)	Horst Frank geb. 07.05.1942 in Lommatzsch Krs. Meißen	Bei Durchführung eines Fluchtvorhabens wurden F. und ein weiterer Mann unmittelbar an der Sekto-rengrenze durch NVA-Soldaten entdeckt und be-schossen. F. erlitt tödliche Verletzungen, sein Beglei-ter konnte unverletzt West-Berlin erreichen.
26	27.05.1962 B.-Tiergar-ten, Alex-anderufer	Lutz Haberland geb. 29.04.1938 in Berlin	In Fluchtabsicht war H. bis in die unmittelbare Nähe der Sektorengrenze gelangt. Durch NVA-Sol-daten beschossen und ver-letzt, verstarb H. an sei-nen Verletzungen in einem Krankenhaus im Sowjetsektor.
27	05.06.1962 B.-Tiergar-ten, Spree in Höhe Reichsufer	Axel Hannemann geb. 07.04.1945	H. wollte durch die Spree schwimmend West-Berlin erreichen. Im Wasser ent-deckt und von NVA-Sol-daten beschossen, wurde H. durch einen Kopfschuß getötet.
28	11.06.1962 B.-Wann-see, in Höhe Nikolskoe	Erna Kelm geb. 21.07.1908 in Frankfurt/ Oder	In Fluchtabsicht durch die Havel schwimmend, trat bei K. durch Herzschlag der Tod ein. Die Leiche wurde in West-Berlin ge-borgen.

Nr.	Tatzeit, -ort	Geschädigte(r)	Vermutlicher Sachverhalt
29	22.06.1962 B.-Neukölln, Neuköllnische-Ecke Forsthausallee	Unbekannter Mann	Der Unbekannte, der offensichtlich nach West-Berlin flüchten wollte, wurde kurz vor Erreichen der Sektorengrenze von NVA-Soldaten erschossen.
30	28.06.1962 B.-Kreuzberg, Sebastianstr. 81	Siegfried Noffke geb. 09.12.1939 in Berlin	Nach vollendetem Tunnelbau wollte N. mit anderen Fluchthelfern Personen nach West-Berlin schleusen. Im Sowjetsektor entdeckt, wurde N. von NVA-Soldaten beschossen und verletzt. N. verstarb im Sowjetsektor. Zwei weitere Fluchthelfer wurden verletzt.
31	29.07.1962 B.-Spandau, Exklave Eiskeller	Unbekannter Mann	Der offenbar fluchtwillige Unbekannte wurde von NVA-Soldaten beschossen und leblos abtransportiert.
32	17.08.1962 B.-Kreuzberg, Zimmerstraße	Peter Fechter geb. 14.01.1944 in Berlin	Mit einem Bekannten wollte F. nach West-Berlin flüchten. Unmittelbar an der Sektorengrenze entdeckt und von »NVA« beschossen, erlitt F. tödliche Verletzungen. Der Begleiter erreichte unverletzt West-Berlin.

Nr.	Tatzeit, -ort	Geschädigte(r)	Vermutlicher Sachverhalt
33	23. 08. 1962 B.-Wessing, Bösebrücke	Klaus Weser geb. 01. 01. 1943 in Schlewen	W. versah als Angehöriger der »Trapo« Dienst mit einem Kollegen an der Sektorengrenze. Als W. flüchtete, wurde er von seinem Kollegen beschossen und auf dem Gebiet von West-Berlin tödlich getroffen.
34	04. 09. 1962 zwischen Osthafen und Land-wehrkanal	Ernst Mund geb. 02. 02. 1921 in Bad Polzin	M. wollte schwimmend die Spree nach West-Berlin durchqueren. Er wurde entdeckt und erschossen.
35	04. 09. 1962	Unbekannte Person	Todesumstände unbe-kannt.
36	08. 10. 1962 B.-Kreuz-berg, Spree in Höhe Oberbaum-brücke	Anton Walzer geb. 27. 04. 1902 in Weiler	W. versuchte, durch die Spree schwimmend, West-Berlin zu erreichen. In der Flußmitte wurde er von NVA-Soldaten beschos-sen, offensichtlich getrof-fen und ertrank. Die Ber-gung der Leiche erfolgte am 09. 10. 1962 im Sowjet-sektor.

Nr.	Tatzeit, -ort	Geschädigte(r)	Vermutlicher Sachverhalt
37	27.11.1962 B.-Mitte, Invaliden-/ Ecke Gartenstraße (Nordbahnhof)	Otfried Reck geb. 14.12.1944	Mit einem weiteren Fluchtwilligen wollte R. nach West-Berlin flüchten. An einem Lüftungsschacht der S-Bahn wurden beide durch NVA-Angehörige entdeckt und beschossen. R. wurde getötet. Sein Begleiter wurde später unverletzt festgenommen.
38	Ende Nov. 1962 B.-Mitte, Nähe Marschallbrücke	Unbekannte Person	Nach Abgabe von Schüssen im Sowjetsektor wurde durch Boote der sowjetsektoralen Wasserschutzpolizei die Spree abgesucht.
39 40	05.12.1962 B.-Zehlendorf, Griebnitzsee	2 unbekannte Männer	In Fluchtabsicht wollten die Unbekannten über den zugefrorenen Griebnitzsee West-Berlin erreichen. Hierbei wurden sie von NVA-Soldaten beschossen. Zum gleichen Zeitpunkt brach die dünne Eisdecke und die Flüchtlinge ertranken.
41	01.01.1963 B.-Kreuzberg, Spree unweit Oberbaumbrücke	Hans Räwel geb. 11.12.1942 in Stralsund	R. wurde, durch die Spree nach West-Berlin schwimmend, von einem Wachboot der NVA entdeckt und beschossen. Er ertrank. Über eine Bergung der Leiche ist nichts bekannt.

Nr.	Tatzeit, -ort	Geschädigte(r)	Vermutlicher Sachverhalt
42	15. 01. 1963 B.-Altglienicke	Horst Kutscher geb. 05. 07. 1931 in Berlin	Mit einem Bekannten versuchte K., nach West-Berlin zu gelangen. Beide Personen wurden von Soldaten der NVA beschossen. K. erlitt tödliche Verletzungen, der Bekannte wurde ebenfalls verletzt.
43	Nacht zum 24. 01. 1963 Niederneuendorf	Peter Kreitlow geb. 15. 01. 1943	K., Dieter Kiesow u. a. wurden bei versuchter Flucht von einer Russenstreife beschossen. Kreitlow wurde getötet und Kiesow verletzt.
44	März 1963 B.-Kreuzberg, Spree in Höhe Cuvrystr. 51	Wolf-Olaf Muszinski geb. 01. 02. 1947 in Berlin	Die Leiche des M. wurde am 01. 04. 1963 in West-Berlin aus der Spree geborgen. Von einer unbekannt gebliebenen Stelle aus wollte der Genannte in Fluchtabsicht die Spree durchschwimmen und ist dabei ertrunken.
45	16. 04. 1963 B.-Zehlendorf, Teltowkanal in Höhe Klein-Machnower Weg	Unbekannte Person	Durch Angehörige der NVA wurde eine Leiche aus dem Kanal geborgen. Der Unbekannte dürfte bei Durchführung seiner Flucht nach West-Berlin aus unbekannten Gründen ertrunken sein.

Nr.	Tatzeit, -ort	Geschädigte(r)	vermutlicher Sachverhalt
46	16.04.1963 B.-Tiergarten Spree in Höhe Marschallbrücke	Unbekannte Person	Durch Feuerwehr und NVA wurde eine Leiche aus dem Wasser geborgen. Die betr. Person dürfte bei der Durchführung ihres Fluchtvorhabens nach West-Berlin aus unbekannten Gründen ertrunken sein.
47	April 1963	Hedwig Forgert geb. 07.05.1919	Ertrunken.
48	26.04.1963 B.-Zehlendorf Teltowkanal in Höhe Klein-Machnower Weg	Peter Mädler aus Kleinmachnow geb. 10.07.1943	M. versuchte, nachts durch den Teltow-Kanal schwimmend West-Berlin zu erreichen. Er wurde beschossen und tödlich getroffen. Später wurde die Leiche aus dem Wasser geborgen.
49	04.11.1963 Spree zw. Kronprinzen- und Marschallbrücke	Klaus Schröter geb. 21.02.1940 in Friedersdorf	Sch. wollte mit Taucherausrüstung durch die Spree schwimmend nach West-Berlin gelangen. Hierbei wurde er beschossen und tödlich verletzt. Die Leiche wurde durch NVA-Soldaten geborgen und mit »Einverständnis« der Angehörigen feuerbestattet.

Nr.	Tatzeit, -ort	Geschädigte(r)	vermutlicher Sachverhalt
50	25. 11. 1963 B.-Wedding, Steeger- straße, »Nasses Dreieck«	Dietmar Schulz ca. 24 Jahre	In Fluchtabsicht wollte Sch. über stillgelegte Ei- senbahngleise an die Sek- torengrenze nach West- Berlin gelangen. Von NVA-Angehörigen be- schossen und verletzt, ver- starb er in einem Kranken- haus im Sowjetsektor.
51	13. 12. 1963 B.-Rudow, Kanal- straße	Dieter Berger geb. 27. 10. 1939 in Pollkau	B. wurde bei der Durch- führung seines Fluchtvor- habens in der Nähe der Sektorengrenze von NVA- Soldaten aus geringer Ent- fernung beschossen und tödlich verletzt.
52	25. 12. 1963 B.-Kreuz- berg, Betha- niendamm/ Ecke Mel- chiorstraße	Paul Schultz geb. 02. 10. 1945 in Neubranden- burg	Zusammen mit einem Be- kannten flüchtete Sch. nach West-Berlin. Bei der Überwindung der Mauer wurden die Flüchtlinge von NVA-Soldaten be- schossen und Sch. schwer verletzt. Trotzdem konn- ten beide Personen West- Berlin erreichen. Sch. ver- starb unmittelbar darauf, sein Begleiter blieb unver- letzt.

Nr.	Tatzeit, -ort	Geschädigte(r)	vermutlicher Sachverhalt
53	27.02.1964 Kleingartenanlage Sorgenfrei	Walter Heyn geb. 31.01.1939 in Breslau	H. versuchte, die Grenze an der Kleingartenanlage Sorgenfrei ca. 500 m nordwestlich Dammweg zu durchbrechen. Dabei wurde H. von den NVA-Angehörigen Adolf Grunwald und Dieter Tröger beschossen und tödlich verletzt.
54	05.05.1964 Staaken (SBZ)	Adolf Philipp geb. 17.08.1943 in Ziemetshausen	Unweit der DL wurde P. in der SBZ von einem NVA-Angehörigen erschossen.
55	22.06.1964 B.-Tiergarten, Invalidenfriedhof	Walter Heike geb. 20.09.1934	Über das Gelände des Friedhofes wollte der Unbekannte nach West-Berlin flüchten. Von NVA-Soldaten beschossen, wurde er unweit der Mauer getroffen und verstarb an den Schußverletzungen.
56	18.08.1964	Hildegard Trabant geb. 12.06.1927	Erschossen.
57	18.08.1964	Berwand Mispelkorn	Erschossen.
58	13.09.1964	Michael Meyer ca. 21 Jahre	Wurde bei dem Versuch, die Mauer zu überwinden, erschossen.

Nr.	Tatzeit, -ort	Geschädigte(r)	vermutlicher Sachverhalt
59	26. 11. 1964 B.-Neu-kölln, Britzer Zweig-kanal in Höhe Heidekamp-graben	Hans-Joachim Wolff geb. 08. 08. 1947 in Berlin	In Fluchtabsicht versuchte W., den Kanal zu durch-schwimmen. Im Wasser wurde W. durch NVA-Angehörige erschossen.
60	03. 12. 1964	Joachim Mehr geb. 1945	M. versuchte, mit seinem Freund die Mauer zu über-winden und wurde von Grenzsoldaten erschossen.
61	19. 01. 1965 B.-Kreuz-berg, Spree in Höhe Köpenicker Str.	Unbekannter Mann	Der Unbekannte wollte vermutlich, durch die Spree schwimmend, nach West-Berlin gelangen. Hierbei ist der Betref-fende aus unbekanntem Anlaß ertrunken.
62	04. 03. 1965 DL zur SBZ, ver-mutlich in der Nähe von Klein-machnow	Christian Buttkus geb. 14. 02. 1944	Bei einem gemeinsam mit seiner Verlobten unter-nommenen Fluchtversuch nach West-Berlin von NVA-Angehörigen er-schossen. Die Verlobte wurde verletzt festgenom-men.

Nr.	Tatzeit, -ort	Geschädigte(r)	vermutlicher Sachverhalt
63	15.06.1965 B.-Zehlendorf, Teltowkanal in Höhe Dreilinden	Hermann Döbler geb. 28.10.1922 in Rohrbeck	Von West-Berlin aus befuhr D. zusammen mit einer Bekannten in einem Motorboot den Kanal in Richtung SBZ. Das Boot geriet dabei über die DL. Die Insassen wurden beschossen und getroffen. D. verstarb an den Folgen der Schußverletzungen, seine Bekannte wurde schwer verletzt.
64	09.07.1965	Dieter Brandes geb. 23.10.1946	Erschossen.
65	18.08.1965	Klaus Garten geb. 1941	Beim Versuch, die Berliner Mauer zu überwinden, wurde er von Grenzposten erschossen.
66	18.10.1965	Walter Kittel geb. 21.11.1942	Erschossen.
67	10.11.1965	Heinz Cyrius geb. 05.06.1936	Durch Fenstersturz wurde er tödlich verletzt.
68	25.11.1965 B.-Mitte, Clara-Zetkin-Straße	Heinz Sokolowski geb. 17.12.1917 in Frankfurt/O.	Bei einem Fluchtversuch wurde S. durch zwei Feuerstöße aus einer MP von NVA-Angehörigen tödlich verletzt.

Nr.	Tatzeit, -ort	Geschädigte(r)	vermutlicher Sachverhalt
69	26. 11. 1965 Bahndamm Sonnenallee	Erich Kühn geb. 27. 02. 1903	K. versuchte, durch die Kleingartenanlage ›Eintracht‹ kriechend nach West-Berlin zu gelangen. Er wurde entdeckt und beschossen. K. erlitt einen Bauchdurchschuß, dem er erlag.
70	26. 12. 1965 B.-Kreuzberg, Prinzen-/Heinrich-Heine-Straße (Kontrollpunkt)	Heinz Schöneberger 07. 06. 1938 in Wagten	Mit seinem Bruder wollte Sch. unter Verwendung eines Pkw zwei Frauen durch die Grenzübergangsstelle nach West-Berlin schleusen. Der angeordneten besonderen Kontrolle versuchte er, sich mit seinem Bruder durch Flucht zu entziehen. Während der Bruder von Kontrollbeamten noch aus dem Wagen gezogen werden konnte, rammte Sch. ein anderes Fzg. und kam am Schlagbaum zum Stehen. Er verließ seinen Pkw, wurde beschossen und erreichte schwer verletzt West-Berliner Gebiet, wo er zusammenbrach.
71	1965	Unbekannte Person	Ertrunken.

Nr.	Tatzeit, -ort	Geschädigte(r)	vermutlicher Sachverhalt
72	07.02.1966 B.-Staaken, Finkenkruger Weg 118	Willi Block geb. 05.06.1934 in Berlin	Um nach West-Berlin zu fliehen, war B. bis an die Grenzbefestigungen gelangt. Zwischen den Stacheldrahtzäunen liegend, wurde er von NVA-Soldaten erschossen.
73	19.03.1973	Willi Marzahn NVA-Uffz.	Erschossen.
74	25.04.1966 B.-Neukölln, Teltow-Kanal	Michael Kollender geb. 10.02.1945 in Schlesien, NVA-Angehöriger	K. wurde bei seinem Fluchtversuch nach Überwinden der sog. Vorsperre und des Signalzauns entdeckt und sofort gezielt beschossen. Bei der weiteren Verfolgung gaben der Gefr. E. Rauer und der St.-Gefr. R. Loschek noch aus 30 m Entfernung kurze Feuerstöße auf K. ab. K. verstarb an den erlittenen Verletzungen.
75	29.04.1966 Spandauer Schiffahrtskanal in Höhe Invalidenfriedhof	Paul Stretz geb. 28.02.1935 in Luitpoldshöhe	St. versuchte, hinter einem Schiff schwimmend West-Berlin zu erreichen. Er wurde entdeckt und von NVA-Soldaten erschossen.

Nr.	Tatzeit, -ort	Geschädigte(r)	vermutlicher Sachverhalt
76	29.08.1966 Spandauer Schiffahrts- kanal in Höhe der ehem. Eis- fabrik	Heinz Schmidt geb. 26.10.1919 in Berlin	Schm. wurde im Span- dauer Schiffahrtskanal von NVA-Angehörigen er- schossen, weil er von West-Berliner Seite beim Baden »bis ans Ufer zur Hauptstadt der DDR« ge- schwommen war und da- mit eine Grenzprovoka- tion begangen hatte.
77	16.12.1966	Karl-Heinz Kube geb. 10.04.1949	Erschossen. Todesur- kunde und Urne wurden von den DDR-Behörden am 08.01.1967 per Post an die Eltern geschickt.
78	27.01.1967 B.-Rudow, Kanalstr., Teltow- kanal in Höhe Fa. Eternit	Max Willi Sahmland geb. 28.03.1929 in Berlin	Von Schüssen getroffen, überwand S. die Drahthin- dernisse und erreichte West-Berlin. Beim Durch- schwimmen des hiesigen Bereiches des Teltowka- nals wurde er weiter be- schossen und ertrank.
79	18.02.1968	Dieter Weckeiser aus Fürstenwalde geb. 15.02.1943	Erschossen.
80	18.02.1968	Elke Weckeiser aus Fürstenwalde geb. 31.10.1941	Erschossen.

Nr.	Tatzeit, -ort	Geschädigte(r)	vermutlicher Sachverhalt
81	06.07.1968	Siegfried Krug aus Berlin geb. 22.07.1939	Erschossen.
82	15.11.1968 Klein-Glie-necke Schloßpark Babelsberg	Horst Körner geb. 12.07.1947 VP.Wm.	K. versuchte in der Nacht zum 16.11.1968, gewalt-sam die DL in Richtung West-Berlin zu durchbre-chen. Hierbei erschoß er den NVA-Soldaten Rolf Henninger. K. wurde durch Schußwaffenge-brauch von NVA-Soldaten ebenfalls tödlich verletzt.
83	09.04.1969	Johannes Lange geb. 17.12.1940	Erschossen.
84	13.09.1969	Klaus-Jürgen Kluge geb. 25.07.1948	Erschossen.
85	20.09.1969	Leo Lis geb. 10.05.1924 aus dem Kreis Kamenz	Erschossen.
86	19.06.1970	Heinz Müller geb. 16.05.1943	Erschossen.
87	02.08.1970	Friedhelm Ehrlich geb. 11.07.1950 NVA-Gefr.	Erschossen. Verhinderte Fahnenflucht.
88	25.12.1970	Christian-Peter Friese aus Naum-burg/Saale geb. 05.08.1948	Erschossen.

Nr.	Tatzeit, -ort	Geschädigte(r)	vermutlicher Sachverhalt
89	07.01.1971	Rolf-Dieter Kabe-litz geb. 23.06.1951	Erschossen.
90	24.07.1971 Berlin 44, Britzer-Al-lee-Brücke	Werner Kühl geb. 10.09.1942 in Berlin	Die West-Berliner K. und Bernd Langer bewegten sich von westlicher Seite im Laufschritt auf den Sperrgraben zu. Deshalb eröffnete der DDR-Grenzposten das Feuer auf sie. K. wurde erschos-sen, Langer wurde ver-letzt.
91	02.12.1971	Dieter Beilig geb. 05.09.1941	Erschossen bei Flucht nach Festnahme.
92	01.01.1972 Groß-Ziet-hen Lich-tenrade	Horst Kullack geb. 20.11.1948 in Groß Ziethen	K. wurde bei versuchter Flucht beschossen und verletzt abtransportiert. K. verstarb am 21.01.1972.
93	13.01.1972	Günter Semmler geb. 04.02.1957	Erschossen bei dem Ver-such, die Mauer zu über-winden.
94	14.02.1972 Schillings-brücke	Manfred Weylandt geb. 12.07.1942	Bei Fluchtversuch be-schossen und in der Spree ertrunken.
95	07.03.1972 Spandau-Radeland Exklave Eiskeller	Klaus Schulze geb. 13.10.1952 aus Falkensee	Sch. versuchte, gemein-sam mit Dieter Krause mit-tels einer Leiter die Sperr-anlagen zu überwinden. Beide wurden beschossen. Während Sch. tödlich ge-

Nr.	Tatzeit, -ort	Geschädigte(r)	vermutlicher Sachverhalt
(95 Forts.)			troffen wurde, gelang Krause die Flucht nach West-Berlin.
96	15.03.1973	Horst Einsiedel geb. 08.02.1940	Erschossen.
97	27.04.1973 Berlin 21, Kaimauer der Spree, Nähe Reichstag	Manfred Gertzki geb. 17.05.1942 in Danzig	G. versuchte, die Grenze in unmittelbarer Nähe des Reichstagsgebäudes zu überwinden und wurde beschossen. Er stürzte getroffen in die Spree, aus der er erst Stunden später tot geborgen wurde.
98	05.01.1974 Friedrich-/ Zimmer- straße	Burkhard Niering geb. 01.09.1950 Anwärter bei der VP-Bereitschaft	Der Uniformträger N. versuchte, bewaffnet unter Mitnahme einer Geisel nach West-Berlin zu flüchten. Er wurde beschossen und verletzt (Bauchschuß). Wenig später verstarb er im VP-Krankenhaus.
99	16.02.1977 Schön- walde, Krs. Nauen	Dietmar Schwietzer aus Magdeburg geb. 21.02.1958	Sch. versuchte die Grenzsperranlagen im Abschnitt Schönwalde, Krs. Nauen, Berliner Allee, zu überwinden, wurde beschossen, verletzt und unmittelbar an der Grenzmauer festgenommen. Er verstarb während des Krankentransports.

Nr.	Tatzeit, -ort	Geschädigte(r)	vermutlicher Sachverhalt
100	22.11.1980 Hohen Neuendorf Höhe Invalidensiedlung	Marinetta Jirkowsky aus Spreenhagen geb. 25.08.1962	J. wurde zusammen mit Falko Vogt und Peter Wiesner bei dem Versuch, im Abschnitt Florastraße mit Hilfe einer Leiter die Grenzsperranlagen zu überwinden, von NVA-Soldaten beschossen und erlitt einen Bauchschuß, dem sie Stunden später erlag. Die beiden Männer konnten unverletzt West-Berliner Gebiet erreichen.
101	16.03.1981 Schönholz/ Hauptstraße	Unbekannter Mann ca. 20 Jahre alt	Beim Versuch, die Grenzmauer zu überklettern, wurde er von einem Postenführer erschossen.
102	04.06.1982 B.-Wedding, Bornholmer Str./ Behmstr.-Brücke	Lothar Fritz Freie geb. 08.02.1955 in Großburgwedel	F. wurde beschossen und verstarb am 06.06.1982 in Ost-Berlin an den Folgen der Verletzung.
103	25.12.1983 Leonhard-Franke-Straße	Silvio Proksch geb. 03.03.1962	P. überwand die Hinterlandsicherungsmauer, löste den Grenzsignalzaun aus und näherte sich mit großem Tempo dem vorderen Sperrelement. Nach einem Warnschuß wurde gezielt geschossen und getroffen. P. erlag seinen Verletzungen im VP-Krankenhaus kurze Zeit später.

Nr.	Tatzeit, -ort	Geschädigte(r)	vermutlicher Sachverhalt
104	02.07.1984 am Teltow-kanal	Unbekannter Mann ca. 60–70 Jahre alt	Eine männliche Person wurde am Grenzzaun I tot aufgefunden.
105	Okt./Nov. 1984 DL nach West-Berlin	Peter Böcker oder Boecker ca. 23 Jahre	Dienstlich wurde bekannt, daß in der Woche vom 12.–17.11.1984 in Gartz/Oder Krs. Angermünde ein 23jähriger DDR-Bürger beerdigt wurde, der bei einem Fluchtversuch erschossen worden sei. Ein ehemaliger Einwohner von Gartz bestätigte dies und gab den Namen bekannt.
106	01.12.1984 03.15 Uhr, B.-Pankow, gegenüber B. Wedding, Nordbahn-straße	Michael Schmidt geb. 20.10.1964	Sch. versuchte, im Grenz-bereich nach West-Berlin zu gelangen. Er wurde durch NVA-Soldaten be-schossen und später leblos abtransportiert.
107	21.11.1986	Rene Groß geb. 01.06.1964	Erschossen.
108	21.11.1986 05.10 Uhr, B.-Trep-tow/Neu-kölln, Mer-genthaler Ring	Manfred Mäder geb. 23.08.1948	Bei dem Versuch, die Mauer mit einem Lkw zu durchbrechen, wurde M. erschossen oder durch den Aufprall tödlich verletzt.

Nr.	Tatzeit, -ort	Geschädigte(r)	vermutlicher Sachverhalt
109	24.11.1986 01.15 Uhr, Glienicke/ Frohnau, Oranien- burger Chaussee	Michael Bittner geb. 21.08.1961 aus Berlin- Rosenthal	B. versuchte, mit einer 3 Meter langen Leiter die Grenzsicherungsanlagen zu überwinden. Nach Ab- gabe von 31 gezielten Schüssen durch einen Grenzposten wurde B. verletzt festgenommen und erlag wenig später seinen Verletzungen.
110	12.02.1987 B.-Treptow, Neukölln	Lutz Schmidt geb. 08.07.1962	Bei dem Fluchtversuch von Peter Schulze und Sch. wurden ca. 8 Schüsse abge- geben. Schulze konnte West-Berlin unverletzt er- reichen, während Schmidt zurückblieb. Schmidt ist tödlich verletzt worden.
111	29.09.1987	Falk Schröder geb. 01.08.1962	Erschossen.
112	05.02.1989 B.-Treptow/ Neukölln, Nobelstraße	Chris Gueffroy geb. 21.06.1968	Bei Fluchtversuch wurde G. erschossen und Chri- stian Gaudián verletzt.
113	08.03.1989	Winfried Freudenberg geb. 29.08.1956 in Osterwieck	Bei dem Versuch, mit einem Ballon zu flüchten, stürzte F. über West-Ber- lin tödlich ab.
114	16.04.1989	Unbekannter Mann ca. 18 Jahre alt	Ertrunken.

317

DOKUMENT 1

Proletarier aller Länder, vereinigt euch!

NEUES DEUTSCHLAND
ORGAN DES ZENTRALKOMITEES DER SOZIALISTISCHEN EINHEITSPARTEI DEUTSCHLANDS

18. Jahrgang / Nr. 209   Berlin, Montag, 31. Juli 1961   Berliner Ausgabe / Einzelpreis 15 Pf

Programmentwurf der KPdSU verkündet die wahren Menschenrechte

Kommunismus bringt der Welt Frieden, Arbeit, Freiheit, Gleichheit und Glück

Die kommunistische Gesellschaft wird der größte Sieg der Menschheit in ihrer Geschichte
Die heutige Generation der Sowjetmenschen wird im Kommunismus leben

Alles im Namen des Menschen,

alles zum Wohle des Menschen

Die welthistorischen Ziele des Kommunismus

Höchste Produktion, höchster Lebensstandard, reichste Kultur, allseitige harmonische Entwicklung der menschlichen Persönlichkeit

Klassenlose Gesellschaftsordnung mit voller sozialer Gleichheit aller Mitglieder

Jeder nach seinen Fähigkeiten!
Jedem nach seinen Bedürfnissen!

Die zwei Hauptetappen des Aufbaus des Kommunismus

1961 bis 1970

USA werden in der Pro-Kopf-Produktion übertroffen
Materieller Wohlstand aller Sowjetbürger gewährleistet
Bedarf an komfortablen Wohnungen im wesentlichen gedeckt
Abschaffung der schweren körperlichen Arbeit
UdSSR wird Land mit dem kürzesten Arbeitstag
Industrieproduktion der UdSSR steigt auf das 2,5fache
Arbeitsproduktivität wird verdoppelt
Durchgängige Mechanisierung der Industrie, Landwirtschaft, des Bau- und Verkehrs-
wesens, der Verlade- und Entladearbeiten und der kommunalen Wirtschaft
Landwirtschaftliche Produktion steigt auf das 2,5fache und überholt die USA
Stromerzeugung wächst auf 900 bis 1000 Milliarden Kilowattstunden
Sechsstundentag oder 34- bzw. 36stündige Arbeitswoche, teilweise Fünftagewoche und
30-Stunden-Woche
Nationaleinkommen steigt auf das 2,5fache
Verdoppelung des Realeinkommens der Arbeiter und Angestellten
Abschaffung der niedrigen Lohn- und Gehaltsgruppen
Verdoppelung des Realeinkommens der Kolchosbauern
Verdreifachung der Fleischproduktion
Elfklassige polytechnische Oberschule für alle Kinder

1971 bis 1980

Kommunistische Gesellschaft in der UdSSR im wesentlichen aufgebaut
Überfluß an materiellen und kulturellen Gütern wird gesichert
Allmählicher Übergang zum kommunistischen Prinzip der Verteilung nach Bedürfnissen
Industrieproduktion steigt auf mindestens das 6fache
Arbeitsproduktivität steigt auf das 4,5fache und das Doppelte gegenüber der Arbeitspro-
duktivität der USA
250 Millionen Tonnen Stahl jährlich
Stromerzeugung wächst auf 2700 bis 3000 Milliarden Kilowattstunden
Durchgängige Automatisierung der Industrie
Landwirtschaftliche Produktion steigt auf das 3,5fache und schneller als die Nachfrage
Fleischproduktion wächst auf das 4fache
Landwirtschaftliche Produktion erreicht das Niveau der Industrie
Landwirtschaftliche Arbeit wird zu einer Art industrieller Arbeit
Abhängigkeit der Landwirtschaft von Naturelementen geht auf Minimum zurück
Nationaleinkommen wächst auf das 3,5fache
Realeinkommen der Arbeiter und Angestellten steigt um das 3,5fache
Realeinkommen der Kolchosbauern steigt um mehr als das 4fache
Weitere Verkürzung des Arbeitstages und der Arbeitswoche

Beschluß

über die Bildung einer Arbeitsgruppe beim
Generalstaatsanwalt der Deutschen Demokratischen
Republik.

vom 22. Oktober 1962

1. Beim Generalstaatsanwalt der Deutschen Demokratischen Republik wird eine Arbeitsgruppe gebildet. Ihre Aufgabe ist es,
   gestützt auf die Charta der Vereinten Nationen und die völkerrechtlich anerkannten Grundsätze des Statuts und Urteils des
   Nürnberger Militärgerichtshofes gegen die deutschen Haupt-
   Kriegsverbrecher alle friedensgefährdenden direkten und indirekten Aggressionshandlungen gegen die Deutsche Demokratische Republik zu erfassen und die Voraussetzungen für deren
   systematische Ahndung zu schaffen.

2. Die Arbeitsgruppe wird die Öffentlichkeit über die Ereignisse ihrer
   Tätigkeit informieren.

Berlin, den 22. Oktober 1962. Das Präsidium des Ministerrates
   der Deutschen Demokratischen Republik

Stoph

Stellvertreter des Vorsitzenden des Ministerrates

Der Generalstaatsanwalt
der Deutschen Demokratischen Republik

Streit

Terroristen erhalten ihre gerechte Strafe

Untersuchungen der Arbeitsgruppe zur Ahndung direkter und indirekter Aggressionsakte gegen die DDR beim Generalstaatsanwalt

Erste Einzelheiten über die Untersuchungen der Arbeitsgruppe zur Ahndung indirekter und direkter Aggressionsakte gegen die DDR beim Generalstaatsanwalt der Deutschen Demokratischen Republik wurden am Montag der Öffentlichkeit mitgeteilt. In einem Fernsehinterview nannten der Generalstaatsanwalt der DDR, Josef Streit, und der Sekretär der Arbeitsgruppe, Staatsanwalt Peter Przybylski, dabei aufschlußreiche Tatsachen. In dem Zeitraum vom 13. August 1961 bis einschließlich 31. Januar 1963 wurden allein an der Staatsgrenze der DDR zu Westberlin folgende Aggressionsverbrechen verübt:

● In zwei Fällen wurden Angehörige der Grenzsicherungsorgane der DDR ermordet.

● In acht Fällen wurden Angehörige der Grenzsicherungskräfte durch Westberliner Provokateure beschossen und verletzt.

● 265mal wurde das Territorium der DDR von Westberlin aus mit Waffen verschiedener Art beschossen und das Leben zahlreicher Bürger der DDR unmittelbar gefährdet.

● In 20 Fällen verübten Westberliner Terroristen Sprengstoffanschläge auf die Grenzsicherungskräfte und Grenzsicherungsanlagen der DDR.

● In 953 Fällen wurden gefährliche Gegenstände, wie Brandflaschen und ähnliches, auf das Territorium der DDR geworfen und dabei Grenzposten der DDR sowie andere Bürger verletzt oder direkt gefährdet.

● In 1512 Fällen sind die Grenzsicherungskräfte der DDR mit Mordhetze bedroht worden, wobei sich insbesondere die Lautsprecherwagen des vom Westberliner Senat geleiteten Senders „Studio am Stacheldraht" hervorgetan haben.

Generalstaatsanwalt Josef Streit stellte dazu fest: „Die in der DDR bereits durchgeführten Verfahren gegen Terroristen und Agenten westdeutscher und Westberliner Terror- und Spionageorganisationen haben bewiesen, daß jeder, der sich gegen die friedlichen Lebensgrundlagen der deutschen Nation vergeht, in absehbarer Zeit einer harten und gerechten Bestrafung durch die ordentlichen Gerichte entgegensieht."

132 Personen erfaßt

Über die Ermittlungsergebnisse, die der Arbeitsgruppe vorliegen, erklärte Staatsanwalt Peter Przybylski: „Die Arbeitsgruppe hat bisher 132 Personen erfaßt, die in Westberlin bzw. Westdeutschland ihren Wohnsitz haben und die sämtlich dringend verdächtig sind, fortgesetzt schwere Verbrechen im Sinne von Artikel 6a des Londoner Statuts für den Internationalen Militärgerichtshof und des darauf basierenden Friedensschutzgesetzes und anderer Strafgesetze der DDR begangen zu haben. Der Artikel 6a des Londoner Statuts stellt unter anderem das Planen und die Vorbereitung eines Angriffskrieges unter strenge Strafe. Die Ermittlung dieser Täter war nur möglich, weil der Arbeitsgruppe besonders aus der Westberliner Bevölkerung eine Vielzahl sachdienlicher Hinweise zugeleitet wurde. Aber auch Bürger Westdeutschlands und die Bevölkerung der DDR haben die zuständigen staatlichen Organe in den umfangreichen Ermittlungen aktiv unterstützt."

Staatsanwalt Peter Przybylski fügte hinzu, daß die Arbeitsgruppe Hinweise britischer Stellen erhalten hat, die die verbrecherischen Anschläge gegen die Staatsgrenze der DDR ablehnen und verurteilen.

Haftbefehle erlassen

Über die Tätigkeit der Arbeitsgruppe wurde weiter mitgeteilt: Gegen alle bisher erfaßten Täter sind Haftbefehle erlassen worden. Die Beschuldigten sind in Fahndung gestellt. Zu ihnen gehören:

Dieter Thieme, geb. am 12. November 1928 in Magdeburg, wohnhaft in Berlin-Zehlendorf, Beerenstraße 43, leitendes Mitglied der Untergrundorganisation Girrmann. Thieme war im August maßgeblich an der bewaffneten Grenzprovokation in Berlin-Treptow, Kiefholzstraße, beteiligt.

Boris Franzke, geb. am 9. Juli 1939 in Berlin, wohnhaft in Berlin-Schöneberg, Leberstraße 33. Franzke beteiligte sich seit 1961 mit seinem gleichfalls wegen krimineller Verbrechen vorbestraften Bruder Eduard Franzke fortgesetzt an Gewaltverbrechen, die sich gegen die Schutzmaßnahmen der Regierung der DDR vom 13. August 1961 richten. Er unterhält enge Verbindungen zu verschiedenen Westberliner Terrorgruppen u. a. zur Girrmann-Organisation sowie zur Wagner/Breitstorfer-Gruppe und war an den Anschlägen auf die Staatsgrenze der DDR in Berlin-Schönholz im Dezember 1961, im Januar 1962 auf dem Gelände des Bahnhofes Wollankstraße, im September 1961 in Berlin-Treptow und im November 1962 in Berlin-Machnow aktiv beteiligt.

Dr. Rainer Hildebrandt, geb. am 14. Dezember 1914, wohnhaft in Berlin-Wilmersdorf, Triberger Straße, gründete im Jahre 1948 gemeinsam mit dem Rias-Mitarbeiter Birkenfeld und dem damaligen Pressereferenten des Westberliner Senats Hirschfeld im Auftrage des amerikanischen Geheimdienstes die berüchtigte sogenannte Kampfgruppe gegen Unmenschlichkeit. Nach dem 13. August 1961 organisierte Hildebrandt zahlreiche Hetzveranstaltungen in Westberlin, in denen er zu Gewaltakten gegen die Grenzsicherungsanlagen der DDR aufrief.

Aufgaben der Arbeitsgruppe

Über die Aufgabe der Arbeitsgruppe erklärte Generalstaatsanwalt Josef Streit: „Die Geschichte beweist, daß Grenzprovokationen fast immer der unmittelbare Anlaß für direkte Kriegshandlungen waren. Die Arbeitsgruppe betrachtet es deshalb als ihre Aufgabe, dafür zu sorgen, daß die unverbesserlichen Friedensstörer ihrer gerechten Strafe zugeführt werden, bevor sie in der Lage sind, ein neues Völkermorden, einen neuen Krieg zu entfesseln."

Der Arbeitsgruppe gehören Vertreter verschiedenster zentraler Staatsorgane an. Sie registriert sämtliche gegen die DDR gerichteten aggressiven Akte, trägt die entsprechenden Beweismittel zusammen, erfaßt und registriert sowohl die unmittelbaren Täter als auch Personen, die Beihilfe leisten bzw. Anstifter oder Auftraggeber sind und veranlaßt gegebenenfalls die Fahndung nach ihnen.

(ND)

VORSICHT!

Gefährlicher Kreditbetrüger

13-8-1961   018/0/008   7-10-1974

Gesucht

wird der flüchtige Dachdeckergeselle **Erich Honecker**,
geb. am 25.8.1912 in Neunkirchen/Saar;
derzeit wohnhaft: „DDR"–1292 Wandlitz/Mark Brandenburg

WEGEN:

1. Anstiftung und Beihilfe zum Mord an „DDR"–Flüchtlingen in mindestens 190 Fällen.
2. Verbrechen gegen die Menschlichkeit durch Inhaftierung von jährlich 5.000 bis 10.000 unschuldigen politischen Gefangenen und Anordnung von Folter und Zwangsarbeit in hunderten von Lagern und Zuchthäusern.
3. Vorbereitung eines Angriffskrieges durch aktive Unterstützung sowjetischer Besatzungstruppen, Militarisierung des ganzen Lebens und Erziehung zum Völkerhaß.
4. Freiheitsberaubung in 17 Millionen Fällen.
5. Menschenhandel mit politischen Gefangenen und Ausreisewilligen für Kopfgelder ab 50.000 DM.
6. Kreditschwindel, Konkursverschleppung und Betrug zum Nachteil des westdeutschen Steuerzahlers.
7. Bildung einer kriminellen Vereinigung, die sich „SED" nennt.

ACHTUNG! Der einschlägig vorbestrafte H. ist im April 1945 aus dem Zuchthaus Brandenburg entflohen. Er schreckt vor dem Einsatz bewaffneter Gewalt nicht zurück.
H. benutzt häufig Decknamen, wie „Sicherheitspartner", „Friedenskämpfer" und „Entspannungsfreund" und ist daher nicht sofort als Gewaltverbrecher erkennbar. Der Gesuchte spielt sich gern als Inhaber einer Schein-Legitimität auf, indem er sich selbst Titel wie „Generalsekretär", „Staatsratsvorsitzender" und „Armeegeneral" verliehen hat und in der Biedermannsmaske eines angeblichen „Staatsmannes" auftritt.
Der einen äußerst luxuriösen Lebensstil pflegende H. umgibt sich neuerdings besonders gern mit berufsmäßigen Volksvertretern liberal–christlich–konservativer Provenienz, um weitere Milliardenkredite für sich und seine bankrotte Firma zu ergaunern.

Sachdienliche Hinweise, die zur Ergreifung des H. führen, nehmen entgegen:
* Zentrale Erfassungsstelle der Landesjustizverwaltungen in Salzgitter (Tel.: 05341–31152)
* Bundeskriminalamt in Wiesbaden (Tel.: 06121 – 551) * sowie jede andere Polizeidienststelle

Zur Belohnung ausgesetzt: FREIHEIT UND WIEDERVEREINIGUNG FÜR ALLE DEUTSCHEN!

DOKUMENT 5

der regierende buergermeister von berlin
berlin-schoeneberg, rathaus

an die herren ministerpraesidenten der laender
n a c h r i c h t l i c h
den herren bundesminister der justiz
bundesminister des innern

senator fuer justiz, senator fuer inneres

betr.: verfolgung von sed-verbrechen
------

sehr geehrter herr kollege,

es ist der vorschlag gemacht worden, schon jetzt alles erforderliche
zu tun, um zu gegebener zeit diejenigen organe und beauftragten
des pankower regimes, die sich im zuge der juengsten gewaltmass-
nahmen zu straftaten haben hinreissen lassen oder dies kuenftig
tun, zur verantwortung zu ziehen. ich begruesse diesen vorschlag
sehr, wuerde seine verwirklichung doch dazu beitragen, allen an-
haengern und dienern des pankower regimes eindeutig vor augen zu
fuehren, dass ihre taten registriert und sie einer gerechten
strafe zugefuehrt werden. dass derart erforderliche ermittlungen
nur bundeseinheitlich durchgefuehrt werden koennen, liegt auf der
hand. zur wahrnehmung dieser aufgabe bietet sich die bereits in
der aufdeckung von verbrechen des ns-regimes bewaehrte zentrale
stelle der landesjustizverwaltungen in ludwigsburg, schorndorfer
strasse 28, an, die vor einigen jahren durch eine vereinbarung
der laender geschaffen worden ist. wegen der nahezu voelligen
identitaet der jetzt vom sed-regime in der zone und in ostberlin
angewandten methoden mit denen des nationalsozialismus duerfte
die ludwigsburger zentrale stelle fuer die nunmehr erforderlich
werdenden ermittlungen besonders geeignet sein.
ich erlaube mir daher die anregung, dass die laender zusammen
mit den zustaendigen bundesministerien verbindung aufnehmen,
um die organisatorische grundlage fuer eine bundeseinheitliche
und umfassende strafverfolgung der untaten der gewalthaber der sed,
und sei es auch zunaechst nur in gestalt der erforderlichen
beweissicherungen, zu schaffen.

mit besten empfehlungen
willy b r a n d t ++

89. Errichtung einer Zentralen Erfassungsstelle der Landesjustizverwaltungen

AV d. Nds. MdJ. v. 15. 11. 1961 (4010 III A 2. a 6 — 602/61)
— Nds. Rpfl. S. 263 —

1. Die Justizminister und -senatoren der Bundesrepublik sind in ihrer Sitzung vom 25. bis 27. 10. 1961 übereingekommen, bei einer Staatsanwaltschaft der Bundesrepublik eine Stelle zu schaffen, deren Aufgabe es ist, die im Zusammenhang mit den politischen Ereignissen der letzten Monate in Ost-Berlin und in der SBZ begangenen Gewaltakte festzuhalten und dafür Sorge zu tragen, daß sie zu gegebener Zeit gesühnt werden können. Das Land Niedersachsen ist gebeten worden, eine solche Stelle einzurichten.

2. Dieser Bitte entsprechend wird die
   Zentrale Erfassungsstelle der Landesjustizverwaltungen in Salzgitter,
   Salzgitter-Bad
   Am Pfingstanger 2
   errichtet.

3. Die Zentrale Erfassungsstelle der Landesjustizverwaltungen wird der Staatsanwaltschaft bei dem Oberlandesgericht Braunschweig angegliedert; die Dienstaufsicht wird dem Generalstaatsanwalt in Braunschweig übertragen. Zur Durchführung der ihr obliegenden Aufgaben wird die notwendige Anzahl von Beamten des höheren, gehobenen und mittleren Dienstes bereitgestellt.

4. Aufgabe der Zentralen Erfassungsstelle der Landesjustizverwaltungen ist es, die im Zusammenhang mit den politischen Ereignissen der letzten Monate, insbesondere seit dem 13. 8. 1961 in Ost-Berlin und in der SBZ begangenen Gewaltakte, für deren Verfolgung keine örtliche Zuständigkeit in der Bundesrepublik und in West-Berlin besteht, zu erfassen, das darüber vorhandene Material zu sammeln und die zugänglichen Beweise — soweit erforderlich — zu sichern.

5. Soweit bei der Zentralen Erfassungsstelle der Landesjustizverwaltungen Vorgänge anhängig werden, für die eine örtliche Zuständigkeit in der Bundesrepublik oder in West-Berlin gegeben ist oder sich später ergibt, werden die Vorgänge an die zuständige Staatsanwaltschaft abgegeben. Ergibt sich sonst im Rahmen der Beweissicherung die Notwendigkeit, eine gerichtliche Zuständigkeit zu begründen, so legt die Zentrale Erfassungsstelle die Vorgänge dem Generalbundesanwalt mit der Anregung vor, gemäß § 13a StPO das zuständige Gericht bestimmen zu lassen.

6. Das Nähere über Organisation und Geschäftsbetrieb der Zentralen Erfassungsstelle der Landesjustizverwaltungen bestimmt deren Leiter.

DOKUMENT 7

Abt. Voksbildung – Ref. Jugendhilfe

Stadtbezirksgericht Treptow
- Zivilkammer -

<u>1195 Berlin</u>
Rinkartstr. 13

Berlin, den 15. Februar 1971
P 150/Boi/Cu.

K l a g e

des Referates Jugendhilfe beim Rat des Stadtbezirks Treptow,
vertreten durch die Referatsleiterin

- K l ä g e r -

gegen

Frau Gabriele ████████████
geboren am 18. September 1944,
████████████████████

- V e r k l a g t e -

Der Kläger beantragt zu erkennen:

1. Die Einwilligung der Mutter zur Annahme ihres Kindes
   Aristoteles ████████████
   geboren am 19.Oktober 1966
   an Kindes Statt wird ersetzt.

2. Die Kosten des Verfahrens werden der Verklagten auferlegt.

Gesetzliche Grundlage: Familiengesetzbuch der Deutschen Demokratischen Re-
                       publik § 70 (1) in Verbindung mit der Jugendhilfever-
                       ordnung § 16

<u>Gründe</u>
Die Eltern des Kindes waren bei dessen Geburt nicht miteinander verheiratet.
Die Mutter ist die alleinige gesetzliche Vertreterin ihres Sohnes.

- 126 -

Beweis: Im Termin vorzulegende Geburtsurkunde.

Am 30. August 1968 hatte die Mutter ohne Beachtung der polizeilichen Meldevorschrift die Deutsche Demokratische Republik verlassen. Sie überließ die Erziehung und Versorgung des Kindes ihren damals 55 bzw. 68jährigen Eltern. Dabei war ihr bekannt, daß diese das Kind weder auf Grund ihres Alters noch auf Grund ihres Gesundheitszustandes und ihrer wirtschaftlichen Verhältnisse versorgen konnten.

Zur Sicherung des Kindes war es erforderlich, entsprechend den geltenden gesetzlichen Bestimmungen die Pflegschaft nach § 104 Familiengesetzbuch anzuordnen.

Auch in der Folgezeit hat die Mutter nichts unternommen, um ihr Kind zu sichern. Zur Unterstützung für die Großeltern wurde aus dem Staatshaushalt eine Pflegegeldsumme bereitgestellt.

Die Großeltern des Kindes haben nach einer Reise im Sommer 1969 dem Referat Jugendhilfe mitgeteilt, daß sie nicht wieder an ihren Wohnort zurückkehren.

Es oblag somit den Organen der Jugendhilfe, die weitere Perspektive des Kindes zu sichern. Die durch die Mutter bzw. die Großeltern bevollmächtigte Bürgerin bot keine Gewähr für eine ordentliche Erziehung und Betreuung des Kindes. In einem Brief teilte die Mutter später mit, daß sie nicht bereit sei, in die Deutsche Demokratische Republik und damit zu ihrem Kinde zurückzukehren.

Nach einem vorübergehenden Heimaufenthalt konnte Aristoteles im Oktober 1969 in eine Familie in Pflege gegeben werden. Er hat sich in dieser Familie gut eingelebt, es sind enge soziale Bindungen entstanden. Die Pflegeeltern beabsichtigen die Adoption.

Über das Bezirksamt Berlin-Neukölln, Abt. Jugend u. Sport-Jugendamt wurde die Mutter zu ihrer Einwilligung zur Adoption befragt. Frau ███ legt dar, daß sie nicht bereit sei, die Einwilligung zur Annahme an Kindes Statt zu geben.

Zusammenfassend begründen wir unsere Klage auf Ersetzen der Einwilligung zur Annahme an Kindes Statt damit, daß

1. die Mutter selbst ihr Kind ohne ausreichende Sicherstellung verlassen hat,
2. die Annahme an Kindes Statt beantragt ist
3. es dem Wohl des Kindes entgegensteht, wenn der durch die Abwesenheit der Mutter entstandenen Rechtsgrundlage nicht Rechnung getragen wird.

Im Auftrag
Dipl. Pädagogin K...
Referatsleiterin

DOKUMENT 8

Zentrale Erfassungsstelle der Landesjustizverwaltungen in Salzgitter

Postanschrift:
Zentrale Erfassungsstelle, Am Pfingstanger 2, 3320 Salzgitter 51

Landeskriminalamt

3ooo Hannover

L⌐   ⌐J

Ihre Zeichen, Ihre Nachricht vom:	Geschäfts-Nr. (Bitte stets angeben)	Telefon: (05341) 3 11 52 falls nicht erreichbar (0531) 488-251 oder 246	Datum:
—	AR - ZE 2o6o/81		26.11.81

Erfassung von DDR-Gewaltakten;
hier: Verurteilung

Der Obengenannte soll in der DDR aus politischen Gründen abgeurteilt worden sein. Zur Prüfung der Frage, ob während der Ermittlungen,
im Zusammenhang mit der Verurteilung selbst und während des Straf-
vollzuges von der Zentralen Erfassungsstelle zu registrierende Unrechtshandlungen begangen worden sind, bitte ich, den Obengenannten
zu folgenden Fragen als Zeugen zu vernehmen:

1. Welcher Sachverhalt war im einzelnen Grundlage des gegen ihn
   durchgeführten Verfahrens?

2. Durch welches Gericht (Az.) ist er wann abgeurteilt worden?

3. Wie lauten die Namen der am Verfahren beteiligten Richter,
   Schöffen und Staatsanwälte? Kann der Zeuge Angaben über MfS-
   Angehörige machen?

4. Auf welche Tatsachen hat das Gericht die Verurteilung gestützt?

5. Entsprechen die vom Gericht festgestellten Tatsachen dem wirklichen Sachverhalt? Worauf beruhten ggf. Abweichungen?

6. Sind zum Nachteil des Zeugen Verfahrensverstöße begangen worden?

7. Welche Strafvorschriften hat das Gericht angewandt?

- 2 -

Dienstgebäude: Teletex:
Salzgitter-Bad   5 310 200 stabsd
Am Pfingstanger 2

8. Welche Strafe wurde verhängt?

9. Besitzt der Zeuge noch Verfahrensunterlagen (Anklage,
   Eröffnungsbeschluß, Urteile, Entlassungsschein u.a.)?
   Ggf. Ablichtungen zu den Akten nehmen.

1o. Sind mit dem Zeugen andere Personen verurteilt worden?
    Ggf. insoweit Einzelheiten (insbesondere Personalien
    und Verbleib der Mitverurteilten und Höhe der erkannten
    Strafe) feststellen.

11. Ist der Zeuge Opfer einer Denunziation geworden?
    Ggf. soll er den Sachverhalt ins einzelne gehend schil-
    dern und als Beschuldigte in Betracht kommende Personen
    genau beschreiben (Name, Spitznamen, Anschrift, Alter,
    Aussehen, besondere Merkmale).

12. Wann und in welchen Anstalten (bitte auch Erziehungs-
    bereich angeben) hat sich der Zeuge in Untersuchungs-
    und Strafhaft befunden?

13. Sind dem Zeugen Unrechtshandlungen im Zusammenhang mit
    den Ermittlungen und dem Vollzug der Untersuchungs- und
    Strafhaft (Aussageerpressung, Mißhandlungen, Bespitzelun-
    gen von Mithäftlingen im Auftrag des Staatssicherheits-
    dienstes, Ansprechversuche des Staatssicherheitsdienstes
    zur Mitarbeit) bekanntgeworden? Ggf. nähere Einzelheiten
    (vgl. oben Nr. 11) und als Zeugen in Betracht kommende
    Personen erfragen.

14. Sind dem Zeugen die Namen und Anschriften von Mithäft-
    lingen, die aus politischen Gründen abgeurteilt worden
    waren, bekannt? In welchem Erziehungsbereich befanden
    sie sich?

Die Vernehmungsniederschrift wird in drei Stücken erbeten.

Sollte der Zeuge verzogen sein, bitte ich, mein Schreiben
der für seinen neuen Wohnsitz zuständigen Staatsschutzpoli-
zeidienststelle zuzuleiten.

Riedel
Staatsanwalt

Entlassungsschein

Herr ~~Frl/Fr~~ Schumann , Bernd

PKZ | 0 | 3 | 0 | 3 | 6 | 3 | 4 | 3 | 0 | 0 | 4 | 4 | wurde am 29.05.1986

aus d er Strafvollzugseinrichtung Bautzen I

nach 1134 Berlin, ████████ entlassen

Dieser Entlassungsschein gilt bis 31. 05. 1986 ~~als Legitimation.~~

Obengenannte...r befand sich seit 09.03.1984 ~~in Untersuchungshaft/~~
im Strafvollzug. Der Ausweis für Arbeit und Sozialversicherung wurde ausge-
händigt/~~in die Einrichtungen des Organs Strafvollzug nicht eingebracht.~~

Eigengeld in Höhe von 773,26 M ~~und Fahrkarte erhalten.~~

Personalausweis an VPKA Berlin

am 12.03.84

Ober~~stleut~~nant des SV

* Nichtzutreffendes streichen*

Nachweis über die Anmeldung

Rat der Stadt/Stadtbezirk/Gemeinde
Abt. Innere Angelegenheiten

gemeldet am 2.6.86

Rat d... ...lichenberg
A... ...
Unter... Berlin-Lichtenberg
Jacques - Duclos - Straße 6

— Polizeilich gemeldet in
am 2.6.86

VP-Revier 253
Unterschrift ...
Weitlingstraße 15
Tel. 52 51 62...

(Entlassungsschein sorgfältig aufbewahren, bei Verlust kein Ersatz)

URKUNDE

Bernd Schumann

geboren am 03.03.1963

in Berlin

wohnhaft in Berlin-Lichtenberg,

███████████

wird gemäß § 10 des Gesetzes vom 20. Februar 1967 über die Staatsbürgerschaft der Deutschen Demokratischen Republik (GBl. I S. 3) aus der Staatsbürgerschaft der Deutschen Demokratischen Republik entlassen.

Die Entlassung aus der Staatsbürgerschaft der Deutschen Demokratischen Republik wird gemäß § 15 Abs. 3 des Staatsbürgerschaftsgesetzes mit der Aushändigung dieser Urkunde wirksam.

Berlin,

den 06.04.1987

Ausgehändigt am

1 5. 04. 87

Dokument 11

DAS DDR-GRENZSICHERUNGSSYSTEM - DIE GRENZE ZUR BUNDESREPUBLIK [1]

Länge der Demarkationslinie (Hof bis Lübecker Bucht): 1378,1 km
Seegrenze (Ostsee): 14,9 km
Gesamtlänge: 1393,0 km

	Jahresende 1979	Stand vom 30.06.84	Stand vom 31.07.85	Stand vom 30.06.87	Stand vom 30.06.88	Stand vom 30.06.89
Metallgitterzaun (MGZ)	1281,3 km	1286,5 km	1278,4 km	1269,7 km	1266,5 km	1265,0 km
Doppelter Stacheldrahtzaun	100,1 km	24,4 km	25,2 km	20,9 km	15,2 km	—— [2]
Grenzsperr- und Signalzaun (GSSZ) (mit elektrischer Alarmanlage, auf Berührung reagierend, Schwachstrom)	1041,1 km	1166,8 km	1193,8 km	1208,2 km	1196,4 km	1185,7 km
- davon modifiziert		ca. 90,0 km	650,9 km	978,9 km	1057,9 km	1113,6 km
- mit Hundefreilaufanlage				85,5 km	103,4 km	119,4 km
- Anzahl der Hunde				804	ca. 900	962
Minenfelder	292,5 km	145,7 km	54,5 km	—— [3]	——	——
Selbstschußanlagen ("SM 70" und "NS 501")	393,0 km [4]	339,1 km	—— [5]	——	——	——
Betonsperrmauern (die Zahl gilt nur für Grenznähe, nicht für das rückwärtige Gebiet)	24,8 km	29,7 km	29,7 km	31,3 km	29,5 km	29,1 km
- davon ersetzt durch Metallplattenzaun (u.a. bei Stapelburg)				1,5 km	1,7 km	2,0 km
Kraftfahrzeug-Sperrgräben	808,3 km	837,3 km	837,7 km	837,7 km	839,3 km	829,2 km
- davon befestigt	551,7 km	586,7 km	589,5 km	590,2 km	590,2 km	580,1 km
Kolonnenweg *	1313,0 km	1337,5 km	1400,8 km	1334,8 km	1335,5 km	1339,1 km
- davon befestigt	1215,0 km	1286,3 km	1309,5 km	—— [6]	——	——
- davon am GSSZ				271,4 km	335,0 km	340,7 km
Lichtsperren [7] Halogenstrahlersperren	271,0 km	237,1 km	245,0 km	247,2 km	263,6 km	232,4 km / 69,2 km
Hundelaufanlagen	97,3 km	100,6 km	128,2 km	91,7 km	78,6 km	71,5 km
mit Hunden (Gesamtzahl)	996	1181	1163	1073	954	886
Erdbunker/Unterstände am MGZ *	900	765	751	659	596	425
- davon aus Beton	645	552	552	499	454	292
Erdbunker/Unterstände am GSSZ				48	57	48
- davon aus Beton				34	32	22
Beobachtungstürme am MGZ * aus Beton	665	665	661	597	576	529
Beobachtungstürme am GSSZ				54	55	49
- davon aus Beton				39	40	37
Beobachtungsstände aus Holz oder Stahl	82	44	38	86	108	155

(1) Quelle: Der Bundesminister des Innern
(2) Wird seit 1989 nicht mehr erhoben.
(3) Seit Ende Oktober 1985 vollständig abgebaut.
(4) Höchststand am 31.08.83: 439,5 km / Anzahl ca. 60.000.
(5) Seit Ende November 1984 vollständig abgebaut.
(6) Wird nicht mehr erhoben, da durchgängig befestigt.
(7) Bogenlampen.
(*) Werden seit Januar 1986 getrennt nach Bereich MGZ bzw. GSSZ erhoben.

9

VS-VERTRAULICH

GRENZTRUPPEN
DER DEUTSCHEN DEMOKRATISCHEN REPUBLIK

Unterschrift

Vertrauliche Verschlußsache!

Ausfertigung

DV 018/0/008

Einsatz der Grenztruppen
zur Sicherung der Staatsgrenze

Grenzkompanie

1974

X. Gebrauch der Schußwaffe

210.(1) Der Gebrauch der Schußwaffe ist die äußerste Maßnahme der
Gewaltanwendung gegenüber Personen. Schußwaffen dürfen nur angewendet werden, wenn die körperliche Einwirkung ohne oder mit Hilfsmitteln erfolglos blieb oder offensichtlich keinen Erfolg verspricht.

(2) Von der Schußwaffe darf nur auf Befehl des Vorgesetzten oder
auf eigenen Entschluß der zum Grenzdienst eingesetzten Kräfte Gebrauch gemacht werden,

  a) um die unmittelbar bevorstehende Ausführung oder Fortsetzung
     einer Handlung zu verhindern, die sich den Umständen nach dar-
     stellt als ein
     - Verbrechen gegen die Souveränität der Deutschen Demokrati-
       schen Republik, den Frieden, die Menschlichkeit und die
       Menschenrechte,
     - Verbrechen gegen die Deutsche Demokratische Republik, ge-
       gen die allgemeine Sicherheit oder gegen die staatliche
       Ordnung,
     - Verbrechen gegen die Persönlichkeit,
     - anderes Verbrechen, das insbesondere unter Anwendung von
       Schußwaffen oder Sprengmitteln begangen werden soll oder
       ausgeführt wird;

  b) zur Verhinderung der Flucht oder Wiederergreifung von Perso-
     nen,
     - die eines Verbrechens dringend verdächtig sind oder wegen
       eines Verbrechens festgenommen wurden,
     - die anderer Straftaten verdächtig sind oder deswegen fest-
       genommen oder zu einer Strafe mit Freiheitsentzug verur-
       teilt wurden, wenn Anhaltspunkte dafür vorliegen, daß von
       Schußwaffen oder Sprengmitteln Gebrauch gemacht oder in
       anderer Weise die Flucht mittels Gewalt oder tätlichen
       Angriffs gegen die mit der Durchführung der Festnahme, Be-
       wachung oder Beaufsichtigung Beauftragten durchgeführt
       oder daß die Flucht gemeinschaftlich begangen wird;

  c) gegen Personen, die wegen einer Straftat Festgenommene oder
     zu einer Strafe mit Freiheitsentzug Verurteilte mit Gewalt
     zu befreien versuchen oder dabei behilflich sind;

  d) wenn andere Mittel nicht mehr ausreichen, um einen unmittel-
     bar drohenden oder gegenwärtigen Angriff auf Anlagen der be-

waffneten Organe oder andere staatliche, gesellschaftliche
oder wirtschaftliche Einrichtungen, auf sich selbst oder andere Personen erfolgreich zu verhindern oder abzuwenden (gemäß §§ 17 bis 19 des StGB);

e) zur Brechung bewaffneten Widerstandes;

f) zur Festnahme von Personen, wenn

- bewaffnete Personen die Aufforderung zum Ablegen der Waffen
  nicht befolgen oder sich ihrer Festnahme durch Bedrohung
  mit der Waffe oder Anwendung derselben zu entziehen versuchen,
- Personen dem Anruf oder der Aufforderung des Grenzpostens
  nicht Folge leisten und offensichtlich versuchen, die
  Staatsgrenze der Deutschen Demokratischen Republik zu
  durchbrechen und alle anderen Mittel und Möglichkeiten zur
  Festnahme oder Verhinderung der Flucht erschöpft sind,
- Personen mit Transportmitteln vorschriftsmäßig gegebene
  Stoppzeichen unbeachtet ließen und Sperren durchbrochen,
  beiseite geräumt oder umfahren haben und eindeutig versuchen, die Staatsgrenze zu durchbrechen.

211. Der Gebrauch der Schußwaffe ist gegenüber Angehörigen der
Grenztruppen und der NVA als äußerste Zwangsmaßnahme zulässig,
wenn bei offenem Ungehorsam oder Widerstand von Unterstellten zur
Wiederherstellung der militärischen Disziplin und Ordnung alle
Maßnahmen erfolglos blieben und eine Festnahme nicht durchführbar
ist.

212. Der Gebrauch der Schußwaffe ist grundsätzlich mit "Halt!
Grenzposten! Hände hoch!" anzukündigen. Wird der Aufforderung
nicht Folge geleistet, ist ein Warnschuß abzugeben. Bleibt auch
diese Warnung erfolglos, ist gezieltes Feuer zu führen.

213. Die Schußwaffe ist ohne Anruf und ohne Abgabe eines Warnschusses gezielt anzuwenden, wenn

a) es zur Abwehr eines plötzlichen tätlichen Angriffes sowie zur
   Brechung bewaffneten Widerstandes erforderlich ist,

b) ein gegenwärtiger Angriff auf Anlagen der bewaffneten Organe
   und andere staatliche, gesellschaftliche oder wirtschaftliche
   Einrichtungen, auf sich selbst oder andere Personen nicht
   anders verhindert oder abgewendet werden kann.

214. Beim Gebrauch der Schußwaffe ist das Leben der Personen nach Möglichkeit zu schonen. Verletzten ist unter Beachtung der notwendigen Sicherheitsmaßnahmen Erste Hilfe zu erweisen, sofern es die Durchsetzung dringender und keinen Aufschub duldender Aufgaben zuläßt.

215. Die Schußwaffe ist nicht anzuwenden, wenn
a) das Leben und die Gesundheit Unbeteiligter gefährdet werden kann (stark belebte Straßen, besetzte Gaststätten, öffentliche Verkehrsmittel u. a.),
b) die Personen sich dem äußeren Eindruck nach im Kindesalter befinden (bis 14 Jahre),
c) die Umstände, die die Anwendung der Schußwaffe rechtfertigen, nicht mehr vorliegen,
d) es sich bei den Festzunehmenden um Angehörige der in der BRD oder in WESTBERLIN stationierten Besatzungstruppen und deren Militärverbindungsmissionen handelt,
e) es sich um Angehörige diplomatischer Vertretungen handelt,
f) Flugzeuge fremder Nationalität die Lufthoheit der Deutschen Demokratischen Republik verletzen,
g) ein Signal gegeben werden soll (außer dem Signal "Eilt zu Hilfe!").

216.(1) Der Gebrauch der Schußwaffe ist in jedem Fall unverzüglich dem Vorgesetzten zu melden und, wenn dabei Personen verletzt oder getötet wurden, als besonderes Vorkommnis zu behandeln.
(2) Tödlich verletzte Personen sind außerhalb der vom Gegner einsehbaren Geländeabschnitte unterzubringen. Der Tatort ist zu markieren und zu sichern. In anderen Fällen ist die Lage des Toten nicht zu verändern. Die weiteren Handlungen sind entsprechend der Entscheidung des Militärstaatsanwaltes durchzuführen.

217. Wird die Schußwaffe gegen Grenzverletzer angewandt, darf das Territorium des angrenzenden Staates oder WESTBERLINs nicht beschossen werden.

218. Bei Einsätzen zur Verteidigung der Deutschen Demokratischen Republik befiehlt der Minister für Nationale Verteidigung den Gebrauch der Schußwaffe.

VS-VERTRAULICH

Dokumente für die Grenzsicherung und Grenzüberwachung

Allgemeines

1.(1) Befehle, Entschlußkarten, Führungskarten und Arbeitskarten,
die zur Organisation, Führung und Sicherstellung der Grenzsicherung und Grenzüberwachung erarbeitet werden, sind Dokumente für
die Grenzsicherung und Grenzüberwachung (nachfolgend Dokumente für
die Grenzsicherung).
(2) Die Dokumente für die Grenzsicherung können textlich und
graphisch angefertigt werden. Sie sind rechtzeitig zu erarbeiten,
lückenlos zu führen und haben sich durch Kürze, Klarheit und Anschaulichkeit auszuzeichnen sowie wahrheitsgetreue Angaben zu enthalten. Bestimmungen aus Dienstvorschriften sind nicht zu wieder-
holen. Arbeitskarten können, solange die Anschaulichkeit erhalten
bleibt, über mehrere Monate geführt werden. Präzisierungen sind
farbig zu hinterlegen.
(3) Die Dokumente für die Grenzsicherung sind in den Geheimhaltungsgrad "Vertrauliche Verschlußsache" einzustufen.

2.(1) Alle Angaben über den Gegner sind auf den topographischen
Karten der Grenzkompanie bis 10 km Tiefe einzutragen.
(2) Die Köpfe der Arbeitskarte und der Führungskarte des Kompanie-
chefs sind fortlaufend zu schreiben. Es sind nacheinander anzugeben:
   a) die Bezeichnung des Dokumentes,
   b) die Bezeichnung des Herausgebers,
   c) die laufende Nummer des Dokumentes,
   d) das Datum und die Uhrzeit der Anfertigung.
(3) In den Dokumenten für die gefechtsmäßige Grenzsicherung ist zusätzlich der Standort des Stabes anzugeben.
Beispiele:
   1. Für die normale oder verstärkte Grenzsicherung:
      Arbeitskarte KC-1./I./GR-10, Nr. 001, 30.05.1974, 18.00 Uhr
   2. Für die gefechtsmäßige Grenzsicherung:
      Plan zur gefechtsmäßigen Grenzsicherung K-I./GR-3, Nr. 001,
      Stab BERKA (9643), 25.11.1974, 18.00 Uhr
  (4) Die Unterschriften auf den Dokumenten müssen mit der Dienststel-

Lothar Lienecke, der Freund des ermordeten Michael Gartenschläge...

„Wir sind in eine Falle

MANFRED R. BEER, Lübeck

Am Freitag, dem 30. April 1976, dem letzten Tag im Leben des 32jährigen Michael Gartenschläger mußte der Lübecker Staatsanwalt Hans-Rudolf Wirsich eine Dienstreise zu dem Schleswigholsteinischen Ort Barsbüttel antreten, da sich Gartenschläger geweigert hatte, seiner Vorladung zur Vernehmung in Lübeck Folge zu leisten. Vernommen werden sollte er, weil die Staatsanwaltschaft wegen der Demontage von zwei Todesautomaten vom Typ SM 70 (DIE WELT vom 28. 4. 76) ermittelte.

Am Ende der Vernehmung, etwa gegen Mittag an diesem Freitag, erklärte Michael Gartenschläger Staatswanwalt Wirsich, er werde bald wieder von ihm hören, weil er die Absicht habe, „ein ganz großes Ding zu drehen". Wirsich warnte Gartenschläger. Vergebens! Von Gartenschläger hörte man zwölf Stunden später wieder. Die Sicherheitsbehörden der Bundesrepublik Deutschland erfuhren von seinem Tod. Der beste Freund des Ermordeten, Lothar Lienecke (28) war Augenzeuge der Tragödie und berichtete der WELT exclusiv:

„Ich kenne Michael, den wir alle Mischa' nannten, seit 1968. Wir lernten uns im Zuchthaus Brandenburg kennen. Ich war wegen ,Staatshetze' zu sechs Jahren und acht Monaten verurteilt. Gartenschläger, ein Mann mit außergewöhnlichem Mut und Intelligenz, war das Vorbild von uns allen ... Ich kam 1971 heraus, Michael ein Jahr später. Wir trafen uns in Hamburg wieder."

Lothar Lienecke sagt, daß er Gartenschläger schon am 23. April begleitet habe, als dieser zum erstenmal einen Todesautomaten aus einem Metallgitterzaun der „DDR"-Grenze entfernte. Danach verstärkten die „DDR"-Organe die Grenzsicherung in diesem Abschnitt.

Unmittelbar nach Beendigung der Vernehmung in Barsbüttel traf Lienecke mit Gartenschläger zusammen. Lienecke sagt: „Wir planten für diesen Tag einen neuen Einsatz. Unser Ziel war, diesmal einen Todesautomaten im Zonengrenzraum bei Uelzen in Niedersachsen zu entfernen. Wir saßen über Karten und leisteten gründliche Vorarbeit. Diesmal wollten wir einen dritten Freund mitnehmen, Dieter Uebe, 26, der wegen des gleichen Deliktes wie ich zu drei Jahren Zuchthaus in Cottbus verurteilt und dann in die Bundesrepublik abgeschoben wurde. Dieser bekam von Gartenschläger eine abgesägte Schrotflinte ..."

Lothar Lienecke berichtet weiter: „Etwa um 21.30 Uhr befuhren wir an diesem Freitag in einem BMW 2800 von Barsbüttel ostwärts. Wir hatten die Absicht, die bei dem letzten Tatort bei Böchen versteckte Leiter zu holen."

„Wir holten die Leiter", berichtet Lienicke, „sie lag einen Kilometer vom Metallgitterzaun entfernt. Da sagte Michael, er wolle noch einmal zur Grenze vor, an die Stelle, wo er schon zweimal einen Todesautomaten geklaut hatte. ,Nur mal gucken', sagte Michael. Dann meinte er plötzlich: ,Ich hol' noch einen.' Wir rieten ihm ab. Er sagte: ,Dann zünde ich wenigstens so ein Ding...' Michael wies uns auf unsere Plätze ein. Dieter mit der Schrotflinte sollte sich links von dem Stein hinlegen, der die Grenze markiert. Davor Bodenwellen, Heidekraut und hier etwa 40 Meter Entfernung zum Metallgitterzaun. Ich lag einige Meter weiter, um die Nordflanke des scharfen Knicks zu beobachten..."

„Etwa um 23.45 Uhr robbte Michael in Richtung Osten. Die Nacht war kalt und dunkel. Kein Mondschein. Wenn eine Bewegung von „DDR"-Seite erfolgen sollte, hatte ich den Auftrag zu rufen: ,Halt, hier ist der Zoll, kommen Sie sofort zurück.' Dies sollte heißen: Bewaffnete Organe der Bundesrepublik sind zur Stelle. Aber vom Bundesgrenzschutz und Zoll war keine Spur ..."

Lothar Lienecke weiter: „Plötzlich kamen mindestens vier Salven aus Kalaschnikow-Maschinenpistolen. Sie trafen Michael, als er sich erheben und mit einem 20 Zentimeter langen Drahthaken und einer Angelschnur den Metallgitterzaun erreichen wollte. Sie schossen, kein Anruf vorher, keine Warnung. Plötzlich gleißende Scheinwerferlicht. Ich versuchte, Michael zu Hilfe zu kommen. Nun prasselten die Salven auf mich. Ich rannte zurück. Dieter gab aus seiner Flinte einen ungezielten Schuß ab. Jetzt wurden wir beide beschossen. Wir befanden uns auf dem Gebiet der Bundesrepublik Deutschland ... Einschüsse in den Bäumen sind dort noch achtzig Meter auf Bundesgebiet festzustellen. Und Dieter ist sogar der Meinung, daß „DDR"-Soldaten bei unserer Verfolgung das Gebiet der Bundesrepublik betreten haben ..."

„Ich sah noch, wie alle Scheinwerferbündel sich auf den unmittelbar am Metallgitterzaun liegenden Michael Gartenschläger konzentrierten, und ich sah, wie ein Grenzsoldat der „DDR" den Arm Michaels hob, der darauf schlaff zu Boden fiel ... Die Schützen hatten diesseits des Zaunes gelauert. Sie müssen in Dauerstellung auf Gartenschläger gewartet haben. Am Morgen darauf fand man mehrere Schlafsäcke und Decken diesseits des Metallgitterzauns. Michael ist in eine Falle gelaufen ..."

Oswald Kleiner, Leitender Oberstaatsanwalt in Lübeck, ermittelt nun wegen Mordes.

gelaufen"

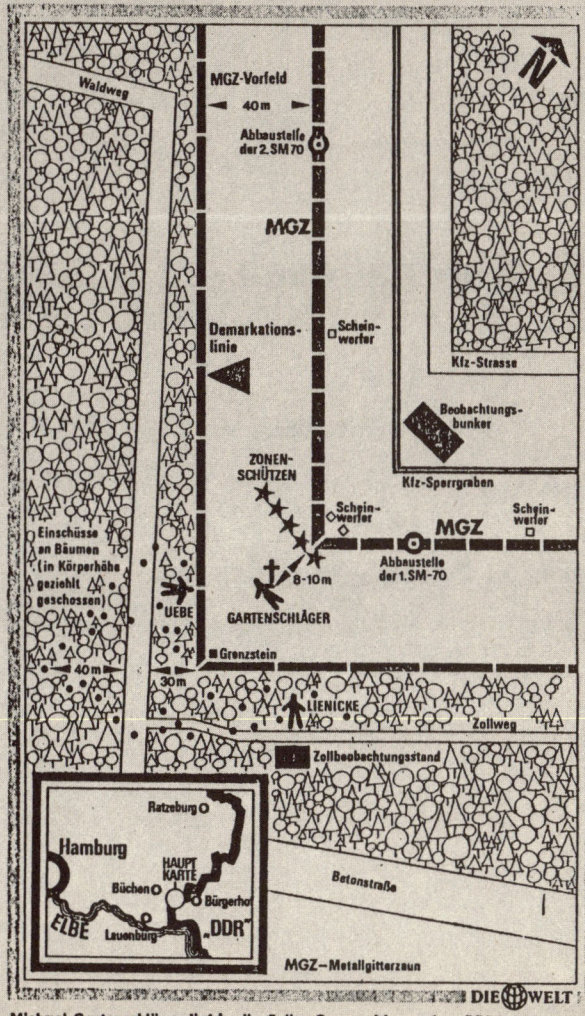

Michael Gartenschläger lief in die Falle: Grenzsoldaten der „DDR" warteten vor dem Metallgitterzaun auf ihn

KARTE: DIE WELT

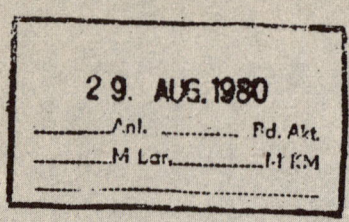

2 9. AUG. 1980
............Anl. .... Fd. Akt.
............M Lar............I-l KM

Informationen

des
Obersten Gerichts

der
Deutschen Demokratischen Republik

Nr. 3/1980

Inhalt

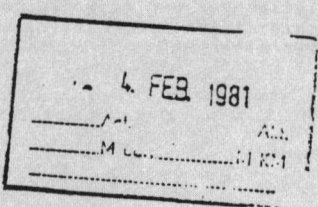

- 4. FEB. 1981

Informationen

des Obersten Gerichts

der Deutschen Demokratischen Republik

Sonderdruck

Inhalt

Standpunkte

Rechtsprechung

Strafrecht

- - - - - - -

ANMERKUNG:

Für diesen Sonderdruck wird kein Register herausgegeben.
Die Empfänger des vorliegenden Heftes bitten wir, die
enthaltenen Probleme unter Beachtung des Vertraulich-
keitsgrades des Inhalts nach eigenem Bedarf zu dokumentieren.

. Mitteilung an staatliche Organe der DDR oder Personen
  in der DDR über die Nichtrückkehr;

. auf die Dauer gerichtete Wohnsitznahme im Ausland;

. auf die Dauer gerichtete Arbeitsaufnahme im Ausland;

. Bestrebungen zur Annahme einer anderen Staatsangehörigkeit.

Ist in Grenzfällen nicht eindeutig feststellbar, ob eine
Fristüberschreitung oder eine Nichtrückkehr vorliegt, ist
von der Tatbestandsalternative der nicht fristgerechten
Rückkehr auszugehen.

Nichtrückkehr kann in der DDR nur vorbereitet werden, wenn
der Täter <u>legal</u> aus der DDR ausreisen will mit dem Ziel
der Nichtrückkehr. Typische Beispiele für die Vorbereitung
sind das Beschaffen von Genehmigungen für den Auslandsaufenthalt und der Reiseantritt im paß- und visafreien
Reiseverkehr mit dem Vorsatz der Nichtrückkehr nach le-
galer Ausreise.

In Fällen, in denen DDR-Bürger die Staatsgrenze der DDR
widerrechtlich mit dem Ziel der Nichtrückkehr passieren,
ist § 213 Abs. 1 StGB vollendet. In den Fällen, in denen
der DDR-Bürger zum Zwecke der Nichtrückkehr weitere Handlungen im Ausland begeht, sind auch die Voraussetzungen
des § 213 Abs. 2 StGB gegeben. Werden dabei erschweren-
de Merkmale verwirklicht, ist auch Abs. 3 verletzt.

<u>Verletzungen staatlicher Festlegungen über den Auslands-
aufenthalt</u> von DDR-Bürgern beziehen sich auf die Verletzung territorialer Festlegungen. Sie liegen vor, wenn
DDR-Bürger entgegen der Genehmigung zur Ausreise aus der
DDR und zum Aufenthalt in bestimmten Staaten oder Gebieten in weitere Staaten oder Gebiete reisen, die von der
Genehmigung nicht umfaßt sind. Sofern das mit dem Ziel

erfolgt, nicht in die DDR zurückzukehren, liegt nicht
die Alternative der Verletzung staatlicher Festlegungen über den Auslandsaufenthalt, sondern Nichtrückkehr
vor.
Liegt sowohl eine nicht fristgerechte Rückkehr und eine
Verletzung der staatlichen Festlegungen über den Auslandsaufenthalt vor, sind durch eine Handlung diese
beiden Begehungsweisen des Absatzes 2 verletzt.
Erfolgt die Verletzung staatlicher Festlegungen über den
Auslandsaufenthalt zugleich unter Benutzung von Per-
sonaldokumenten der BRD oder Westberlin, liegt insofern auch eine in Tateinheit begangene Straftat nach
§ 13 (1) Buchst. c Personalausweisordnung vor.

Da § 213 StGB ausschließlich die Staatsgrenze der DDR
schützt, sind Verletzungen anderer Staatsgrenzen durch
DDR-Bürger als Bestandteil des strafbaren Handelns der
Nichtrückkehr zu verfolgen.
Erfolgt die Verletzung ausländischer Staatsgrenzen bei
Rückkehrabsicht in die DDR, ist die Tatbestandsalter-
native der Verletzung staatlicher Festlegungen über
den Auslandsaufenthalt heranzuziehen.

4.3. <u>Zur Anwendung der schweren Fälle des § 213 StGB</u>

Die nach § 213 Abs. 3 Ziff. 1 StGB geforderte <u>Gefähr-
dung</u> bezieht sich auf jede Person außer dem Täter und
Mittäter, es sei denn, der Tatentschluß von Mittätern
umfaßte die Gefährdung nicht.
Leben oder Gesundheit von Menschen wird z. B. gefährdet durch

. das Zufahren auf Personen bei der Benutzung von Fahrzeugen zum Grenzdurchbruch,

. einen aus medizinischer Sicht gefährlichen Einsatz
  von Medikamenten bei Kindern,

. die Mitnahme von Kindern bei risikoreicher Handlung
(z. B. in Paddel- oder Schlauchbooten bei Überquerung
der Ostsee).

- <u>Waffen</u> i. S. des § 213 Abs. 3 Ziff. 2 StGB sind neben
Schußwaffen auch Sprengmittel, Hieb- und Stichwaffen
sowie andere, für die Benutzung als Waffe geeignete
und vom Täter dazu bestimmte Gegenstände.

  Die Waffeneigenschaft ist folglich nicht vom Gegenstand
  selbst abhängig, sondern auch von der Geeignetheit zur
  Erzielung von Wirkungen unter den konkreten Bedingungen
  der Grenzsicherung.

- <u>Gefährliche Mittel</u> i. S. des § 213 Abs. 3 Ziff. 2 StGB
sind solche Gegenstände, die Auswirkungen für den siche-
ren Schutz der Staatsgrenze entweder dadurch haben, daß
sie deren Schutzwirkung beeinträchtigen bzw. aufheben
oder dadurch, daß sie über die unmittelbar angegriffene
Stelle der Staatsgrenze hinauswirken, d. h. die Grenzsicherung weiträumiger beeinträchtigen, so z. B. spezielle Geräte zum Überwinden der Grenzsicherungsanlagen,
abgerichtete Hunde, Nebelkörper, Tränenreizstoff u. ä.

- <u>Gefährliche Methoden</u> i. S. der gleichen Tatbestandsalternative liegen vor, wenn Umstände geschaffen oder
ausgenutzt werden, um die für die Sicherung der Staatsgrenze eingesetzten Kräfte zu desorientieren mit dem
Ziel, z. B. Sicherungsmaßnahmen einzuschränken oder zu
unterlassen.
Das betrifft z. B.

  . die Vortäuschung des Einsatzes von Schußwaffen oder
  Sprengmitteln unter Verwendung von Imitationen oder
  beschußunfähigen Waffen,

die Benutzung von Uniformen, mit Uniform verwechsel-
baren Bekleidungsstücken oder Hoheitszeichen anderer
Staaten an Fahrzeugen zur Vortäuschung von Kontroll-
befreiungen.

- Mit besonderer Intensität (§ 213 Abs. 3 Ziff. 3 StGB)
  ist die Tat begangen, wenn sie mit einem erheblich über
  dem zum ungesetzlichen Grenzübertritt nach Abs. 1 oder 2
  erforderlichen physischen Aufwand oder mit besonderen
  geistigen Anstrengungen erfolgt - z. B. beim Bau oder der
  Benutzung von Luftfahrtgerät, Booten und anderen Schwimmkörpern oder Tauchgeräten; Durchführung von Konditionstraining u. ä. - und es sich nicht um Begehungsweisen nach
  den Ziffern 1, 2, 4 oder 5 des Abs. 3 von § 213 StGB handelt. Allein das Zusammenwirken mit Ausländern bei der
  Tatausführung ist in der Regel keine Tatbegehung mit besonderer Intensität.

- Die Tatbegehung "zusammen mit anderen" (§ 213 Abs. 3
  Ziff. 5 StGB) umfaßt jedes Handeln von mindestens zwei
  - auch von familienrechtlich verbundenen - Tätern. Voraus-
  setzung ist jedoch, daß sie zur Erreichung des gemeinsamen Zieles oder zur Sicherung des angestrebten Erfolges
  bewußt zusammenwirken. Unbeachtlich sind die im § 22
  Abs. 5 StGB genannten persönlichen Strafausschließungs-
  gründe. Zusammen mit anderen handelt in bezug auf den Tatbestand des § 213 StGB nicht, wer mit Menschenhändlern
  gemäß § 105 oder § 132 StGB zusammenwirkt, es sei denn,
  die Menschenhändler passieren selbst die Staatsgrenze un-
  gesetzlich zusammen mit dem Grenztäter.

- Erschwernismerkmale im Sinne des Abs. 3 von § 213 StGB,
  die dort nicht ausdrücklich genannt sind, liegen nur dann
  vor, wenn das Handeln des Täters die gleiche Schwere wie
  in den Fällen der Ziffern 1 bis 6 des Abs. 3 aufweist.

Um eine formale Anwendung des § 213 Abs. 3 StGB auszuschließen, ist bei jeder Beurteilung einer Tat als schwerer Fall des ungesetzlichen Grenzübertritts zu prüfen, ob sich unter Berücksichtigung der gesamten objektiven und subjektiven Tatumstände deren Schwere tatsächlich erhöht hat oder ob § 62 Abs. 3 StGB dem entgegensteht.

4.4. Im Zusammenwirken von Militär- und Zivilpersonen bei Fahnenflucht oder ungesetzlichem Grenzübertritt ist zu beachten:

- Ein schwerer Fall der Fahnenflucht in der Alternative "mehrerer Personen" ist für die Militärperson nicht gegeben, wenn er mit einer Zivilperson gemeinsam handelt. Für diese andererseits ergibt sich der schwere Fall des § 213 StGB aus Abs. 3 Ziff. 5.

- Für eine Militärperson, die eine Fahnenflucht begeht (auch Vorbereitung oder Versuch), begründet es auch nicht einen schweren Fall, wenn sie wegen ungesetzlichem Grenzübertritt bereits bestraft ist. Gleichermaßen ist eine Vorstrafe wegen Fahnenflucht bei einem späteren ungesetzlichen Grenzübertritt nicht im Sinne des § 213 Abs. 3 Ziff. 6 StGB zu werten, um damit einen schweren Fall zu begründen. Die Voraussetzungen des § 44 StGB sind jedoch zu beachten.

5. Zur Beeinträchtigung staatlicher oder gesellschaftlicher Tätigkeit (§ 214 StGB)

5.1. Zu § 214 Abs. 1 StGB

- Die Strafbarkeit der Beeinträchtigung der Tätigkeit staatlicher Organe durch Gewaltanwendung oder Drohung nach Abs. 1 des § 214 StGB setzt voraus, daß die Tat den ordnungsgemäßen Tätigkeitsablauf eines staatlichen

Organs beeinträchtigt. Eine derartige Beeinträchtigung liegt
bereits dann vor, wenn der Täter Gewalt oder Drohungen an-
wendet, um staatliche Organe zu zwingen, pflichtwidrige Entscheidungen zu treffen oder Maßnahmen einzuleiten bzw. Entscheidungen oder Maßnahmen zu unterlassen. In solchen Fällen wird die ordnungsgemäße Tätigkeit der staatlichen Organe dadurch beeinträchtigt, daß ihr Entscheidungsspielraum
eingeengt wird (vgl. OG-Urteil vom 2. 5. 1980 - 1 OSB 12/80 -).
Das trifft auch auf provokatorische Forderungen gegenüber
staatlichen Organen zu, die Ausreise zu genehmigen, wenn sie
mit der Androhung der Verbindungsaufnahme z. B. zu einer
staatsfeindlichen Organisation oder mit der Drohung verbunden sind, internationale Organisationen durch irreführende
Informationen zu veranlassen, gegen die DDR vorzugehen.

Die Bekundung der Mißachtung der Gesetze bzw. die Aufforderung dazu (§ 214 Abs. 1 StGB, 2. Alternative) muß in einer
Weise erfolgen die geeignet ist, die öffentliche Ordnung zu
gefährden. Eine tatsächliche Störung der öffentlichen Ordnung ist dagegen nicht erforderlich. Eine Bekundung der
Mißachtung der Gesetze in einer die öffentliche Ordnung
gefährdenden Weise liegt z. B. vor, wenn der Täter in der
Öffentlichkeit oder gegenüber staatlichen Organen und deren
Vertretern in demonstrativer oder provokatorischer Weise
die Gesamtheit oder einzelne Gesetze der DDR herabwürdigt
und z. B. ankündigt, sie als ungültig oder für ihn nicht
verbindlich zu betrachten. Eine solche Erklärung kann auch
in demonstrativen Handlungen zum Ausdruck kommen. Dagegen
verwirklicht die Verletzung gesetzlicher Bestimmungen
z. B. die ungesetzliche Einreise in das bzw. der Aufenthalt
im Grenzgebiet, allein noch nicht diese Tatbestandsalternative des § 214 Abs. 1 StGB.

DOKUMENT 16

Aktenzeichen: <u>Ds 329/57</u> (BV)
K III 435/57
W/Sch

Ausfertigung

Im Namen des Volkes!

In der Strafsache

gegen den   *Fritz   kunze*

geb. am 4. 7. 1908 in Deutsch-Weichsel,
wohnheft in ████████,
selbständiger Gärtnereibesitzer,
verheiratet,
deutscher Staatsbürger,

wegen   **Beleidigung**

hat die Strafkammer des Kreisgerichts   **F r e i t a l**

in der Hauptverhandlung vom   22. 11. 1957,   an der teilgenommen

haben:

Richterin ████████
als Vorsitzende

Rentner ████████ Freital

Hausfrau ████████ Freital
als Schöffen

Staatsanwalt ████████
als Staatsanwalt ████████

Justizangestellte ████████
als Protokollführer

für Recht erkannt:

Der Angeklagte wird wegen Beleidigung zu

    8 Monaten Gefängnis

verurteilt.

Die vollzogene Untersuchungshaft seit dem 21. 11.
1957 wird dem Angeklagten auf die erkannte Strafe
angerechnet.

Die Kosten des Verfahrens hat der Angeklagte zu
tragen.

DOKUMENT 17

Hinweise zur Erarbeitung eines Persönlichkeitsbildes

1. Daten

- Name, Vorname
- geb. in
- Wohnanschrift
- Arbeitsstelle
- Funktion
- Bereich
- Familienstand
- Partei, gesellschaftl. Organisationen
- Kinder (Alter)

2. Seitwann, wodurch bekannt

- Zeitraum
- Art der Kontakte

3. Stellung zur Arbeit

- Dienst in bew. (Einheit, Dienstgrad, Dienststellung) Organen einschl. vor 1945
- beruflicher Werdegang
- welche Aufgaben sind ständig zu erfüllen
- ist er fachlich seinen Aufgaben gewachsen (theoretisch und praktisch)
- Qualifikationsnachweis
- politischer Standpunkt dazu (zur Arbeit)
- ist er "nur Fachmann"
- arbeitet er nur für Geld
- wie arbeitet er; gewissenhaft, nachlässig, gleichgültig ...
- Eigeninitiative
- Verantwortungsbewußtsein, Risikobereitschaft
- Einsatzbereitschaft auch außerhalb der Arbeitszeit
- besondere Fähigkeiten u. Interessen zur Arbeit, Durchsetzungsvermögen
- wie reagiert er auf plötzliche Schwierigkeiten
- Organisationsvermögen
- wem ist er unterstellt, wer leitet ihn an

4. Stellung zum und im Kollektiv (auch in der Eigenschaft als Leiter)

- Verhalten zum Vorgesetzten und zu Unterstellten
- wie leitet er an oder sieht die Anleitung
- besitzt er Autorität, worauf beruht sie
- wie verhält er sich im Kollektiv, leitet er das Kollektiv
- welche Widerstände gibt es, wie regelt oder umgeht er sie-

die durch Einzelpersonen verursacht werden
- wie trägt er kollektive Verantwortung
- wie ist sein Umgangston
- wie ist seine Kontaktfreudigkeit oder Geselligkeit
- wie denkt man oder spricht über ihn (Leumund)
- ist er auf Distanz bedacht

5. Gesellschaftliche Arbeit

- wie steht er zu politischen Grundsatzfragen
- marx.-len. Bildung (Schulbesuch/Theorie und praktische
  politische Erfahrung)
- Einstellung zu unserem Staat, zur Verteidigungsbereitschaft
- kritische Haltung in welcher Richtung (echte helfende Kritik
  Abwertung zur SED (ist er Mitglied, wenn nicht, warum nicht)
- Einstellung zur UdSSR und zu den anderen soz. Staaten
- Einstellung zu den Beziehungen zur BRD
- wie bringt er seine pol.-ideol. Einstellung zum Ausdruck,
  welche Unterschiede bestehen zwischen offizieller und
  persönlicher Meinung
- in welcher Form ist er gesellschaftlich tätig im Betrieb
  und im Wohngebiet
- weicht er Diskussionen aus, kämpft er, hat er seine labile
  " sich nicht festlegende Meinung"
- was ist über seine politische Entwicklung bekannt, gab es
  Parteiaustritte, Streichungen, Sperrungen, Wiederaufnahme
- welche Funktionen übt er im Betrieb und im Wohngebiet aus
- Schlußfolgerungen daraus; Ist er politisch vertrauenswürdig
  und zuverlässig oder nicht, wodurch kann für und wider belegt
  werden, ist es seine persönliche Meinung, Behauptung oder
  Annahme.

6. Charakterliche Einschätzung

4 Grundformen des Charakters sind: Choleriker (Heißsporn)
                                   Sanguiniker (lebhaft)
                                   Melancholiker (schwermütig,
                                                  trübselig)
                                   Phlegmatiker (träge, faul)

- wie sind seine Bewegungen: natürlich, geschickt, ungezwungen,
  elastisch, graziös, gewandt, sparsam, ruhig, flüssig, straff,
  weich, nervös, linkisch, ungeschickt, fahrig, eckig, geziert,
  arrogant, schlapp.

- wie sind seine Äußerungen: beherrscht, ungezügelt, gespannt.
  explosiv, erröten, erblassen, laut, leise, frei, weich, hart,
  schmierig

- wie ist seine Aussprache: Fließend, hemmend, stammelnd,
  stotternd, lispelnd, schnell, einschläfernd(t), ausdruckslos

- Ausdrucksweise: geziert, gewählt, natürlich, gewandt, weit-
  schweifend, knapp, prägnant, frei, weich, hart, fordernd,
  drängend, bittend(t), buhlend, unklar, eindeutig

- Antrieb, Motive, Impulsivität: lebhaft, willensstark,
  entschlossen, ausdauernd, nachhaltig, zäh, beharrlich,
  skeptisch, widerstandsfähig, zielgerichtet, ziellos,
  phlegmatisch, beeinflußbar, entschlossen, triebstark, schwach,
  ängstlich, nur -auf-Weisung-handelnd, Durchsetzungsvermögen.

- Affekte und Stimmungen: selbstsicher, gleichgültig, stumpf,
  heiter, ausgelassen, bedrückt ernst, traurig, mutlos,
  schwermütig, verdrossen reizbar, erregbar, nervös, empfindsam,
  ängstlich, labil, stabil, sprunghaft, verschlossen

- <u>Selbstgefühl:</u> sich abwartend, ohne Vertrauen, Minderwertig-
  keitsgefühl, ängstlich, weich schüchtern, anlehnungsbedürftig,
  gesteigertes Selbstgefühl, Egoismus, eigensinnig, dürftig,
  Starrsinn, zänkisch, neidisch, stolz, rechthaberisch,
  empfindlich, eitel, anmaßend, absondernd
- <u>Streben</u> nach gesellschaftlicher Anerkennung, persönlicher
  Anerkennung, beruflicher Anerkennung, Pflichtbewußtsein,
  Wahrheit, Gemeinschaftssinn, Disziplin
- <u>Besitzstreben:</u> Habgier, Herrschsucht, Egoismus, Geiz,
  Rücksichtslosigkeit, Hochstapelei, Selbstherrlichkeit, Betrug
- <u>Sexualstreben:</u> Triebhaft, ungehemmt, haltlos, beherrscht,
  nicht kontrollierend, damit prahlend
- <u>Intelligenz:</u> Stand des Wissens, vielseitig, einseitig,und
  eingleisig, vortäuschen, Phrasen dreschen, allgemein gebildet,
  fachgebietsbezogen
- <u>Auffassungsgabe:</u> leicht, schwerfällig, erkennen des Wesentlichen
  vergeßlich, kritisch wertend, am Detail hängend, realistisch
  bearbeiten, Überblick verschaffen, Erinnerungsvermögen
- <u>Urteilskraft:</u> umfassend, detailliert, Neigung zur Abwertung
  oder Übertreibung, nüchtern, sachlich, naiv, unkritisch, labil,
  förmlich, leichtgläubig, wirklichkeitsfremd, glaubwürdig,
  überzeugend, vereinfacht, kompliziert
- <u>Spieltrieb:</u> Lotto, Pferderennen usw.
- <u>Denken:</u> produktiv, findig, ideenreich, logisch, zusammen-
  hängend, tiefgründig, flach, folgerichtig, sprunghaft, abstrakt,
  subjektiv, unlogisch, vergeßlich, schnell
- <u>Reaktionsfähigkeit:</u> schnell, geistesgegenwärtig, ratlos,
  initiativlos, stumpfsinnig, gedankenlos, empfindsam, brutal,
  folgerichtig unwillig, wiedersinnig, träume
- <u>Gedächtnis:</u> gut, lückenhaft, schlecht, nachtragend, detailliert,
  Faktenwissen, vergeßlich, träge, sinngemäße Wiedergabe, präzise

7. Stellung zur Einhaltung des Geheimnisschutzes

- Kenntnis der Gesetze, Weisungen und Bestimmungen
  Kenntnis der Folgen bei Nichteinhaltung,
  Gleichgültigkeit, ablehnend, vor Schwierigkeiten und Auflagen
  kapitulieren, konsequent bei der Durchsetzung konkreter
  Maßnahmen (Belehrung, Sicherheitsvorkehrungen, Schriftverkehr,
  Verpflichtung von Personen, Einhaltung der Meldepflicht)
- Verhalten: Verschwiegenheit, Verantwortungsbewußtsein,
  Wachsamkeit, Gleichgültigkeit, Schwatzhaftigkeit, Nichtbeachtung
  von Meldepflichten
  Redseligkeit gegenüber anderen Personen
  Abgrenzung zu: Nachlässigkeit, Lichtgläubigkeit, Vertrauens-
                 seligkeit, Gewohnheit und Routine

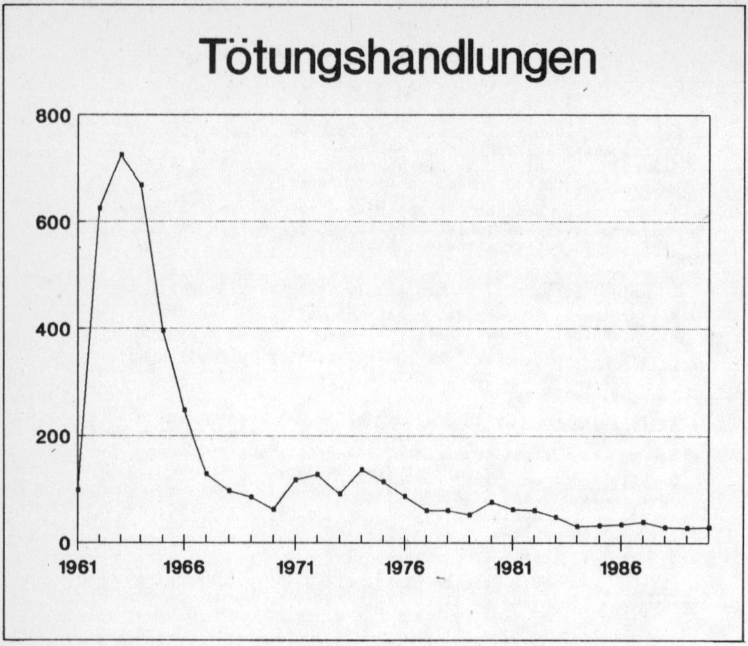

Tötungshandlungen
800
600
400
200
0
1961
1966
1971
1976
1981
1986

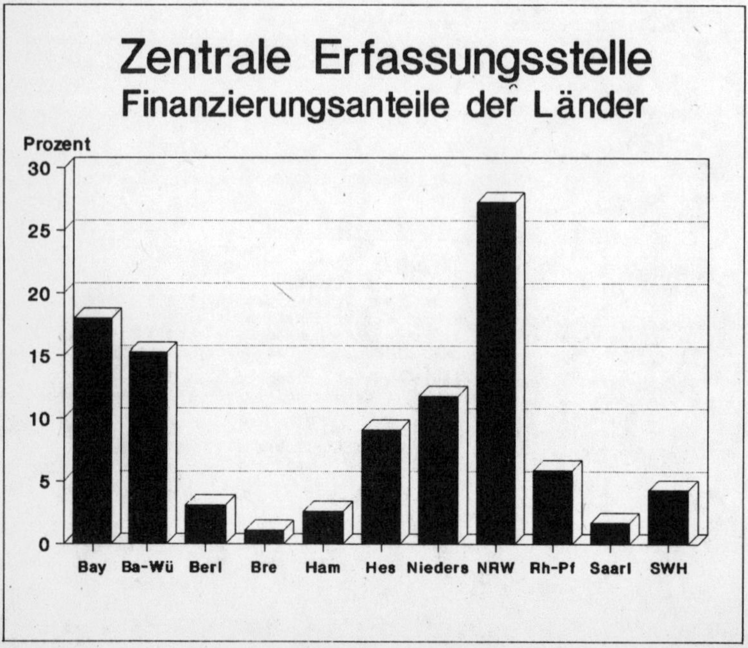

Zentrale Erfassungsstelle
Finanzierungsanteile der Länder
Prozent
30
25
20
15
10
5
0
Bay
Ba-Wü
Berl
Bre
Ham
Hes
Nieders
NRW
Rh-Pf
Saarl
SWH

Geflüchtete Angehörige bewaffneter Verbände der DDR

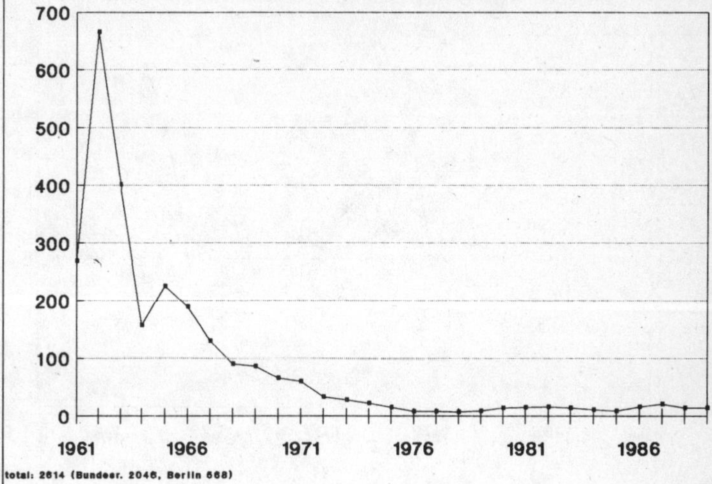

total: 2614 (Bundeer. 2046, Berlin 568)

Mißhandlungen

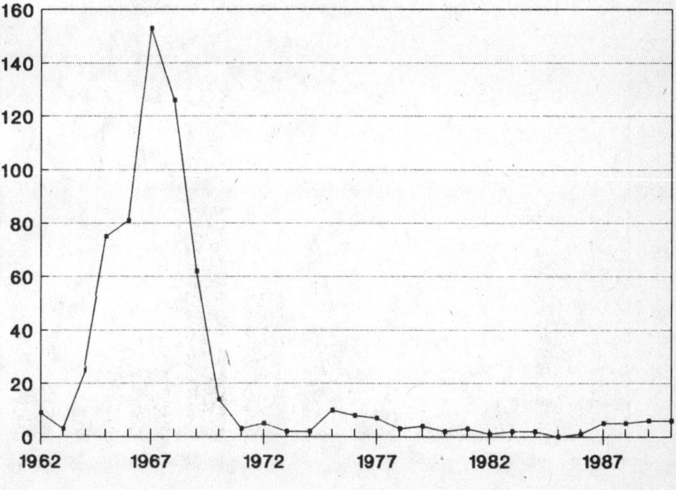

Verurteilungen aus politischen Gründen

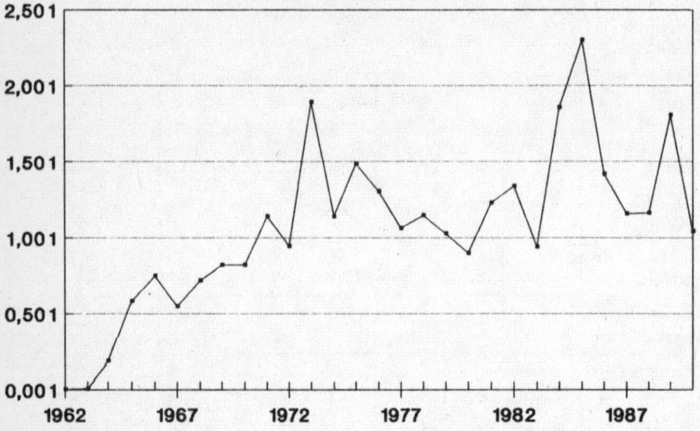

Politische Verdächtigungen

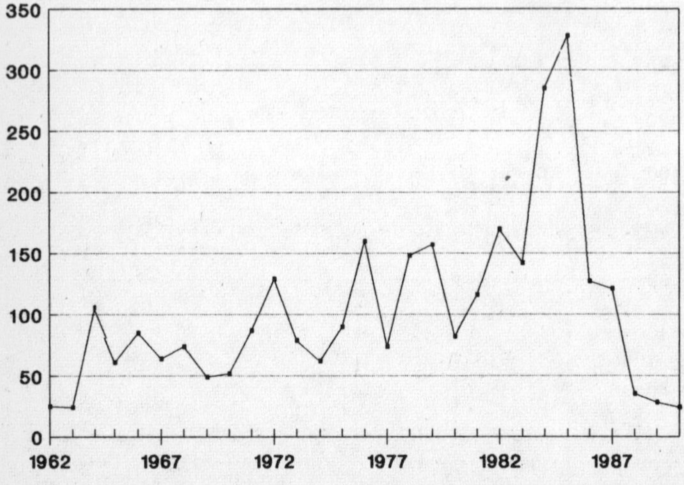

Geschäftsübersicht
der Zentralen Erfassungsstelle

Gewalt	1961	1962	1963	1964	1965	1966	1967	1968	1969	1970	1971	1972	1973	1974	1975	1976
Tötungshandlungen	98	625	725	668	396	248	128	97	85	62	117	127	91	136	114	87
Mißhandlungen		9	3	25	75	81	153	126	62	14	3	5	2	2	10	8
Politische Verdächtigungen		25	24	106	61	85	64	74	49	52	87	129	79	62	90	160
Verurteilungen aus politischen Gründen		5	7	193	584	751	548	720	822	823	1140	945	1893	1139	1485	1304
Festnahmen	36	546	442	470	408	266	171	149	83	5	1		1	3	2	1
Summe	134	1210	1201	1462	1524	1431	1064	1166	1101	956	1348	1206	2066	1342	1701	1560
Sonst. Verurteilungen mit pol. Einschlag*									81	174	179	182	41	102	143	132
Festnahmen im Grenzgebiet*									77	173	103	54	24	43	65	38
Mißhandlungen*									30	104	134	69	26	25	76	159

Gewalt	1977	1978	1979	1980	1981	1982	1983	1984	1985	1986	1987	1988	1989	1990 30.6.	Summe
Tötungshandlungen	60	60	52	76	62	60	48	31	32	34	39	29	28	29	4444
Mißhandlungen	7	3	4	2	3	1	2	2	0	1	5	5	6	6	625
Politische Verdächtigungen	74	148	157	82	116	170	142	285	328	127	121	35	28	24	2984
Verurteilungen aus politischen Gründen	1064	1148	1027	900	1229	1339	940	1857	2300	1418	1157	1163	1808	1043	30752
Festnahmen		1													2585
Summe	205	1360	1240	1060	1410	1570	1132	2175	2660	1580	1322	1232	1870	1102	41390
Sonst. Verurteilungen mit pol. Einschlag*	136	144	118	112	177	112	23	83	65	51	16	29	27	41	2168
Festnahmen im Grenzgebiet*	42	38	18	32	23	6	3	7	6	7	12	56	32	2	861
Mißhandlungen*	113	243	250	91	60	84	59	81	123	58	127	71	45	37	2065

Bei den Zahlen der mit * gekennzeichneten Rubriken handelt es sich um Ergebnisse einer Nebenstatistik von Aktionen, die sich nicht eindeutig als Gewaltakte im Sinne des Erfassungskatalogs dort einordnen ließen.

Strafvollzugseinrichtungen der DDR

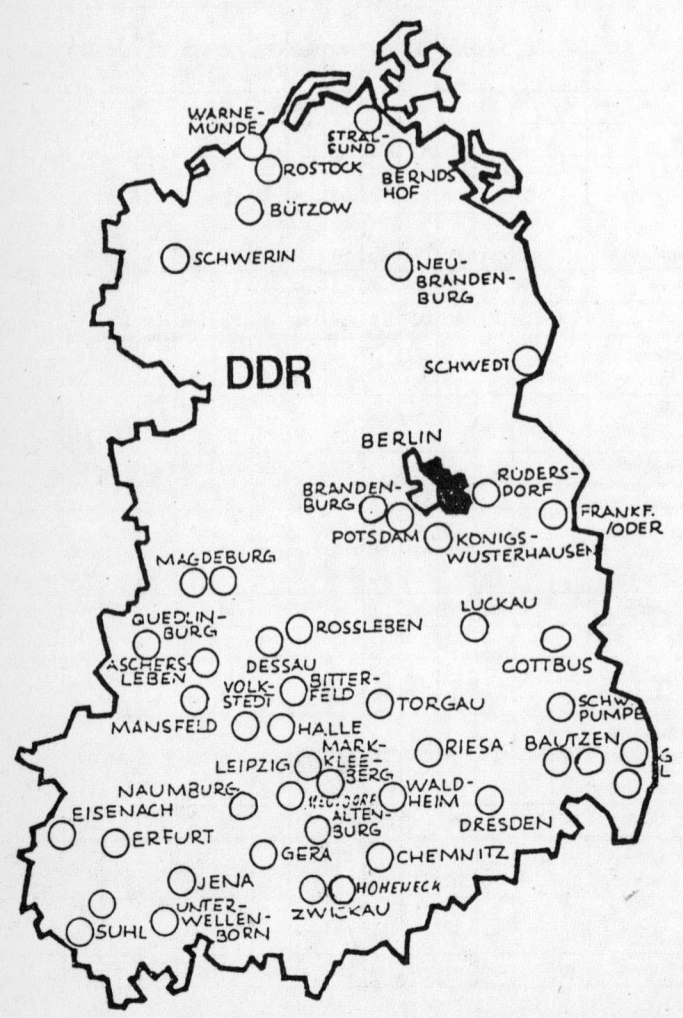

Ein DDR-
Schicksal –
Stationen eines
Leidensweges

ERINNERUNGEN
AN DIE DDR **ELLEN
THIEMANN
STELL DICH
MIT DEN
SCHERGEN**
MEINE **GUT**
WIEDERBEGEGNUNG
MIT DEM ZUCHTHAUS
HOHENECK
HERBIG

Vor 15 Jahren war Ellen
Thiemann für zweieinhalb
Jahre im gefürchteten Frauen-
gefängnis Hoheneck. Jetzt
kehrte sie als Journalistin
nochmals an die Stätte des
Leidens und des Grauens zurück. Diese neuen Erlebnisse
ergänzen ihr Buch zu einem
erschütternden Dokument
zwischen damals und heute.

Herbig